目　次

JN037111

解答・解説で使われている表記の説明

● **音声ファイル番号（Part 1 〜 4）**

カラーの音声マークはリスニングセクションの音声を示します。下記の例では、会話の音声が音声ファイル番号 046 に、設問の音声が音声ファイル番号 047 に入っていることを示しています。

● **スクリプトの前の記号（Part 1 〜 4）**

■■ = 米国の発音
■■ = 英国の発音
■■ = カナダの発音
■■ = オーストラリアの発音

M = 男性（Man）
W = 女性（Woman）

● **スクリプト中の ❶ ❷ 等の番号（Part 3、4）**

解説の中で説明している箇所を示しています。

PART 3　🔊 会話 046 ▸ 設問 047 ▸

Questions 32 through 34 refer to the following conversation.

設問32-34は次の会話に関するものです。

■■ M Hi. My name is Andrew, and ❶I'll be your server today. ❷Are you ready to order?

こんにちは。私はAndrewと申しまして、本日、お客さまへの給仕を担当いたします。ご注文の準備はよろしいですか。

■■ W Oh, not yet. I'm waiting for my colleague to arrive. ❸She's running behind because of the construction on Lawrence Avenue—it's being repaved. There is one thing I wanted to ask about, though. ❹I don't see the grilled swordfish listed on the menu.

ああ、まだです。同僚が到着するのを待っているところなのです。彼女はローレンス大通りの工事のせいで遅れていまして——あそこは再舗装中なんですよ。ですが、1つお尋ねしたかったことがあります。メカジキのグリル焼きがメニューに見当たらないのですが。

■■ M ❺Sorry, that dish is offered only on weekends. But we do have a daily special that I can recommend.

申し訳ございません、そちらのお料理は週末限定でのご提供です。ですが、お薦めできる日替わりの特別メニューがございますよ。

---

32 Where does the conversation most likely take place?

(A) At a grocery store
(B) At a kitchen supply store
(C) At a restaurant
(D) At a cooking school

会話はどこで行われていると考えられますか。

(A) 食料雑貨店
(B) 台所用品店
(C) レストラン
(D) 料理学校

正解 C 男性は女性に対して名乗った後、❶で給仕を担当することを伝えており、続けて❷で注文を聞いている。また2人は❹・❺で、料理のメニューとその提供について話している。よって、会話は飲食を提供する店で行われていると考えられるので、(C)が正解。take place「行われる」。

(A) (B) (D) いずれも料理や食の話題から連想され得るが、食事の注文について話しているので不適切。

33 What has caused a delay?

(A) Bad weather
(B) Roadwork
(C) An order error
(D) A staff shortage

正解 B 同僚を待っていると述べている女性は、同僚の到着が遅れていることについて、❸「彼女はローレンス大通りの工事のせいで遅れている——あそこは再舗装中だ」と説明しているので、❸のconstructionをroadworkと表している(B)が正解。cause「〜の原因とな

● **色の区別**

カラーの文字：正答に関する解説や語句の意味 ……

黒の文字：　誤答に関する解説や語句の意味 ……

● 特典：読み上げ音声の音声ファイル番号（Part 5 ～ 7）

グレーの音声マークは特典として収録されているリーディングセクションの読み上げ音声を示します。読み上げ音声の内容は以下の通りです。

TEST 1、2　リーディングセクション
・正解が入った問題の読み上げ音声（Part 5、6）
・文書の読み上げ音声（Part 7）

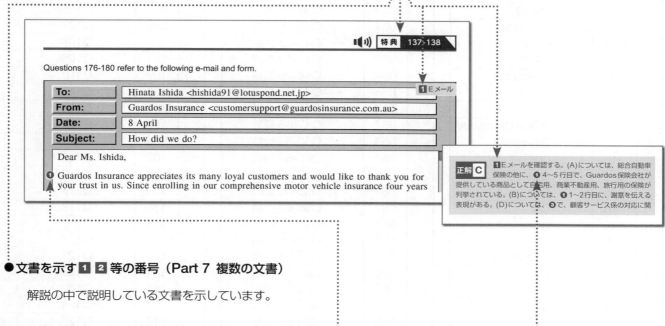

● 文書を示す **1** **2** 等の番号（Part 7 複数の文書）

解説の中で説明している文書を示しています。

● 文書中のブロックを示す ❶❷ 等の番号（Part 6、7）

解説の中で説明している文書中の段落番号などを示しています。解説文中の段落番号に続く行数は、英文中の各段落の何行目かを表しています。

● 語注（Part 3、4、6、7）

会話やトーク、文書に含まれる重要な語句と意味を紹介しています。Part 6、7 では、上記に示した **1** **2** や ❶❷ の番号により、本文で使われている場所が参照できます。

> **1 Eメール** insurance 保険　❶ appreciate ～に感謝する　loyal customer 得意客　trust 信頼
> enroll in ～ ～に入会する、～に申し込む　comprehensive 包括的な、(保険が)総合の
> compared to ～ ～と比べると　policy 保険証券、保険契約　leading 一流の、主要な　competitor 競合会社
> Should you ～ 万一～なら　★If you should ～が倒置になった形　residence 住宅　commercial 商業用の
> property 不動産、地所　❷ raise ～を上げる　liability 責任　coverage 適用範囲、補償範囲
> ❸ value ～を大切にする、～を尊重する　dedicated 献身的な、熱心な　impression 感想、印象
> regarding ～に関して　customer service 顧客サービス　agent 代理人、担当者
> take a minute to do ～する時間を少し取る　address ～(仕事・問題など)に対処する　assistance 支援、援助

音声ファイル 一覧表

● TEST 1（リスニング）

Test	File No.	Contents
サンプル問題	001	タイトル
	002	Listening Test Directions / Part 1 Directions
	003	Q1
	004	Part 2 Directions
	005	Q2, Q3
	006	Part 3 Directions
	007	Q4-6
	008	Q7-9
	009	Part 4 Directions
	010	Q10-12
TEST 1	011	Test 1
	012	Listening Test Directions / Part 1 Directions
	013	Q1
	014	Q2
	015	Q3
	016	Q4
	017	Q5
	018	Q6
	019	Part 2 Directions
	020	Q7
	021	Q8
	022	Q9
	023	Q10
	024	Q11
	025	Q12
	026	Q13
	027	Q14
	028	Q15
	029	Q16
	030	Q17
	031	Q18
	032	Q19
	033	Q20
	034	Q21
	035	Q22
	036	Q23
	037	Q24
	038	Q25
	039	Q26
	040	Q27
	041	Q28
	042	Q29
	043	Q30
	044	Q31

Test	File No.	Contents
TEST 1	045	Part 3 Directions
	046	Q32-34 会話
	047	Q32-34 設問
	048	Q35-37 会話
	049	Q35-37 設問
	050	Q38-40 会話
	051	Q38-40 設問
	052	Q41-43 会話
	053	Q41-43 設問
	054	Q44-46 会話
	055	Q44-46 設問
	056	Q47-49 会話
	057	Q47-49 設問
	058	Q50-52 会話
	059	Q50-52 設問
	060	Q53-55 会話
	061	Q53-55 設問
	062	Q56-58 会話
	063	Q56-58 設問
	064	Q59-61 会話
	065	Q59-61 設問
	066	Q62-64 会話
	067	Q62-64 設問
	068	Q65-67 会話
	069	Q65-67 設問
	070	Q68-70 会話
	071	Q68-70 設問
	072	Part 4 Directions
	073	Q71-73 トーク
	074	Q71-73 設問
	075	Q74-76 トーク
	076	Q74-76 設問
	077	Q77-79 トーク
	078	Q77-79 設問
	079	Q80-82 トーク
	080	Q80-82 設問
	081	Q83-85 トーク
	082	Q83-85 設問
	083	Q86-88 トーク
	084	Q86-88 設問
	085	Q89-91 トーク
	086	Q89-91 設問
	087	Q92-94 トーク
	088	Q92-94 設問
	089	Q95-97 トーク
	090	Q95-97 設問
	091	Q98-100 トーク
	092	Q98-100 設問

● TEST 1（リーディング読み上げ）

Test	File No.	Contents
TEST 1	093	Part 5 Q101
	094	Q102
	095	Q103
	096	Q104
	097	Q105
	098	Q106
	099	Q107
	100	Q108
	101	Q109
	102	Q110
	103	Q111
	104	Q112
	105	Q113
	106	Q114
	107	Q115
	108	Q116
	109	Q117
	110	Q118
	111	Q119
	112	Q120
	113	Q121
	114	Q122
	115	Q123
	116	Q124
	117	Q125
	118	Q126
	119	Q127
	120	Q128
	121	Q129
	122	Q130
	123	Part 6 Q131-134
	124	Q135-138
	125	Q139-142
	126	Q143-146
	127	Part 7 Q147-148
	128	Q149-150
	129	Q151-152
	130	Q153-154
	131	Q155-157
	132	Q158-160
	133	Q161-163
	134	Q164-167
	135	Q168-171
	136	Q172-175
	137-138	Q176-180
	139-140	Q181-185
	141-143	Q186-190
	144-146	Q191-195
	147-149	Q196-200

※音声ダウンロードについては、本冊 p.2 をご確認ください。

● TEST 2 （リスニング）

Test	File No.	Contents
TEST 2	150	Test 2
	151	Listening Test Directions/ Part 1 Directions
	152	Q1
	153	Q2
	154	Q3
	155	Q4
	156	Q5
	157	Q6
	158	Part 2 Directions
	159	Q7
	160	Q8
	161	Q9
	162	Q10
	163	Q11
	164	Q12
	165	Q13
	166	Q14
	167	Q15
	168	Q16
	169	Q17
	170	Q18
	171	Q19
	172	Q20
	173	Q21
	174	Q22
	175	Q23
	176	Q24
	177	Q25
	178	Q26
	179	Q27
	180	Q28
	181	Q29
	182	Q30
	183	Q31

Test	File No.	Contents
TEST 2	184	Part 3 Directions
	185	Q32-34 会話
	186	Q32-34 設問
	187	Q35-37 会話
	188	Q35-37 設問
	189	Q38-40 会話
	190	Q38-40 設問
	191	Q41-43 会話
	192	Q41-43 設問
	193	Q44-46 会話
	194	Q44-46 設問
	195	Q47-49 会話
	196	Q47-49 設問
	197	Q50-52 会話
	198	Q50-52 設問
	199	Q53-55 会話
	200	Q53-55 設問
	201	Q56-58 会話
	202	Q56-58 設問
	203	Q59-61 会話
	204	Q59-61 設問
	205	Q62-64 会話
	206	Q62-64 設問
	207	Q65-67 会話
	208	Q65-67 設問
	209	Q68-70 会話
	210	Q68-70 設問
	211	Part 4 Directions
	212	Q71-73 トーク
	213	Q71-73 設問
	214	Q74-76 トーク
	215	Q74-76 設問
	216	Q77-79 トーク
	217	Q77-79 設問
	218	Q80-82 トーク
	219	Q80-82 設問
	220	Q83-85 トーク
	221	Q83-85 設問
	222	Q86-88 トーク
	223	Q86-88 設問
	224	Q89-91 トーク
	225	Q89-91 設問
	226	Q92-94 トーク
	227	Q92-94 設問
	228	Q95-97 トーク
	229	Q95-97 設問
	230	Q98-100 トーク
	231	Q98-100 設問

● TEST 2（リーディング読み上げ）

Test	File No.	Contents
TEST 2	232	Part 5 Q101
	233	Q102
	234	Q103
	235	Q104
	236	Q105
	237	Q106
	238	Q107
	239	Q108
	240	Q109
	241	Q110
	242	Q111
	243	Q112
	244	Q113
	245	Q114
	246	Q115
	247	Q116
	248	Q117
	249	Q118
	250	Q119
	251	Q120
	252	Q121
	253	Q122
	254	Q123
	255	Q124
	256	Q125
	257	Q126
	258	Q127
	259	Q128
	260	Q129
	261	Q130
	262	Part 6 Q131-134
	263	Q135-138
	264	Q139-142
	265	Q143-146
	266	Part 7 Q147-148
	267	Q149-151
	268	Q152-153
	269	Q154-156
	270	Q157-158
	271	Q159-160
	272	Q161-163
	273	Q164-167
	274	Q168-171
	275	Q172-175
	276-277	Q176-180
	278-279	Q181-185
	280-282	Q186-190
	283-285	Q191-195
	286-288	Q196-200

音声を使った学習例の紹介

『公式 TOEIC® Listening & Reading 問題集 11』は、リスニングセクションの音声の他、特典として TEST 1、2 のリーディングセクションの読み上げ音声（設問と選択肢を除く）をご用意しています。以下に音声を使った公式問題集の学習法の一例をご紹介しますので、学習の参考になさってください。

Part 1、2

1. 「解答・解説」で正解の英文の意味内容を正しく理解する。
2. 音声を聞き、発音やイントネーションをまねて音読する（リピーティング）。最初はスクリプトを見ながら行い、慣れてきたらスクリプトを見ずに行う。

> Part 1 では写真を見ながら正解の描写文を、Part 2 では質問と正解の応答を、音読してみましょう。自分が発話しているつもりで音読すると、表現が定着しやすくなります。

Part 3、4

1. 「解答・解説」でスクリプトの英文と訳、語注を確認。知らない語の意味や英文の内容を把握する。
2. スクリプトを見ながら会話やトークを聞く。発話と同じスピードで英文を目で追い、即座に意味を理解できるようになるまで繰り返す。
3. スクリプトを見ずに会話やトークを聞く。聞き取りづらい箇所や意味が理解できない箇所をスクリプトで確認し、再び音声だけで理解できるか挑戦する。

> Part 3 ではスピーカー同士の関係や会話の目的、Part 4 では場面やトークの趣旨をまず把握し、徐々に理解できる範囲を増やしていくつもりで、細部の情報まで聞き取るようにしましょう。スピードが速くて聞き取りが難しい場合は、アプリなどのスピード調整機能を利用し、初めのうちは 0.8 倍～ 0.9 倍などで聞いてみましょう。

Part 5、6

1. 「解答・解説」で英文、訳、語注を確認。知らない語の意味や英文の内容を把握する。
2. 本冊の TEST 1、2 の該当ページ(p.42-48 と p.84-90)のコピーを取り、音声を聞いて空所の語や文を書き取る。知っている語彙や文法の知識も用いて空所を埋め、書き取ったものと実際の英文を比較する。最後に、もう一度音声を聞く。

> 聞き取れない箇所は、飛ばしたり片仮名で書いたりしても構いません。音声だけに頼らず、語彙力や文法の知識を用いて挑戦してみましょう。Part 5 は短文なので、文全体をディクテーションするのもよいでしょう。

Part 6、7

1. 「解答・解説」で英文、訳、語注を確認。知らない語の意味や英文の内容を把握する。その際、読み方に迷った箇所に印を付けておく。
2. 音声を聞きながら英文を目で追い（初めはスピードを遅めにしても可）、英語の語順のまま理解できるようになることを目指す。分からなかった箇所は適宜、訳を確認する。
3. 1. で印を付けた、読み方に迷った箇所の言い方を確認する。
   例：数字や記号の言い方（日付、住所、飛行機の便名、価格、URL）など。

> 1. は構文や語彙の学習、2. は速読の学習です。2. では意味のまとまりを意識しながら英文を読み進めていくようにすると、取り組みやすいでしょう。3. は、実際の会話の際にも役立つので積極的に覚えるとよいでしょう。

参考スコア範囲の算出方法 ※ TEST 1、2 共通

1. 正解一覧（p.8、p.104）を参照し、リスニングセクションとリーディングセクションそれぞれの正答数を数えてください。各セクションの正答数がそれぞれの素点となります。
2. 下の参考スコア範囲の換算表であなたの素点に対応する換算点範囲を見つけます。
   例えばリスニングセクションの素点が 45 であれば、あなたの換算点範囲は「160 点〜230 点」です。
3. 各セクションの換算点範囲の合計が、あなたのトータルスコア（参考スコア範囲）となります。

参考スコア範囲の算出例

リスニングセクションの素点が **45** で、リーディングセクションの素点が **64** だった場合、
トータルスコア（参考スコア範囲）は ① と ② の合計である ③ 415—570 の間ということになります。

	素点	換算点範囲	
リスニングセクション	45	160 — 230	①
リーディングセクション	64	255 — 340	②
トータルスコア（参考スコア範囲）		415 — 570	③（①＋②）

参考スコア範囲の換算表

リスニングセクション		リーディングセクション	
素点	換算点範囲	素点	換算点範囲
96 － 100	475 － 495	96 － 100	460 － 495
91 － 95	435 － 495	91 － 95	425 － 490
86 － 90	405 － 470	86 － 90	400 － 465
81 － 85	370 － 450	81 － 85	375 － 440
76 － 80	345 － 420	76 － 80	340 － 415
71 － 75	320 － 390	71 － 75	310 － 390
66 － 70	290 － 360	66 － 70	285 － 370
61 － 65	265 － 335	算出例② 61 － 65	255 － 340
56 － 60	240 － 310	56 － 60	230 － 310
51 － 55	215 － 280	51 － 55	200 － 275
46 － 50	190 － 255	46 － 50	170 － 245
算出例① 41 － 45	160 － 230	41 － 45	140 － 215
36 － 40	130 － 205	36 － 40	115 － 180
31 － 35	105 － 175	31 － 35	95 － 150
26 － 30	85 － 145	26 － 30	75 － 120
21 － 25	60 － 115	21 － 25	60 － 95
16 － 20	30 － 90	16 － 20	45 － 75
11 － 15	5 － 70	11 － 15	30 － 55
6 － 10	5 － 60	6 － 10	10 － 40
1 － 5	5 － 50	1 － 5	5 － 30
0	5 － 35	0	5 － 15

TEST 1

TEST 1 の正解一覧

リスニングセクション

設問番号	正解
Part 1	
1	D
2	B
3	A
4	C
5	A
6	C
Part 2	
7	A
8	C
9	A
10	B
11	A
12	B
13	A
14	C
15	A
16	B
17	B
18	A
19	C
20	B
21	A
22	B
23	C
24	C
25	C
26	B
27	B
28	C
29	A
30	B
31	B
Part 3	
32	C
33	B
34	A
35	A
36	C
37	B
38	C
39	D
40	A
41	B
42	B
43	C
44	C
45	D
46	B
47	B
48	C
49	A
50	A

設問番号	正解
51	B
52	C
53	C
54	D
55	A
56	D
57	A
58	A
59	B
60	D
61	B
62	B
63	B
64	C
65	A
66	C
67	A
68	B
69	C
70	A
Part 4	
71	D
72	C
73	A
74	A
75	D
76	C
77	C
78	B
79	D
80	C
81	D
82	A
83	B
84	D
85	A
86	C
87	C
88	C
89	B
90	A
91	D
92	B
93	A
94	D
95	B
96	C
97	A
98	A
99	C
100	D

リーディングセクション

設問番号	正解
Part 5	
101	B
102	A
103	C
104	D
105	D
106	B
107	A
108	A
109	C
110	D
111	D
112	C
113	A
114	D
115	B
116	B
117	D
118	B
119	A
120	D
121	A
122	C
123	B
124	B
125	B
126	D
127	A
128	C
129	D
130	C
Part 6	
131	B
132	B
133	C
134	D
135	A
136	D
137	A
138	B
139	D
140	B
141	A
142	B
143	A
144	D
145	B
146	C
Part 7	
147	D
148	C
149	C
150	A

設問番号	正解
151	A
152	C
153	A
154	D
155	B
156	A
157	B
158	C
159	B
160	C
161	D
162	A
163	C
164	B
165	C
166	D
167	D
168	D
169	C
170	C
171	D
172	B
173	A
174	C
175	D
176	C
177	D
178	C
179	B
180	A
181	C
182	A
183	B
184	D
185	C
186	C
187	D
188	C
189	A
190	B
191	B
192	A
193	D
194	C
195	B
196	B
197	B
198	C
199	D
200	A

1

2

3

---

1 🇬🇧 W

(A) He's pinning paper onto a wall.
(B) He's organizing items on a desk.
(C) He's emptying a paper tray.
(D) He's using a machine.

(A) 彼は紙を壁にピンで留めている。
(B) 彼は机の上の物を整理している。
(C) 彼は用紙トレーを空にしている。
(D) 彼は機械を使用している。

> **正解 D** 男性はコピー機に向かい、それを使用している。machine「機械」。
> (A) すでにピン留めされた状態の紙は確認できるが、男性が紙を壁にピン留めしているところではない。pin ～ onto …「～を…にピンで留める」。
> (B) 男性は机に向かってはいない。organize「～を整理する」、item「品物」。
> (C) 男性は paper tray「用紙トレー」を空にしているところではない。empty「～を空にする」。

---

2 🇺🇸 W

(A) Some people are cleaning windows.
(B) Some people are boarding a bus.
(C) A signpost has been knocked over.
(D) A tire has been left on a curb.

(A) 人々が窓を掃除している。
(B) 人々がバスに乗り込んでいる。
(C) 標柱がひっくり返っている。
(D) タイヤが縁石に置かれている。

> **正解 B** 複数の人がバスに乗車しようとしている。board「～（乗り物）に乗り込む」。
> (A) 窓は写っているが、それを掃除している人は見当たらない。clean「～を掃除する」。
> (C) signpost「案内標識、標柱」らしきものは写っているが、ひっくり返っていない。〈have[has] been＋過去分詞〉は「～された状態である」という意味。knock over ～「～をひっくり返す」。
> (D) tire「タイヤ」、curb「縁石」。

---

3 🇬🇧 W

(A) Some men are standing on a boat.
(B) Some men are carrying bundles of rope.
(C) Some men are repairing a roof.
(D) Some men are climbing a stairway.

(A) 男性たちは小舟の上に立っている。
(B) 男性たちはロープの束を運んでいる。
(C) 男性たちは屋根を修理している。
(D) 男性たちは階段を上っている。

> **正解 A** 2人の男性が小舟の上に立って、何らかの作業をしている。
> (B) 束ねられたロープは写っているが、男性たちはそれを運んでいるところではない。bundle「束」。
> (C) roof「屋根」は写っているが、男性たちはそれを修理していない。repair「～を修理する」。
> (D) stairway「階段」は写っているが、それを上っている人物は見当たらない。climb「～を上る」。

4  **5**  **6**

---

4 🇨🇦 M

(A) She's bending down to inspect the tire of a car.
(B) She's shoveling some snow off the road.
(C) She's brushing snow off of a car.
(D) She's adjusting the hood of her jacket.

(A) 彼女は車のタイヤを調べるためにかがんでいる。
(B) 彼女はシャベルで道路から雪を取り除いている。
(C) 彼女はブラシで車から雪を払いのけている。
(D) 彼女は上着のフードを調節している。

> **正解 C** 女性が車のそばに立ち、その上の雪をブラシで払いのけている。brush ~ off of … 「…から~を（ブラシなどで）払いのける」。
> (A) 女性は立っており、タイヤに視線を向けてもいない。bend down「かがむ、腰をかがめる」、inspect「（問題などがないか）~を調べる」。
> (B) 女性が持っているのはシャベルではなく、また、雪を取り除いているのは道路からではない。shovel ~ off …「シャベルで…から~を取り除く」。
> (D) 女性は上着のhood「フード」をかぶっているが、それに触れてはいない。adjust「~を調節する」。

---

5 🇦🇺 M

(A) A ladder is leaning against a back wall.
(B) She's taking a bite of a fresh tomato.
(C) Tomatoes on a table are being sliced into a salad.
(D) She's tossing an item into a woven basket.

(A) はしごが奥の壁に立て掛けてある。
(B) 彼女は新鮮なトマトをひとかじりしている。
(C) テーブル上のトマトが薄切りのサラダにされているところである。
(D) 彼女は品物を編み籠の中に放り込んでいる。

> **正解 A** 奥の壁にladder「はしご」が立て掛けられている。lean against ~「~にもたれ掛かる」。
> (B) 女性の前にトマトはあるが、女性はそれをかじってはいない。take a bite of ~「~をひとかじりする」。
> (C) トマトは写っているが、薄切りにされているところではない。slice ~ into … 「~を薄切りにして…にする」。
> (D) woven basket「編み籠」は写っているが、女性はその中に物を放り込んではいない。toss「~を放り投げる」。

---

6 🇺🇸 W

(A) Potted plants are being watered.
(B) Some light fixtures are being installed.
(C) Potted plants are displayed in front of a store.
(D) The doors of a store have been opened.

(A) 鉢植えが水やりされているところである。
(B) 照明器具が取り付けられているところである。
(C) 鉢植えが店先に陳列されている。
(D) 店のドアが開け放たれている。

> **正解 C** 多数の鉢植えが店らしき建物の入り口前に並べられている。potted plant「鉢植え」、display「~を陳列する」。
> (A) 鉢植えはあるが、水やりされているところではない。water「~に水やりをする」。
> (B) light fixture「照明器具」は確認できるが、どれも設置済みであり、取り付けの様子は写っていない。install「~を取り付ける」。
> (D) ドアは写っているが、いずれも閉まっている。

7 🇨🇦 M What's your final destination?

🇬🇧 W (A) I'm going to Dublin.
(B) No, it's the next one.
(C) From nine to five.

あなたの最終目的地はどこですか。
(A) 私はダブリンに行きます。
(B) いいえ、それは次のものです。
(C) 9時から5時までです。

8 🇬🇧 W Why's the meeting been moved to the third floor?

🇦🇺 M (A) About fifteen people.
(B) Turn left at the elevator.
(C) Because our usual room is locked.

会議はなぜ3階に変更されたのですか。
(A) 約15名です。
(B) エレベーターの所で左に曲がってください。
(C) いつもの部屋が施錠されているからです。

9 🇨🇦 M Who's buying these tires?

🇺🇸 W (A) Marcus is.
(B) No, thank you.
(C) The vehicle is registered.

誰がこれらのタイヤを購入する予定ですか。
(A) Marcusです。
(B) いいえ、結構です。
(C) その車両は登録されています。

10 🇦🇺 M Do you recommend hiring an electrician?

🇬🇧 W (A) The marketing department.
(B) Yes, they know all the safety processes.
(C) That's a nice campfire.

電気技師の雇用を勧めますか。
(A) マーケティング部です。
(B) はい、彼らは全ての安全手順を把握しています。
(C) それはすてきなキャンプファイアですね。

11 🇬🇧 W Isn't the lab inspection starting soon?

🇦🇺 M (A) No, it's on Friday.
(B) About three hours long.
(C) Thanks for your help.

実験室の立入検査は間もなく始まるのではないのですか。
(A) いいえ、それは金曜日にあります。
(B) 約3時間の長さです。
(C) 手伝ってくれてありがとうございます。

12 🇺🇸 W When would you like to leave for the factory?

🇨🇦 M (A) Maybe the map is out of date.
　　(B) In about fifteen minutes.
　　(C) Usually by taxi.

いつ工場に向けて出発したいですか。
(A) おそらくその地図は古過ぎます。
(B) 約15分後です。
(C) 普段はタクシーで。

正解 **B** When would you like to *do* ～? は「いつ～したいですか」と、時について相手の意向を丁寧に尋ねる表現。出発時刻の希望を尋ねているのに対し、「約15分後」と答えている(B)が正解。factory「工場」。
(A) 地図は話題にされていない。out of date「時代遅れの、廃れた」。
(C) 移動手段は尋ねられていない。

---

13 🇦🇺 M Please arrive at the office by seven o'clock tomorrow.

🇺🇸 W (A) I'm leaving for a business trip in the morning.
　　(B) It's on the top floor of this building.
　　(C) The shipping fee is expensive.

明日は7時までにオフィスに到着してください。
(A) 私は午前中に出張に出掛けることになっています。
(B) それはこの建物の最上階にあります。
(C) 送料は高額です。

正解 **A** 明日は7時までにオフィスに到着するよう依頼しているのに対し、「私は午前中に出張に出掛けることになっている」と、午前中はオフィスに行かないことを示唆している(A)が正解。business trip「出張」。
(B) Itがthe officeを指すとしても、オフィスが位置する階についての発言は応答にならない。
(C) shipping fee「送料」に関することは言及されていない。expensive「高価な、費用のかかる」。

---

14 🇺🇸 W You're planning to attend the training session, aren't you?

🇨🇦 M (A) I took the stairs instead.
　　(B) They're in the supply closet.
　　(C) No, I'm too busy.

あなたは研修会に出席する予定ですよね?
(A) 私は代わりに階段を使いました。
(B) それらは物置の中にあります。
(C) いいえ、忙し過ぎて。

正解 **C** 肯定文の文末に ～, aren't you? を付けて「～ですよね」と、研修会に出席予定であることを確認している。これに対し、Noと答え、自分が多忙であることを付け加えて、出席できない理由を伝えている(C)が正解。plan to *do*「～する予定である」、training session「研修会」。
(A) 何の代わりにstairs「階段」を使ったのか不明であり、応答になっていない。instead「代わりに」。
(B) Theyが何を指すか不明。supply closet「物置」。

---

15 🇬🇧 W Where do I have to go to get my refund?

🇦🇺 M (A) I'll see if the manager is available.
　　(B) I heard it's very expensive.
　　(C) Yes, we've been there.

返金を受けるにはどこへ行かなければなりませんか。
(A) 店長が応対可能か確認いたします。
(B) それは非常に費用がかかると聞きました。
(C) はい、私たちはそこへ行ったことがあります。

正解 **A** Where ～? で返金を受けるために行くべき場所を尋ねている。これに対し、場所は答えていないが、「店長が応対可能か確認する」と伝えて返金の応対について確認を申し出ている(A)が正解。refund「返金」。manager「管理者、店長」、available「利用可能な、対応できる」。
(B) itがmy refundを指すとしても、金額は尋ねられておらず、応答にならない。
(C) 場所を尋ねる質問に対し、Yes/Noでは応答にならない。

---

16 🇨🇦 M Why haven't you finished your report yet?

🇦🇺 M (A) The seaside port.
　　(B) Because I'm missing some data.
　　(C) To change the door lock.

あなたはなぜ、まだ報告書を仕上げていないのですか。
(A) その海辺の港町です。
(B) データが足りないからです。
(C) ドアの錠を変えるためです。

正解 **B** Why ～? の否定疑問文で、報告書を仕上げていない理由を尋ねている。これに対し、Because ～でデータが足りないという理由を述べている(B)が正解。miss「～を欠いている」。
(A) 質問にあるreportと似た音のport「港、港湾都市」に惑わされないよう注意。seaside「海辺の」。
(C) 目的を答えているが、ドアの錠を変えるためという発言は報告書を仕上げていない理由としてかみ合わない。lock「錠、錠前」。

17 🇺🇸 W Have you ever had your car fixed at Tom's Repair Shop?

🇨🇦 M (A) I fill the tank every two weeks.
(B) No, but I've heard they do good work.
(C) It's in my parking space.

これまでにTom's修理店で車を修理してもらったことはありますか。
(A) 私は2週間ごとにタンクを満杯にしています。
(B) いいえ、でも彼らはいい仕事をすると聞いています。
(C) それは私の駐車スペースにあります。

正解 B Have you ever ～?で、Tom's修理店で車を修理してもらった経験があるかと尋ねている。これに対し、Noと答えた後、butを続けて「彼らはいい仕事をすると聞いている」と、その店に関する情報を付け加えている(B)が正解。theyはTom's修理店で働く人々を指す。have ～ done「～を…してもらう」、fix「～を修理する」、repair「修理」。
(A) 質問にあるcarと関連するtankを含むが、タンクを満たす頻度は尋ねられていない。fill「～を満たす」、every「〈数詞と複数名詞を続けて〉～ごとに」。
(C) Itが自分の車を指すとしても、それがある場所を伝える発言は応答にならない。

---

18 🇨🇦 M I think the theater will be on the left.

🇬🇧 W (A) Yes, I see it now.
(B) He's written several plays.
(C) The tickets are under my name.

劇場は左手にあると思います。
(A) はい、今それが見えます。
(B) 彼は数作の戯曲を書きました。
(C) チケットは私の名前で取ってあります。

正解 A 劇場は左手にあると思うという発言に対し、Yesと応答した後、「今それが見える」と劇場が目視できることを伝えている(A)が正解。itは発言にあるthe theaterを指す。on the left「左側に、左手に」。
(B) Heが誰を指すか不明。発言にあるtheaterと関連するplay「戯曲、脚本」に惑わされないよう注意。
(C) 発言にあるtheaterと関連するticketsに惑わされないよう注意。under one's name「～の名前で、～の名義で」。

---

19 🇦🇺 M Can I see what's on the supply order?

🇺🇸 W (A) It wasn't on the list.
(B) He was supposed to.
(C) It should be ready this afternoon.

用品の注文に何が含まれているか見てもいいですか。
(A) それはリストに載っていませんでした。
(B) 彼がそうすることになっていました。
(C) それは今日の午後に準備が整うはずです。

正解 C Can I ～?で、用品の注文内容を確認する許可を求めているのに対し、「それは今日の午後に準備が整うはずだ」と答え、今は注文の準備ができておらず午後にならないと見られないことを示唆している(C)が正解。Itは質問にあるthe supply orderを指す。
(A) the listがthe supply orderを指すとしても、Itが具体的に何を指すか不明で応答にならない。
(B) Heが誰を指すか不明であり、許可を求める発言に対する応答になっていない。be supposed to (do)「～することになっている」。

---

20 🇺🇸 W How do I start this coffeemaker?

🇨🇦 M (A) Please sign at the bottom.
(B) I only drink tea.
(C) Just half a cup.

このコーヒーメーカーはどのように動かすのですか。
(A) 最下部に署名をお願いします。
(B) 私は紅茶しか飲まないのです。
(C) カップの半分だけです。

正解 B How ～?でコーヒーメーカーの動かし方を尋ねている。これに対し、「私は紅茶しか飲まない」と伝えて、コーヒーを飲まないためそのコーヒーメーカーの使い方を知らないと示唆している(B)が正解。start「～を始動させる」。
(A) 署名を求める発言は応答にならない。sign「署名する」、bottom「底、最下部」。
(C) 量は尋ねられていない。

---

21 🇨🇦 M Isn't Mr. Santoro going to organize the files by himself?

🇬🇧 W (A) No, he needs my help.
(B) Can you pick up some snacks?
(C) It's a new filing cabinet.

Santoroさんは自分一人でそれらのファイルを整理するつもりではないのですか。
(A) いいえ、彼は私の手伝いを必要としています。
(B) 軽食を買ってきてもらえますか。
(C) それは新しい書類整理棚です。

正解 A 否定疑問文で、Santoroさんが自分一人でそれらのファイルを整理するつもりではないのかと尋ねている。これに対し、Noと否定し、「彼は私の手伝いを必要としている」と答えて、整理作業は彼単独で行う予定ではないことを伝えている(A)が正解。organize「～を整理する」、by oneself「独力で」。
(B) snack「軽食」を買ってきてほしいという依頼は応答にならない。pick up ～「～を買う、～を手に入れる」。
(C) 質問に関連しそうなfiling cabinet「書類整理棚」という語句が使われているが、Itが何を指すか不明。

22 🇦🇺 M This is where our clients want the report sent, right?

🇺🇸 W (A) No, I haven't read that book.
(B) Check the contract.
(C) At the bottom of the stairs.

これが、当社の顧客が望む報告書の送り先ですよね?

(A) いいえ、私はその本を読んでいません。
(B) 契約書を確認してください。
(C) 階段の下で。

正解 **B** 肯定文の文末に ～, right? を付けて「～ですよね」と、報告書の送付先が正しいかを確認している。これに対し、Yes/Noでは答えずに、送付先を確かめるために契約書を見るよう促している(B)が正解。client「顧客」、want ～ done「～が…されることを望む」。contract「契約書」。
(A) Noと答えているが、続く内容が質問と関連しない。
(C) 場所に関する発言だが、報告書の送付先を尋ねる質問への応答になっていない。

---

23 🇬🇧 W What's the date on the invitation to the banquet?

🇦🇺 M (A) A location in the city center.
(B) On the desk by the printer.
(C) April fourteenth.

夕食会の招待状にある日付はいつですか。

(A) 市の中心部にある場所です。
(B) プリンターのそばのデスクの上に。
(C) 4月14日です。

正解 **C** 招待状に記載されている夕食会の日付を尋ねているのに対し、「4月14日だ」と特定の日付を答えている(C)が正解。What ～?の疑問文だが時を尋ねている点に注意。date「日付」、invitation「招待(状)」、banquet「宴会、夕食会」。
(A) 場所を答える発言は応答にならない。location「場所」、center「中心部」。
(B) 位置を答える発言は応答にならない。

---

24 🇨🇦 M You should help us increase our online presence.

🇺🇸 W (A) She's an excellent speaker.
(B) Please put it over on the counter.
(C) I'm not very active on social media.

オンライン上での当社の認知度を高める手伝いをしてくださいよ。

(A) 彼女は優秀な話し手です。
(B) それをあちらのカウンターの上に置いてください。
(C) 私はあまりソーシャルメディアをやっていません。

正解 **C** オンライン上での認知度を高める手伝いを求める発言に対し、「私はあまりソーシャルメディアをやっていない」と答えることで、求めには応じられないことを暗に伝えている(C)が正解。help ～ do「～が…するのを手伝う」、increase「～を増やす、～を高める」、presence「存在感」。active「活動的な」。
(A) Sheが誰を指すか不明。excellent「優秀な」。
(B) itが何を指すか不明。

---

25 🇬🇧 W When's the building inspector coming to the construction site?

🇦🇺 M (A) Yes, at the main post office.
(B) The revised building plans.
(C) Abdel does the scheduling.

建物検査官はいつ建設現場に来ますか。

(A) はい、郵便局の本局で。
(B) 修正済みの建築設計図です。
(C) Abdelがスケジュールを組んでいます。

正解 **C** When ～?で建物検査官が建設現場に来る時を尋ねているのに対し、「Abdelがスケジュールを組んでいる」とスケジューリングの担当者を伝え、尋ねるべき人物を答えている(C)が正解。When'sはWhen isの短縮形。inspector「検査官」、construction site「建設現場」。scheduling「予定・日程を決めること」。
(A) 時を尋ねる質問に対し、Yes/Noでは応答にならない。また、場所は尋ねられていない。the main post office「郵便局の本局」。
(B) 質問にあるbuildingを含むが、応答になっていない。revise「～を修正する」。

---

26 🇺🇸 W Will the lawyer provide a paper copy of the agreement or send it by e-mail?

🇨🇦 M (A) We've had better sales results this quarter.
(B) Do you have a preference?
(C) Yes, I saw that too.

弁護士は契約書を書面で提供する予定ですか、それともEメールで送る予定ですか。

(A) 当社は今四半期、より良い販売成績を上げました。
(B) ご希望はありますか。
(C) はい、私もそれを見ました。

正解 **B** A or B?の形で、弁護士は契約書を書面かEメール添付のどちらで提供する予定かと尋ねている。これに対し、どちらか一方を答えるのではなく、「希望はあるか」と聞き返している(B)が正解。lawyer「弁護士」、copy「写し、(本や書類の)部・冊」、agreement「契約書」。preference「好み」。
(A) sales results「販売成績」、quarter「四半期」。
(C) 二者択一の質問に対し、Yesで何を肯定しているか不明。また、thatがthe agreementを指すとしても、それを見たという発言は応答にならない。

14

27 M I heard a new restaurant is opening on Fifth Avenue!

W (A) This key will open the lock.
(B) I just had lunch there.
(C) No, I prefer Italian food.

新しいレストランが五番街に開店すると聞きました！
(A) この鍵でその錠が開きますよ。
(B) ついさっき、そこで昼食を取りましたよ。
(C) いいえ、私はイタリア料理の方が好みです。

正解 **B** 新しいレストランが五番街に開店すると聞いたという発言に対し、「ついさっき、そこで昼食を取った」と答え、その新しい店に行ったことを伝えている (B) が正解。there は発言にある a new restaurant を指す。avenue「大通り、〜街」。
(A) 発言にある opening と関連する open に惑わされないよう注意。
(C) 料理の種類は話題にされていない。prefer「〜をより好む」。

28 M How satisfied do you think our clients are with our services?

W (A) I can reimburse you for the meal.
(B) The plane lands at four o'clock.
(C) Several companies have renewed their contracts.

顧客は当社のサービスにどれくらい満足していると思いますか。
(A) 私はあなたに食事代を払い戻しできます。
(B) 飛行機は4時に着陸します。
(C) 数社が契約を更新しましたよ。

正解 **C** How 〜? の疑問文に do you think が挿入された形で、顧客はどれくらい満足していると思うかと尋ねている。これに対し、「数社が契約を更新した」と事実を伝えることで、顧客満足度は高そうであると示唆している (C) が正解。satisfied「満足した」。renew「〜を更新する」。
(A) 食事や払い戻しは話題にされていない。reimburse 〜 for …「〜に…（の料金）を払い戻す」。
(B) 飛行機は話題にされていない。land「着陸する」。

29 W Does the accounting department send out weekly reports?

M (A) No, they do it monthly.
(B) A weeklong vacation.
(C) She's a reporter for *The Herald*.

経理部は週次報告書を出していますか。
(A) いいえ、彼らはそれを月次で行っています。
(B) 1週間にわたる休暇です。
(C) 彼女は『先駆け』誌の記者です。

正解 **A** 経理部は週次報告書を出しているかと尋ねているのに対し、No と否定し、「彼らはそれを月次で行っている」と、正しい頻度を教えている (A) が正解。they は経理部の人々を、do it は報告書を出すことを表している。accounting「経理」、send out 〜「〜を送る、〜を出す」、weekly「週1回の」。monthly「月に1回」。
(B) 質問にある weekly と関連する weeklong「1週間にわたる」に惑わされないよう注意。
(C) She が誰を指すか不明。質問にある reports と関連する reporter に惑わされないよう注意。

30 W Will you be attending the mandatory training session today or tomorrow?

M (A) He tends to agree with me.
(B) I'm spending today with a client.
(C) Copies of the proposed agenda.

あなたは必須の研修会に今日出席しますか、それとも明日出席しますか。
(A) 彼は私に賛成する傾向があります。
(B) 私は今日は顧客と過ごすことになっています。
(C) 提案された議事日程表のコピーです。

正解 **B** A or B? の形で、必須の研修会に出席するのは今日か明日かと尋ねている。これに対し、「私は今日は顧客と過ごすことになっている」と今日は別の予定があることを伝え、明日出席する予定であることを示唆している (B) が正解。mandatory「義務的な、必須の」。
(A) He が誰を指すか不明。tend to do「〜する傾向がある」、agree with 〜「〜に賛成する」。
(C) proposed「提案された」、agenda「議事日程（表）、計画表」。

31 M Production on our outdoor furniture is behind schedule.

W (A) It's behind the door.
(B) Do you know what the problem is?
(C) On July eleventh.

当社の屋外用家具の生産は予定より遅れています。
(A) それはドアの後ろにあります。
(B) 何が問題なのか知っていますか。
(C) 7月11日に。

正解 **B** 屋外用家具の生産が予定より遅れているという発言に対し、「何が問題なのか知っているか」と、生産遅延の原因を尋ねている (B) が正解。production「生産」、outdoor「屋外の」、furniture「家具」、behind schedule「予定より遅れて」。
(A) 発言にある behind を含むが、It が furniture を指すとしても、位置を伝える発言は応答にならない。
(C) 発言に schedule とあるが、日付は尋ねられていないので応答にならない。

Questions 32 through 34 refer to the following conversation.

🇨🇦 M Hi. My name is Andrew, and ❶I'll be your server today. ❷Are you ready to order?

🇬🇧 W Oh, not yet. I'm waiting for my colleague to arrive. ❸She's running behind because of the construction on Lawrence Avenue — it's being repaved. There is one thing I wanted to ask about, though. ❹I don't see the grilled swordfish listed on the menu.

🇨🇦 M ❺Sorry, that dish is offered only on weekends. But we do have a daily special that I can recommend.

設問32-34は次の会話に関するものです。

こんにちは。私はAndrewと申しまして、本日、お客さまへの給仕を担当いたします。ご注文の準備はよろしいですか。

ああ、まだです。同僚が到着するのを待っているところなのです。彼女はローレンス大通りの工事のせいで遅れていまして——あそこは再舗装中なんですよ。ですが、1つお尋ねしたかったことがあります。メカジキのグリル焼きがメニューに見当たらないのですが。

申し訳ございません、そちらのお料理は週末限定でのご提供です。ですが、お薦めできる日替わりの特別メニューがございますよ。

---

32 Where does the conversation most likely take place?

(A) At a grocery store
(B) At a kitchen supply store
(C) At a restaurant
(D) At a cooking school

会話はどこで行われていると考えられますか。

(A) 食料雑貨店
(B) 台所用品店
(C) レストラン
(D) 料理学校

正解 C 男性は女性に対して名乗った後、❶で給仕を担当することを伝えており、続けて❷で注文を聞いている。また2人は❹・❺で、料理のメニューとその提供について話している。よって、会話は飲食を提供する店で行われていると考えられるので、(C)が正解。take place「行われる」。
(A) (B) (D) いずれも料理や食の話題から連想され得るが、食事の注文について話しているので不適切。

---

33 What has caused a delay?

(A) Bad weather
(B) Roadwork
(C) An order error
(D) A staff shortage

何が遅れの原因となっていますか。

(A) 悪天候
(B) 道路工事
(C) 注文ミス
(D) 人手不足

正解 B 同僚を待っていると述べている女性は、同僚の到着が遅れていることについて、❸「彼女はローレンス大通りの工事のせいで遅れている——あそこは再舗装中だ」と説明しているので、❸のconstructionをroadworkと表している(B)が正解。cause「〜の原因となる」、delay「遅れ」。
(C) 会話に登場するorderを含むが、女性はまだ注文していない。

---

34 Why does the man apologize?

(A) An item is unavailable.
(B) A price has changed.
(C) A machine is not working.
(D) An explanation is incorrect.

男性はなぜ謝っていますか。

(A) ある一品が用意できない。
(B) 値段が変わった。
(C) 機械が作動していない。
(D) 説明が誤っている。

正解 A ❹で、メカジキのグリル焼きがメニューに見当たらないと指摘する女性に対し、男性は❺で、謝罪してその料理は週末限定であることを説明している。よって、❹のthe grilled swordfishをan itemと、その料理が提供できないことをunavailable「入手不可能な」とそれぞれ表している(A)が正解。
(B) (C) 値段や機械は話題にされていない。
(C) work「(正常に)機能する」。
(D) explanation「説明」、incorrect「間違った」。

---

server 給仕人　be ready to *do*　〜する準備ができている　colleague 同僚　run behind 遅れる
because of 〜　〜のせいで　construction 工事　avenue 大通り　repave 〜を再舗装する
though でも　★文末または挿入的に用いられる　grilled 焼いた、あぶった　swordfish メカジキ
listed リストに掲載された　offer 〜を提供する　daily special 日替わりのお薦め料理

Questions 35 through 37 refer to the following conversation.

設問 35-37 は次の会話に関するものです。

M ❶Thanks for proofreading that copy of the newsletter that I left on your desk. ❷Do you think it's final? Is it OK for me to go ahead and send it to the Spanish translator?

あなたのデスクに置いておいたあの会報の原稿を校正してくれてありがとうございます。それで決定稿だと思いますか。もうそれをスペイン語の翻訳者に送ってもよいでしょうか。

W ❸I just noticed one small thing. ❹The date of our company anniversary celebration is wrong. It says "September," but the party is actually in October.

1つだけ、細かい点に気が付きました。当社の記念式典の日付が間違っています。そこには「9月」と書かれていますが、実際にはパーティーがあるのは10月です。

M Oh, thanks for catching that. ❺I'll correct it later today and submit the translation request tomorrow.

ああ、それに気が付いてくれてありがとうございます。本日後ほどそれを訂正して、明日翻訳依頼を出します。

35 What are the speakers preparing?

(A) A newsletter
(B) A sales report
(C) A presentation
(D) A production schedule

話し手たちは何を準備していますか。

(A) 会報
(B) 売上報告書
(C) 発表
(D) 生産計画表

正解 **A** 男性は ❶「あなたのデスクに置いておいたあの会報の原稿を校正してくれてありがとう」と女性に礼を伝えているので、(A)が正解。
(B) (C) (D) 売上報告書、発表、生産計画表はいずれも話題に出ていない。

36 What problem does the woman mention?

(A) Some pages are missing.
(B) A draft is late.
(C) A detail is inaccurate.
(D) The quality of a print job is poor.

女性はどんな問題について述べていますか。

(A) ページが幾つか抜けている。
(B) 草稿が遅れている。
(C) 細部の1点が不正確である。
(D) 印刷作業の品質が良くない。

正解 **C** ❷で、会報の原稿を翻訳の工程に進めてよいか尋ねる男性に対し、女性は ❸「1つだけ、細かい点に気が付いた」と前置きしてから、❹で、原稿内の日付の間違いを指摘している。よって、細部に誤りがあることを a detail is inaccurate と表現している(C)が正解。inaccurate「不正確な」。
(A) 原稿のページが抜けているとは述べられていない。missing「欠けている」。
(B) draft「草稿」が遅れているといった発言はない。
(D) 印刷作業には言及されていない。quality「品質」、poor「粗末な、不十分な」。

37 What does the man say he will do tomorrow?

(A) Send an invitation
(B) Order a translation
(C) Request an extension
(D) Attend a party

男性は明日、何をするつもりだと言っていますか。

(A) 招待状を送る
(B) 翻訳を発注する
(C) 延長を依頼する
(D) パーティーに出席する

正解 **B** 男性は、女性が原稿内のミスを指摘してくれたことに感謝した後、❺「本日後ほどそれを訂正して、明日翻訳依頼を出す」と予定を伝えている。よって、(B)が正解。order「〜を発注する」。
(A) invitation「招待状」への言及はない。
(C) 男性が明日依頼すると言っているのは、extension「(締切などの)延長」ではなく原稿の翻訳。
(D) 会話に登場するpartyは10月に行われる式典を指しており、明日出席するとは言っていない。

proofread 〜を校正する	copy (印刷用の)原稿	newsletter 会報	final 最終の

go ahead and *do* さっさと〜する、進んで〜する　translator 翻訳家　notice 〜に気が付く
anniversary 記念日、記念行事　celebration 式典　catch 〜(問題など)を発見する　correct 〜を訂正する
submit 〜を提出する　translation 翻訳　request 依頼

TEST 1 PART 3

Questions 38 through 40 refer to the following conversation.

W Hi. I'm Amina Haddad. ❶I have an appointment for an oil change. But ❷I was wondering if you could also look at my car's brakes. I think the brake pads may need to be replaced soon.

M ❸Our brake specialists have a lot of work today, ❹but if you don't mind waiting a bit, someone should be able to look at them in about an hour.

W Sure. I actually brought some work with me that I could do. ❺Do you have a wireless Internet network for visitors?

M We do. ❻The password is posted on the wall by the coffee machine.

設問38-40は次の会話に関するものです。

こんにちは。Amina Haddadと申します。オイル交換の予約を入れています。ですが、車のブレーキも調べていただけたらと思っていました。ブレーキパッドは近々、交換の必要があるかもしれないと思いまして。

当店のブレーキ技術者たちは本日たくさんの作業を抱えているのですが、少々お待ちいただいてもよろしければ、1時間ほどしたら誰かが見ることができるはずです。

構いませんよ。実は、できそうな仕事を持ち込んでいるのです。来客向けの無線インターネット・ネットワークはありますか。

ございます。パスワードはコーヒーマシンのそばの壁に掲示されています。

38 Where are the speakers?

(A) At an electronics store
(B) At a parking garage
(C) At an auto repair shop
(D) At a coffee shop

話し手たちはどこにいますか。

(A) 電子機器店
(B) 立体駐車場
(C) 自動車修理店
(D) コーヒーショップ

正解 C 女性は❶「オイル交換の予約を入れている」と用件を切り出し、❷「車のブレーキも調べてもらえたらと思っていた」と続けている。これに対し、男性は❸で、ブレーキ技術者たちの業務状況を伝えた上で、❹で、待ってもらえれば対応できると述べている。よって、(C)が正解。auto「自動車」、repair「修理」。
(A) (B) (D) それぞれ、a wireless Internet network、car、the coffee machineから連想され得る点に注意。

39 What does the man say about his employees?

(A) They are training now.
(B) They will leave early today.
(C) They work in pairs.
(D) They are busy.

男性は自分のところの従業員たちについて何と言っていますか。

(A) 彼らは今、研修中である。
(B) 彼らは今日、早退する予定である。
(C) 彼らは2人1組で作業する。
(D) 彼らは忙しい。

正解 D ❷で車のブレーキも調べてほしいという女性の要望に対し、男性は❸「当店のブレーキ技術者たちは、本日たくさんの作業を抱えている」と従業員たちが忙しいことを伝えている。よって、(D)が正解。❸のour brake specialistsが、設問文ではhis employeesと言い換えられている。
(A) (B) (C) 研修、早退、ペアで行う作業への言及はない。

40 What is posted on a wall?

(A) A password
(B) A list of prices
(C) A refund policy
(D) A service agreement

何が壁に掲示されていますか。

(A) パスワード
(B) 価格表
(C) 払い戻しの方針
(D) サービスの同意書

正解 A 待つ間に仕事をするため、❺「来客向けの無線インターネット・ネットワークはあるか」と尋ねる女性に対し、男性はそれがあることを伝えた後、❻「パスワードはコーヒーマシンのそばの壁に掲示されている」と、壁にネットワークのパスワードが掲示されていることを教えている。よって、(A)が正解。
(C) refund「払い戻し」。
(D) agreement「契約書、同意書」。

appointment 予約　look at ～ ～を調べる　brake ブレーキ　brake pad （自動車の）ブレーキパッド
replace ～を交換する　mind doing ～するのを気にする、～するのを嫌だと思う　visitor 来客　post ～を掲示する

Questions 41 through 43 refer to the following conversation.

設問41-43は次の会話に関するものです。

🇬🇧 W　Murat, thanks for meeting with me. ❶I was hoping to get your feedback on the new packaging for our tea biscuits.

Murat、私との打ち合わせに来てくれてありがとう。当社のティービスケットの新しい包装についてあなたの意見を聞きたいと思っていました。

🇨🇦 M　Hi, Ayaka. I really like the look of the new box. But ❷I have one concern. ❸Will it keep the biscuits fresh longer?

こんにちは、Ayaka。私は新しい箱の見た目がとても好きですよ。でも、1つ懸念点があります。その箱は、ビスケットをより長い間、新鮮な状態に保ちますか。

🇬🇧 W　Yes. Our product testing team will send me their report soon. We expect the new packaging will improve product shelf life by at least five days.

はい。当社の商品検査チームが間もなく報告書を私に送ってくれる予定です。私たちは、新しい包装が最低でも5日は商品の品質保持期間を延ばすものと見込んでいます。

🇨🇦 M　Great! ❹Hopefully you'll receive it before our meeting with investors next week. They'll want to have that information before committing to continuing their support.

素晴らしい！ できれば、来週の出資者との会議の前にあなたがそれを受け取れるといいですね。彼らは支援の継続を約束する前にその情報を手にしたいと思うでしょうから。

41 What does the speakers' company produce?

(A) Frozen vegetables
(B) Biscuits
(C) Juices
(D) Breakfast cereals

話し手たちの会社は何を製造していますか。

(A) 冷凍野菜
(B) ビスケット
(C) ジュース
(D) 朝食用シリアル

正解 **B**　女性は❶「当社のティービスケットの新しい包装についてあなたの意見を聞きたいと思っていた」と述べている。また男性は❸で、新しい箱はビスケットの鮮度をより長く保つかと尋ねている。よって、話し手たちの会社はビスケットを製造していると分かるので、(B)が正解。
(A) (C) (D) いずれも食品や飲料品だが、会話に出ていない。

42 What is the man concerned about?

(A) Attracting new customers
(B) Keeping a product fresh
(C) Reducing environmental impact
(D) Staying within a budget

男性は何について心配していますか。

(A) 新しい顧客を引き付けること
(B) 製品を新鮮に保つこと
(C) 環境への影響を低減すること
(D) 予算内に留めること

正解 **B**　ビスケットの新しい包装に関する意見を尋ねる女性に対し、男性はその見た目について肯定的な感想を述べた後、❷で、1つ懸念点があると前置きし、❸「その箱は、ビスケットをより長い間、新鮮な状態に保つか」と尋ねている。よって、(B)が正解。be concerned about ～「～について心配している」。
(A) attract「～を引き付ける」。
(C) reduce「～を減らす」、impact「影響」。
(D) stay within ～「～内に留まる」、budget「予算」。

43 Who will the speakers meet with next week?

(A) A sales director
(B) A marketing team
(C) Some investors
(D) Some store owners

話し手たちは来週、誰と会合を行いますか。

(A) 販売部長
(B) マーケティングチーム
(C) 出資者たち
(D) 店舗のオーナーたち

正解 **C**　女性が受け取る予定の、商品検査チームによる報告書について、男性は❹「できれば、来週の出資者との会議の前にあなたがそれを受け取れるといい」と述べているので、来週会合を行うのは出資者とであることが分かる。よって、(C)が正解。❹のitは、女性の発言にあるtheir reportを指す。
(A) director「管理者、部長」。
(B) 商品検査チームへの言及はあるが、マーケティングチームは話題にされていない。

TEST 1 PART 3

meet with ～　～と面談する、～と会合を行う　hope to *do*　～したいと思う　packaging　包装、商品容器
tea biscuit　ティービスケット　★紅茶に添えて出されるビスケット　look　見た目　concern　懸念点
keep ～ …　～を…の状態に保つ　testing　検査　expect (that) ～　～と予想する　improve　～を高める
shelf life　品質保持期間、貯蔵寿命　hopefully　願わくは、できれば　investor　投資家、出資者
commit to *doing*　～することを約束する　continue　～を続ける、～を継続する

Questions 44 through 46 refer to the following conversation.

設問44-46は次の会話に関するものです。

🇦🇺 M Hi, Melissa. ❶I just spoke with Alberto on the phone. ❷He doesn't feel well, so he won't be able to work the Hassoun Motor Company event tonight. I need you to cover for him.

こんにちは、Melissa。たった今、Albertoと電話で話をしました。彼は気分が優れないので、今夜のHassoun自動車会社のイベントを受け持つことができません。あなたに彼の代わりを務めてもらう必要があります。

🇬🇧 W Oh. But ❸I've never photographed a corporate event. ❹I'm usually here in the studio for individual or family portraits. It would be a new challenge for me, but I could use the experience.

あら。でも、私は企業イベントの写真撮影をしたことが一度もありません。私は普段、個人や家族の肖像写真を撮るためにこのスタジオにいますから。私にとって新たな挑戦となるでしょうけれど、その経験を積めればありがたいです。

🇦🇺 M Well, you have a keen eye. I know you'll do great. The event starts at seven in the banquet hall of the Norris Hotel. ❺Remember, there's a formal dress code. ❻You should probably wear a suit.

そうですね、あなたには鋭い眼があります。あなたならうまくやると思いますよ。イベントは、Norrisホテルの宴会場で7時に始まります。念のため言っておきますが、正装のドレスコードがあります。おそらくスーツを着るべきでしょうね。

🇬🇧 W Of course. I'll go home to get ready now.

もちろんです。今から家に帰って支度します。

---

44 According to the man, why is Alberto unavailable?

　(A) He has left the company.
　(B) He is meeting with a client.
　(C) He is sick.
　(D) He is on vacation.

男性によると、Albertoはなぜ都合がつかないのですか。

　(A) 彼は会社を退職した。
　(B) 彼は顧客と面会することになっている。
　(C) 彼は体調が悪い。
　(D) 彼は休暇中である。

正解 C 男性は❶で、Albertoと電話で話をしたところだと言ってから、❷「彼は気分が優れないので、今夜のHassoun自動車会社のイベントを受け持つことができない」と知らせている。よって、❷のHe doesn't feel wellを、He is sickと表現している(C)が正解。unavailable「都合がつかない」。
(A) (B) (D) 退職、顧客との面会、休暇については言及がない。

---

45 What is the woman's job?

　(A) Musician
　(B) Caterer
　(C) Event planner
　(D) Photographer

女性の職業は何ですか。

　(A) 音楽家
　(B) 仕出し業者
　(C) イベントプランナー
　(D) カメラマン

正解 D Albertoの代役を務めるよう依頼された女性は、❸で企業イベントの写真撮影をしたことがないと述べ、続けて❹「私は普段、個人や家族の肖像写真を撮るためにこのスタジオにいる」と、自分の通常の業務に言及している。よって、女性はカメラマンだと分かるので、(D)が正解。
(C) イベントは話題にされているが、女性が計画や運営をしているわけではない。

---

46 What does the man remind the woman to do?

　(A) Pick up some supplies
　(B) Wear formal clothes
　(C) Complete a checklist
　(D) Keep some receipts

男性は女性に何をするよう念押ししていますか。

　(A) 供給品を受け取る
　(B) フォーマルな衣服を着用する
　(C) チェックリストを完了させる
　(D) 領収書を保管する

正解 B 男性は、イベントの開始時刻と開催場所を知らせた後、❺「念のため言っておくが、正装のドレスコードがある」と女性に念を押し、❻でスーツの着用を勧めている。よって、(B)が正解。remind ~ to do「~に…するよう念を押す」。
(A) pick up ~「~を受け取る」、supplies「供給品、用品」。
(C) complete「~に漏れなく記入する」。
(D) receipt「領収書」。

---

motor　自動車(の)　　cover for ~　~の代理を務める　　corporate　企業の　　individual　個人(の)　　portrait　肖像写真
challenge　課題、挑戦　　could use ~　~が得られるとありがたい、~が欲しい　　experience　経験
keen eye　鋭い目、見抜く目　　banquet hall　宴会場　　Remember, ~.　念頭に置いておいてほしいのですが、~。
dress code　服装規定、ドレスコード　　probably　おそらく　　suit　スーツ

Questions 47 through 49 refer to the following conversation. 設問47-49は次の会話に関するものです。

M Hi, Xinyu. How was the budget meeting this morning? こんにちは、Xinyu。今朝の予算会議はどうでしたか。

W Well, it was a long meeting, but ❶the board of directors finally agreed that we don't have enough employees. そうですね、長い会議でしたが、取締役会はようやく、当社には十分な数の従業員がいないということに同意してくれました。

M ❷Finally — that's good news. We're getting lots of new clients, and we need people to work on their accounts. By the way, ❸the possible logo designs for the Jefferson account were just sent over from the art department. ❹Want to come to my office to look at them? ようやくですね——それは朗報です。当社は多くの新規顧客を得ているので、それらの案件を受け持つ人員が必要です。ところで、Jefferson社の案件のロゴデザイン候補が美術部門から送られてきたところです。それらを見に私の執務室に来ませんか。

W I have to go to another meeting right now. 私はちょうど今から、別の会議に向かわないといけないのです。

M OK, well, ❺we have until next week to provide feedback. 分かりました、ええと、私たちが意見を提供するのは来週までとなっています。

---

47 What did the board of directors most likely agree to do?

(A) Renovate an office space
(B) Hire some staff members
(C) Begin an advertising campaign
(D) Purchase better equipment

取締役会は何をすることに同意したと考えられますか。

(A) オフィス空間を改装する
(B) 従業員を雇用する
(C) 広告キャンペーンを開始する
(D) より良い機器を購入する

正解 **B** 女性は❶「取締役会はようやく、当社には十分な数の従業員がいないということに同意してくれた」と報告している。これを聞いた男性は、❷で、それは朗報だと言ってから、多数の新規顧客がいるのでそれらの案件を受け持つ人員が必要だと述べている。これらのことから、取締役会は従業員の追加雇用に同意したと考えられるので、(B)が正解。
(A) (C) (D) 改装、広告、機器などには言及がない。

---

48 What did the man just receive?

(A) An employment contract
(B) A sales report
(C) Some logo designs
(D) Some shipping supplies

男性は何を受け取ったところですか。

(A) 雇用契約書
(B) 売上報告書
(C) ロゴのデザイン
(D) 発送用資材

正解 **C** 男性は予算会議に関連した話からBy the wayと話題を変え、❸「Jefferson社の案件のロゴデザイン候補が美術部門から送られてきたところだ」と伝えている。よって、(C)が正解。
(A) 会話に登場するemployeesと関連するemployment「雇用」が含まれるが、contract「契約書」への言及はない。
(B) (D) sales report「売上報告書」、shipping supplies「発送用資材」への言及はない。

---

49 Why does the woman say, "I have to go to another meeting right now"?

(A) To decline an invitation
(B) To correct a misunderstanding
(C) To express excitement
(D) To explain a schedule change

女性はなぜ "I have to go to another meeting right now" と言っていますか。

(A) 誘いを断るため
(B) 誤解を正すため
(C) 興奮を示すため
(D) 予定の変更を説明するため

正解 **A** 男性が❸で、ロゴデザイン候補を受け取ったことを述べ、続けて❹「それらを見に私の執務室に来ないか」と誘っているのに対し、女性は下線部の発言で「私はちょうど今から、別の会議に向かわないといけない」と別の用件があることを伝えている。これを聞いた男性はOKと了承した後、❺で意見提供の期限に言及している。以上より、女性は誘いを断るために下線部の発言をしていると分かる。decline「~を断る」、invitation「誘い」。
(B) correct「~を訂正する」、misunderstanding「誤解」。
(C) express「~を表明する」、excitement「興奮」。

---

board of directors 取締役会 　 agree that ~ 　~ということに同意する 　 work on ~ 　~に取り組む
account 得意先、得意先との取引 　 possible 可能性のある、候補の 　 send over ~ 　~を送り届ける 　 department 部署
Want to do? ~しませんか。 ★勧誘を表すDo you want to do? が短縮された形 　 provide ~を提供する

Questions 50 through 52 refer to the following conversation with three speakers.

設問50-52は3人の話し手による次の会話に関するものです。

W Excuse me. ❶I recently moved into a new apartment, and it doesn't have many windows. Do you have any houseplants that grow well in low light?

すみません。私は最近、新しいマンションに引っ越しまして、そこは窓が多くありません。光が少なくてもよく育つ室内植物は何かありますか。

M We have some ferns and peace lilies over in the next aisle. I'd recommend a fern. It's the easiest one to take care of. Right, Kavi?

あちら、隣の通路に、シダやスパティフィラムを用意しています。私はシダをお薦めします。一番世話をしやすいものなので。そうですよね、Kavi?

M I think so. Although if you buy one, you should probably replant it in a larger pot soon.

そう思います。それをご購入いただいた場合、おそらく、すぐに大きめの鉢に植え替えた方がいいとは思いますが。

W OK. ❷A friend of mine has some large flowerpots. ❸I could ask her for one.

なるほど。友人が大きい植木鉢を幾つか持っています。彼女に1つ頼めるかもしれません。

M Oh, and ❹we're holding a workshop here on Saturday on how best to care for indoor plants.

ああ、ところで、当店は土曜日にこちらで、屋内植物の世話をする最も上手な方法についてのワークショップを開催します。

W ❺That sounds interesting, and I'm free on Saturday.

それは面白そうですね、それに私は土曜日は空いています。

---

50 What does the woman say she did recently?

(A) She moved to a new home.
(B) She opened a store.
(C) She planted a garden.
(D) She took a vacation.

女性は最近何をしたと言っていますか。

(A) 彼女は新居に引っ越した。
(B) 彼女は店を開いた。
(C) 彼女は庭に植物を植えた。
(D) 彼女は休暇を取った。

正解 **A** 女性は❶「私は最近、新しいマンションに引っ越した」と近況を伝え、新居は窓が多くないと話を続けている。よって、(A)が正解。
(B) 会話は店で行われているが、女性は希望の条件に合う室内植物を求めて来店しているだけ。
(C) 女性は室内用の植物を探すために来店しており、庭に植物を植えたとは言っていない。plant「〜に植物を植える」。

---

51 What will the woman ask her friend for?

(A) A book about plants
(B) A flowerpot
(C) A pair of gloves
(D) A watering can

女性は自分の友人に何を所望するつもりですか。

(A) 植物に関する本
(B) 植木鉢
(C) 1組の手袋
(D) じょうろ

正解 **B** 2人目の男性から、シダを購入した場合は植え替えた方がいいという説明を聞いた女性は、❷「友人が大きい植木鉢を幾つか持っている」と述べ、❸「彼女に1つ頼めるかもしれない」と続けている。❸の代名詞oneはa flowerpotを指すので、(B)が正解。
(A) (C) (D) いずれも植物やその世話に関連し得る選択肢だが、本、手袋、じょうろへの言及はない。

---

52 What will the woman most likely do on Saturday?

(A) Tour a park
(B) Go to a library
(C) Attend a workshop
(D) Watch a video

女性は土曜日に何をすると考えられますか。

(A) 公園を見て回る
(B) 図書館へ行く
(C) ワークショップに参加する
(D) 動画を見る

正解 **C** 2人目の男性が❹「当店は土曜日にこちらで、屋内植物の世話をする最も上手な方法についてのワークショップを開催する」と知らせているのに対し、女性は❺で興味を示し、土曜日は空いていることを伝えてワークショップへの参加に前向きな反応を示している。よって、(C)が正解。attend「〜に参加する」。
(A) (B) (D) 公園、図書館、動画は話題に上がっていない。(A) tour「〜を見学する、〜を見て回る」。

---

houseplant 室内植物　　fern シダ　　peace lily スパティフィラム　★多年生観葉植物の一種。lilyは「ユリ」
aisle （商品棚の間の）通路　　take care of 〜 〜の世話をする　　replant 〜を植え替える　　ask 〜 for … 〜に…を求める
how best to do 〜する最善の方法　　care for 〜 〜の世話をする　　indoor plant 屋内植物

Questions 53 through 55 refer to the following conversation.

■M So-Jin, ❶I saw that you're volunteering for the financial education event at the community center. ❷I signed up too, but I don't know what to expect. Do you know what it'll be like?

■W Yes, I participate every year. ❸Financial planners from around town sign up for four hours of work. ❹We have short meetings with members of the community to talk with them about investments, money management, things like that.

■M Oh, that sounds great. ❺I have a commitment in the afternoon, but I signed up for a morning session. I bet more people come before lunch anyway.

設問53-55は次の会話に関するものです。

So-Jin、あなたがコミュニティーセンターでの金融教育イベントでボランティアをすることを知りました。私も申し込んだのですが、何が行われるのか予想がつきません。それがどのようなものになりそうか分かりますか。

はい、私は毎年参加しています。町のあちこちからファイナンシャル・プランナーが4時間の活動に参加します。私たちは地域の人たちと短時間会合して、投資や資産管理などについて話をするのです。

ああ、それは素晴らしいですね。私は午後には用事があるのですが、午前の会に申し込みました。いずれにしても、きっと昼食前に来る人の方が多いと思います。

53 What industry do the speakers most likely work in?

(A) Publishing
(B) Entertainment
(C) Finance
(D) Fitness

話し手たちはどんな業界で働いていると考えられますか。

(A) 出版
(B) エンターテインメント
(C) 金融
(D) フィットネス

正解 **C** 男性は女性に声を掛け、❶「あなたがコミュニティーセンターでの金融教育イベントでボランティアをすることを知った」と述べ、続けて❷で、自分もそれに申し込んだことを伝えている。また、女性は、そのイベントの様子について❸・❹で、ファイナンシャル・プランナーが投資や資産管理などについて相談に乗ることを伝えている。これらから、話し手たちは金融関連の業界で働いていると考えられるので、(C)が正解。industry「業界」。

54 What have the speakers volunteered to do?

(A) Distribute some books
(B) Speak at a local school
(C) Clean up a neighborhood park
(D) Advise community members

話し手たちは何をすることを進んで引き受けましたか。

(A) 本を配布する
(B) 地元の学校で講演する
(C) 近隣の公園を清掃する
(D) 地域の人々に助言する

正解 **D** 話し手たちが申し込んでいるボランティアの活動内容について、女性は❹「私たちは地域の人たちと短時間会合して、投資や資産管理などについて話す」と説明している。よって、このことを動詞advise「～に助言する」を使って表現している(D)が正解。volunteer to do「～することを進んで引き受ける、～することを志願する」。
(A) distribute「～を流通させる、～を配布する」。
(B) イベントの場所はコミュニティーセンターであり、学校ではない。
(C) neighborhood「近隣(の)」。

55 When will the man volunteer?

(A) In the morning
(B) During lunchtime
(C) In the afternoon
(D) In the evening

男性はいつボランティアをしますか。

(A) 午前中
(B) 昼食時
(C) 午後
(D) 夕方

正解 **A** イベントでの自分たちの活動について教えてもらった男性は❺「私は午後には用事があるのだが、午前の会に申し込んだ」と、自分がボランティアをする予定の時間帯を伝えている。よって、(A)が正解。
(B) 男性の発言にlunchが含まれるが、昼食前の時間帯に来る人の方が多いだろうと言っているだけ。
(C) 男性は❺で、午後は用事があると言っている。

see that ～ ～ということを知る　　financial 金融の　　education 教育
community center コミュニティーセンター ★地域社会活動の中心となる施設
sign up (for ～) (～に)参加を申し込む、(～に)参加する　　what it is like それがどのようなものか　　participate 参加する
financial planner ファイナンシャル・プランナー ★個人の財産形成などについての助言を行う専門家　　community 地域社会
investment 投資　　money management 資産管理、資産運用　　things like that そのようなこと、そういったこと
commitment 約束、用事　　session 会、集まり　　I bet (that) ～ きっと～だと思う

Questions 56 through 58 refer to the following conversation with three speakers.

設問56-58は3人の話し手による次の会話に関するものです。

🇺🇸 W **Thanks for coming in, Vivek. As we discussed on the phone, ❶I'm looking for an assistant to help my manager, Jessica, run the farm. She'll be participating in the interview.**

来てくださってありがとうございます、Vivek。電話で話した通り、うちの農場長のJessicaが農場を経営するのを補佐してくれるアシスタントを探しています。彼女も面接に参加します。

🇦🇺 M **Hello. Nice to meet you, Jessica.**

こんにちは。初めまして、Jessica。

🇬🇧 W **Same here. ❷I was happy to see on your application that you have quite a bit of experience growing vegetables.**

こちらこそ。野菜の栽培経験が豊富でいらっしゃるということがあなたの応募書類から分かり、うれしく思いました。

🇦🇺 M **Yes. ❸When I was in school, I worked on a vegetable farm during the summer. I know that for this job, ❹I'd be expected to help create the planting and harvesting schedules, though. I haven't done much of that.**

はい。学生の頃、夏の間に野菜農園で働いていました。とは言え、この仕事では植え付けや収穫の計画作成の手助けを期待されているのは承知しています。その経験はあまりありません。

🇺🇸 W **No problem — ❺Jessica will train you to do that.**

大丈夫ですよ——Jessicaがあなたにその作業の研修を行う予定ですから。

🇬🇧 W **I'll show you the spreadsheets that we use.**

うちで使っているスプレッドシートをお見せしますね。

---

56 Where do the women most likely work?

(A) At a marketing firm
(B) At a hospital
(C) At a grocery store
(D) At a farm

女性たちはどこで働いていると考えられますか。
(A) マーケティング会社
(B) 病院
(C) 食料雑貨店
(D) 農場

> 正解 **D** 　1人目の女性は、❶「うちの農場長のJessicaが農場を経営するのを補佐してくれるアシスタントを探している」と述べ、続けてJessicaも面接に同席すると伝えている。この後、Jessicaは❷で、面接に来た男性の野菜の栽培経験に言及している。よって、1人目の女性とJessicaは農場で働いていると考えられるので、(D)が正解。男性が❹で、植え付けや収穫の計画作成という業務に言及していることもヒントになる。
> (C) vegetablesなどの語から連想され得る点に注意。

57 Which of the man's qualifications is mentioned?

(A) His work experience
(B) His university degree
(C) His community service
(D) His writing ability

男性が持つどの適性について述べられていますか。
(A) 彼の業務経験
(B) 彼の大学の学位
(C) 彼の地域奉仕活動
(D) 彼の文章力

> 正解 **A** 　2人目の女性であるJessicaは、❷「野菜の栽培経験が豊富だということがあなたの応募書類から分かり、うれしく思った」と、男性の野菜栽培の経験に言及している。これに対し、男性も❸で、野菜農園での仕事の経験について説明している。よって、(A)が正解。qualifications「資格、適性」。
> (B) 男性は学生の頃の仕事の経験について話しているが、大学の学位への言及はない。

58 What will Jessica do?

(A) Provide training
(B) Arrange transportation
(C) Order equipment
(D) Lead a team project

Jessicaは何をする予定ですか。
(A) 研修を行う
(B) 交通手段を手配する
(C) 機器を注文する
(D) チームのプロジェクトを主導する

> 正解 **A** 　植え付けや収穫の計画作成の経験はあまりないという懸念を伝える男性に対し、1人目の女性は大丈夫だと言った後、❺「Jessicaがあなたにその作業の研修を行う予定だ」と知らせている。よって、(A)が正解。training「研修」。
> (B) arrange「〜を手配する」、transportation「交通手段」。
> (D) ❶よりJessicaは農場経営者と分かるが、チームのプロジェクトについては言及されていない。lead「〜を主導する」。

---

help 〜 *do* 　〜が…するのを手伝う　　run 　〜を経営する　　Same here. 　こちらも同じです。　　quite a bit of 〜 　かなりの〜
planting 　植え付け　　harvesting 　収穫　　train 〜 to *do* 　…できるよう〜を教育する　　spreadsheet 　スプレッドシート、表計算ソフト

Questions 59 through 61 refer to the following conversation.

🇬🇧 W **Olivier—** ❶thank you for volunteering to organize our quarterly managers' meeting. ❷I appreciate you taking time out of your regular work schedule to do this. Speaking of which, any updates on the lunch plans?

🇦🇺 M Well, ❸I just heard from the restaurant we went to last quarter. Unfortunately, they're fully booked that day.

🇬🇧 W ❹Too bad. I was hoping they'd be available. Well, <u>an Italian restaurant just opened nearby</u>.

🇦🇺 M ❺I'll look into it. Also, ❻I just received an e-mail from the print shop. ❼They're waiting for the presentation schedule to add to the program. ❽I'll send them an updated version shortly.

設問59-61は次の会話に関するものです。

Olivier——四半期部長会議の手配を自ら引き受けてくれてありがとうございます。通常業務のスケジュールの中で、これを行うために時間を取ってくれたことに感謝します。そういえば、昼食の予定に関して何か新しい情報はありますか。

ええと、前四半期に行ったレストランからちょうど連絡をもらったところです。あいにく、そこは当日、予約で埋まっています。

残念ですね。そこが利用できればと思っていたのですが。でも、近くにイタリア料理店がちょうどオープンしましたね。

そこをのぞいてみます。それから、先ほど印刷所からEメールを受け取りました。先方は、プログラムに追加するプレゼンの予定表を待っています。すぐに先方に最新版を送ります。

---

59 What does the woman thank the man for doing?

(A) Hanging up some posters
(B) Organizing an event
(C) Repairing a machine
(D) Cooking a meal

女性は男性に、何の作業について感謝していますか。

(A) ポスターのつり下げ
(B) イベントの手配
(C) 機械の修理
(D) 食事の用意

正解 B 女性は男性に声を掛けて、❶「四半期部長会議の手配を自ら引き受けてくれてありがとう」と述べ、❷でも、手配のために時間を取ってくれたことについて感謝している。❷のdo thisは、organize our quarterly managers' meetingを指す。以上より、(B)が正解。❶のour quarterly managers' meetingを(B)ではan eventと表している。
(D) 食事は話題にされているが、会議当日の昼食の予定について話し合われているだけであり、男性が食事を用意するとは述べられていない。

---

60 Why does the woman say, "an Italian restaurant just opened nearby"?

(A) To complain about traffic
(B) To identify a job opportunity
(C) To extend an invitation
(D) To make a suggestion

女性はなぜ "an Italian restaurant just opened nearby" と言っていますか。

(A) 交通量について不満を述べるため
(B) 就職の機会を明らかにするため
(C) 招待状を出すため
(D) 提案をするため

正解 D 男性が❸で、前四半期に利用したレストランが今回の会議当日には予約で満席であることを述べているのに対し、女性は❹で「残念だ。そこが利用できればと思っていたが」と述べた後、下線部の発言で、近くにイタリア料理店ができたばかりだと伝えている。これに対し、男性は❺で、その料理店をのぞいてみると言っている。この流れから、女性は、会議当日に利用するレストランの代案を提案していると判断できる。
(A) complain about ~「~について不満を述べる」、traffic「交通(量)」。
(B) identify「~を特定する、~を明確にする」。

---

61 What will the man send to a print shop?

(A) A schedule
(B) A map
(C) A company logo
(D) A list of sponsors

男性は印刷所に何を送りますか。

(A) 予定表
(B) 地図
(C) 会社のロゴ
(D) スポンサーの一覧表

正解 A 男性は、❻でちょうど印刷所からEメールを受け取ったところだと言った後、❼「先方は、プログラムに追加するプレゼンの予定表を待っている」と知らせ、続けて❽で、すぐに先方に最新版を送ると述べている。よって、男性は印刷所に最新の予定表を送ることが分かるので、(A)が正解。❼のTheyと❽のthemはいずれも印刷所(の人々)を指す。
(B) (C) (D) プログラムに記載されそうな内容だが、地図、ロゴ、スポンサーの一覧については言及がない。

---

organize 　~を準備する、~を手配する　　　quarterly 　3カ月に一度の、四半期の　　　appreciate 　~を感謝する
take time out of ~ to *do* 　~から…するのに時間を取る　　　Speaking of which, 　そういえば　　　update 　最新情報
quarter 　四半期　　　unfortunately 　残念ながら、あいにく　　　be fully booked 　予約でいっぱいである　　　nearby 　近くに
look into ~ 　~を調べる、~に立ち寄る　　　print shop 　印刷所　　　add to ~ 　~に追加する　　　updated 　更新された、最新の
shortly 　すぐに

Questions 62 through 64 refer to the following conversation and coupon.

設問62-64は次の会話とクーポンに関するものです。

🇺🇸 W Hi there. Can I help you find anything today?

こんにちは。本日は何かお探しでしょうか。

🇨🇦 M ❶I begin a new job next week, and I want to get some clothes. ❷I was just looking at this shirt—I really like the material. It's such good quality.

来週新しい仕事を始めるので、服を購入したいと思っています。ちょうどこのシャツを見ていました——生地が本当に気に入っています。非常に高品質ですね。

🇺🇸 W Yes. These shirts are very popular. Actually, ❸this weekend we're running a promotion on men's shirts. The more you buy, the greater the discount.

はい。こちらのシャツは大変人気です。実は、この週末、当店では男性用シャツのキャンペーンを実施しております。ご購入枚数が増えるほど割引が大きくなります。

🇨🇦 M Hmm. This is a good discount. I originally only wanted one shirt, but ❹now I'll get three.

なるほど。これはうれしい割引ですね。元々はシャツが1枚欲しかっただけなのですが、それなら3枚購入しようと思います。

Promotion!

1 Shirt	5% off
2 Shirts	10% off
3 Shirts	20% off
4 Shirts	35% off

キャンペーン！

シャツ1枚	5パーセント割引
シャツ2枚	10パーセント割引
シャツ3枚	20パーセント割引
シャツ4枚	35パーセント割引

62 What does the man say he will do next week?

(A) Go on a trip
(B) Start a new job
(C) Attend a party
(D) Sign a contract

男性は来週何をすると言っていますか。

(A) 旅行に出掛ける
(B) 新しい仕事を始める
(C) パーティーに参加する
(D) 契約書に署名する

正解 **B** 男性は❶「来週新しい仕事を始める」と、自分の予定について述べている。よって、(B)が正解。❶のbeginを(B)ではstartと言い換えている。
(A) (C) (D) 旅行、パーティー、契約書は話題にされていない。
(D) sign「〜に署名する」。

---

63 What does the man say he likes about a shirt?

(A) The color
(B) The fabric
(C) The style
(D) The length

男性はシャツについて何が気に入っていると言っていますか。

(A) 色
(B) 布地
(C) 型
(D) 丈

正解 **B** 男性は、服を購入したいと述べた後、❷「ちょうどこのシャツを見ていた——生地が本当に気に入っている」とシャツの感想を伝え、続けてその品質の高さに言及している。よって、❷のmaterialをfabric「布地、生地」と言い換えた(B)が正解。
(A) (C) (D) シャツの色、型、丈には言及されていない。

---

64 Look at the graphic. What discount will the man receive on his purchase?

(A) 5%
(B) 10%
(C) 20%
(D) 35%

図を見てください。男性は自分の購入について、どの割引を受けることになりますか。

(A) 5パーセント
(B) 10パーセント
(C) 20パーセント
(D) 35パーセント

正解 **C** ❸で、店では男性用シャツのキャンペーンを実施中であり、購入枚数が増えるほど割引が大きくなると知らせる女性に対し、男性はその割引に肯定的な反応を示してから、❹「それなら3枚購入しようと思う」とシャツの購入枚数を伝えている。図を見ると、シャツを3枚購入した場合の割引率は20パーセントなので、(C)が正解。
(A) シャツを1枚購入した場合の割引率。男性は、元々はシャツが1枚欲しかっただけと伝えているが、その後3枚購入する意思を述べている。

Hi there.　どうも、こんにちは。　　material　生地　　run　〜を行う　　promotion　（販売促進の）キャンペーン
〈the＋比較級 , the＋比較級〉　〜すればするほど…　　originally　元々は

クーポン　off　割り引いて

Questions 65 through 67 refer to the following conversation and map.

M Amy, ❶the parks and recreation department called about the public park that just opened—the one we designed last year.

W ❷It was about the pumps we installed in the pond, right? ❸I warned them that there may not be enough water circulation to prevent algae from growing.

M Right. ❹They'd like to go with our original suggestion and add a fountain to the pond to keep the water circulating.

W ❺We should contact our usual suppliers and get some estimates for materials. Do you know what the park's budget is?

設問65-67は次の会話と地図に関するものです。

Amy、公園・レクリエーション部が、開園したばかりの市民公園の件で電話してきました――昨年私たちが設計した所です。

それは、私たちが池に設置したポンプの件だったでしょう？ 私は彼らに、藻類の繁茂を防ぐには水の循環が不十分かもしれないと警告していました。

その通りです。先方は私たちの当初の提案に従って、水の循環を維持するために池に噴水を増設することを望んでいます。

いつもの納入業者に連絡して、資材の見積もりを取った方がいいですね。公園の予算がどのくらいか分かりますか。

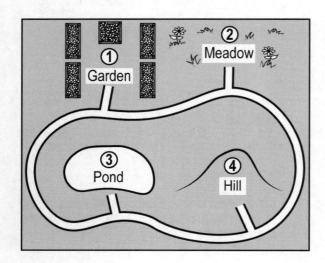

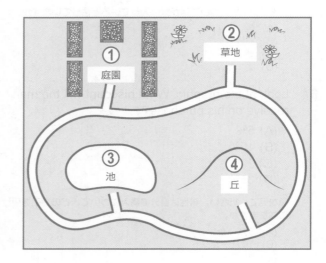

65 Who most likely are the speakers?

(A) Landscape designers
(B) Maintenance staff
(C) Security guards
(D) Forest rangers

話し手たちは誰だと考えられますか。

(A) 造園家
(B) 保守管理スタッフ
(C) 警備員
(D) 森林管理官

正解 **A** 男性は❶「公園・レクリエーション部が、開園したばかりの市民公園の件で電話してきた——昨年私たちが設計した所だ」と述べている。また、女性は❷で、その電話は自分たちが池に設置したポンプについてだっただろうと推測している。よって、2人は公園の設計を行っているので、造園家だと考えられる。❶のthe one は the public park を指す。
(B) pumps などの語から連想され得る点に注意。
(D) forest ranger「森林管理官」とは国立公園などの大きな公園の管理を行う職だが、2人は設計を手掛けた市民公園について話しており、森林管理の仕事をしているとは判断できない。

66 Look at the graphic. Where will some work be done?

(A) In location 1
(B) In location 2
(C) In location 3
(D) In location 4

図を見てください。作業はどこで行われますか。

(A) 場所1
(B) 場所2
(C) 場所3
(D) 場所4

正解 **C** ❷・❸で、公園・レクリエーション部からの電話の用件は池に設置したポンプについてだっただろうと推測し、水の循環が藻類の繁茂を防ぐには不十分な可能性があると先方に警告していたと述べる女性に対し、男性は Right と肯定してから、❹「先方は私たちの当初の提案に従って、水の循環を維持するために池に噴水を増設することを望んでいる」と池での設備追加について伝えている。図を見ると、池は3の位置なので、(C)が正解。
(A) (B) (D) 庭園、草地、丘には言及されていない。

67 What will the speakers most likely do next?

(A) Obtain some cost estimates
(B) Take some photographs
(C) File a permit application
(D) Review an environmental study

話し手たちは次に何をすると考えられますか。

(A) 費用の見積もりを取る
(B) 写真を撮る
(C) 許可申請書を提出する
(D) 環境関連の研究論文を見直す

正解 **A** 男性から先方の要望を聞いた女性は、❺「いつもの納入業者に連絡して、資材の見積もりを取った方がいい」と提案しているので、2人はこれから池での増設作業にかかる費用の見積もりを取ると考えられる。よって、(A)が正解。❺の get を (A)では obtain「～を取得する、～を手に入れる」と表している。
(B) (C) (D) 写真、permit application「許可申請書」、study「研究（論文）」への言及はない。

---

recreation　娯楽、レクリエーション　　public park　市民公園　　pump　ポンプ　　install　～を設置する　　pond　池　warn ～ that …　～に…と警告する　　circulation　循環　　prevent ～ from *doing*　～が…するのを防ぐ　algae　alga「藻」の複数形　　go with ～　～に賛成する、～に従う　　original　元々の　　suggestion　提案　　fountain　噴水　keep ～ *doing*　～に…させ続けておく　　circulate　循環する　　supplier　納入業者、供給業者　　estimate　見積もり　material　資材　　budget　予算

地図　meadow　草地、草原　　hill　丘

Questions 68 through 70 refer to the following conversation and brochure.

設問68-70は次の会話とパンフレットに関するものです。

[M] Thanks for coming out to look at my roof. ❶I got a little salary increase at my job recently, and I figured it was time to finally get this work done.

うちの屋根を見に来てくれてありがとうございます。最近、仕事で少し昇給したので、ようやくこの作業をしてもらってもいい頃合いだと思ったのです。

[W] Yes, it's best to replace roofing before you start to have big problems like leaks.

はい、雨漏りのような大きな問題が生じないうちに屋根ふき材を交換するのが最善です。

[M] So, ❷when would your crew be able to begin?

それで、御社の作業員の方々はいつ始められますか。

[W] Around the end of the month. But ❸you'll need to select a material. Here's a brochure that shows the materials we work with. ❹You have asphalt now, but you could consider other options.

月末ごろです。ですが、資材を選んでいただく必要があります。こちらが、当社が扱っている資材を掲載しているパンフレットです。お客さまは現在、アスファルトを使用されていますが、他の選択肢を検討されてもよいかもしれません。

[M] I'm up for a change. ❺I like the look of this one — I like that it doesn't require much maintenance and comes in a lot of colors.

変更もいいですね。これの見た目が好きです——あまりメンテナンスを必要とせず、たくさんの色がそろっているところがいいですね。

	Clay	-Low maintenance -Available in many colors
	Metal	-Durable -Easy installation
	Wood	-Lightweight -High quality
	Asphalt	-Affordable -Energy efficient

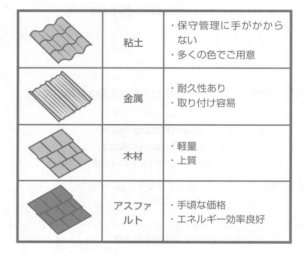

	粘土	・保守管理に手がかからない ・多くの色でご用意
	金属	・耐久性あり ・取り付け容易
	木材	・軽量 ・上質
	アスファルト	・手頃な価格 ・エネルギー効率良好

68 According to the man, what recently happened?

    (A) He moved into a new house.

    (B) He received a pay raise.

    (C) A storm damaged his roof.

    (D) An addition was built on his home.

男性によると、最近何が起こりましたか。

    (A) 彼は新居に引っ越した。

    (B) 彼は昇給を受けた。

    (C) 嵐が彼の屋根に損傷を与えた。

    (D) 彼の家が増築された。

正解 B 男性は、❶「最近、仕事で少し昇給した」と述べているので、(B)が正解。❶のsalary increaseを(B)ではpay raise「昇給」と言い換えている。
(A) 新居ではなく現在の家の屋根ふき材の交換作業について話している。
(C) 会話に登場するroofを含むが、storm「嵐」は話題にされておらず、男性は屋根の損傷にも言及していない。
(D) addition「増築部分」。

---

69 What does the man ask about?

    (A) The cost of a service

    (B) The length of a warranty

    (C) The start date for a project

    (D) The strength of a material

男性は何について尋ねていますか。

    (A) 業務の費用

    (B) 保証期間の長さ

    (C) 工事の開始日

    (D) 資材の強度

正解 C 屋根ふき材は問題が生じる前に交換するのがよいと述べる女性に対し、男性は❷「御社の作業員の方々はいつ始められるか」と、工事の開始時期を尋ねているので、(C)が正解。屋根ふき材の交換工事を(C)ではa projectと表している。
(A) (B) 費用や保証期間への言及はない。
(D) 男性は特定の資材をパンフレットから選ぶよう求められているが、そのstrength「強度」については尋ねていない。

---

70 Look at the graphic. Which material will the man most likely select?

    (A) Clay

    (B) Metal

    (C) Wood

    (D) Asphalt

図を見てください。男性はどの資材を選ぶと考えられますか。

    (A) 粘土

    (B) 金属

    (C) 木材

    (D) アスファルト

正解 A 女性は❸で資材を選んでもらう必要があると述べ、資材を掲載しているパンフレットを男性に見せながら、❹で現在使用しているアスファルト以外の選択肢も提案している。これに対して男性は資材の変更に関心を示し、❺「これの見た目が好きだ——あまりメンテナンスを必要とせず、たくさんの色がそろっているところがいい」と述べている。図を見ると、特徴として「保守管理に手がかからない」「多くの色で用意」と記載されている粘土が当てはまるので、(A)が正解。
(B) (C) いずれの資材にも言及されていない。
(D) 現在の屋根に使用されている資材として言及されているが、男性は資材の変更に乗り気であり、また男性の好む特徴とも一致しない。

---

brochure　パンフレット　　salary increase　昇給　　figure (that) 〜　〜と思う、〜と判断する
it is time to *do*　（そろそろ）〜すべき時である　　get 〜 *done*　〜を…してもらう　　replace　〜を交換する
roofing　屋根ふき材　　leak　漏れ（穴）　　crew　（技術的な作業を行う）一団　　material　材料、資材　　consider　〜を検討する
be up for 〜　〜に乗り気である　　require　〜を必要とする　　come in 〜　〜で売られている、〜で供給されている

パンフレット　clay　粘土　★焼成して屋根ふき材の瓦として使われる　　durable　耐久性のある　　installation　設置、取り付け
lightweight　軽量の　　affordable　金銭的に手頃な　　efficient　効率のよい

Questions 71 through 73 refer to the following advertisement.　設問71-73は次の広告に関するものです。

🇨🇦 M

❶Do you have a big move coming up? Look no further than Martin Movers! ❷We can pack up all your belongings and get them where they need to go in our spacious moving trucks. Customers rave about how fast, clean, and reliable our service is. ❸We are proud of our ten years of experience serving the community. ❹To celebrate our tenth anniversary, we're waiving the cost of supplies for the month of May. ❺That's free boxes, tape, and foam wrap for your breakables! Schedule today to get this great deal!

近々、大きなお引っ越しをなさいますか? Martin 運送社で決まりです! 当社が皆さまの家財全てを荷造りし、それらを当社の大容積の引っ越し用トラックに載せてご用命先へとお運びいたします。お客さまからは、当社のサービスがいかに速くてきれいで信頼できるかということについて絶賛をいただいております。当社は、地域に奉仕してきた 10 年間の経験を誇りとしております。当社の 10 周年を記念いたしまして、5 月中は資材の費用を頂きません。つまり、箱、テープ、割れ物用の気泡ラップが無料です! この非常にお得なサービスを受けるために、今すぐご予約をお入れください!

---

71 What type of service is being advertised?

(A) Cleaning
(B) Interior decorating
(C) Landscaping
(D) Moving

どんな種類の事業が宣伝されていますか。

(A) 清掃
(B) 室内装飾
(C) 造園
(D) 引っ越し

正解 D 話し手は❶で、近々引っ越しをするかと問い掛け、Martin 運送社で決まりだと宣伝している。続けて、提供しているサービスとして❷で、家財の荷造りと大容積の引っ越し用トラックでの運搬について説明している。よって、引っ越し業者の広告だと分かるので、(D)が正解。
(A) 広告に形容詞 clean は登場するが、清掃事業を行っているとは述べられていない。

---

72 What does the speaker say the company is proud of?

(A) Its reasonable pricing
(B) Its community programs
(C) Its years of experience
(D) The rewards it has received

話し手は、会社が何を誇りとしていると言っていますか。

(A) 同社の手頃な価格設定
(B) 同社の地域プログラム
(C) 同社の長年の経験
(D) 同社が受けてきた報奨

正解 C 話し手は、自社のサービスが顧客に称賛されていることを述べてから、❸「当社は、地域に奉仕してきた 10 年間の経験を誇りとしている」と、自負する点を伝えている。よって、(C)が正解。
(A) 資材が無料になるサービスへの言及はあるが、pricing「価格設定」については述べられていない。
(B) 会社が誇りとしていると言っているのは、地域プログラムではなく、地域に奉仕してきた 10 年間の実績。
(D) reward「報奨」。

---

73 What promotional offer does the speaker mention?

(A) Free supplies
(B) A free consultation
(C) A discounted membership
(D) A discounted hourly rate

話し手は、どんな販売促進サービスについて述べていますか。

(A) 無料の資材
(B) 無料の相談
(C) 会員資格の割引
(D) 時間当たりの料金の割引

正解 A 話し手は❹「当社の 10 周年を記念して、5 月中は資材の費用をもらわない」と言った後、❺でさらに具体的に、箱、テープ、割れ物用の気泡ラップが無料だと述べ、このサービスをアピールしている。よって、(A)が正解。❺の this great deal が、設問文では promotional offer「販売促進のためのサービス」と表されている。
(B) 無料になるのは引っ越し用の資材であり、consultation「相談」への言及はない。
(D) hourly「1 時間当たりの」、rate「規定料金」。

---

advertisement 広告　　come up　(イベント・時などが)近づく　　Look no further than 〜. 〜の他をこれ以上調べないでください。
mover　(引っ越し荷物の)運送業者　　pack up 〜　〜を荷造りする　　belongings 家財、所有物　　spacious 広々とした
rave about 〜　〜について絶賛する　　reliable 信頼できる　　be proud of 〜　〜を誇りに思っている　　serve 〜に奉仕する
celebrate 〜を祝う　　waive 〜(権利など)を進んで放棄する、〜を差し控える　　that's that is「つまり」の短縮形
foam wrap 気泡ラップ　★緩衝材の一種　　breakables 割れ物　　deal お得な取引、お買い得品

Questions 74 through 76 refer to the following talk.

設問74-76は次の話に関するものです。

🇺🇸 w

Thank you to the Clayton Museum for inviting me to give this presentation about my most recent publication. ❶My book focuses on the history of the pottery makers who used to thrive here in Clayton. ❷In 1850 only one pottery company made clay bowls and containers. By the next century, over 50 factories were making tableware, such as plates and teacups. Tea sets were very popular at that time. ❸As you can see, there are several antique tea sets on the table here next to the podium. ❹You are welcome to come and take a closer look after I'm finished speaking.

私の最新出版物についてのこの発表を行うためにお招きいただいたことを、クレイトン博物館に感謝申し上げます。私の本は、ここクレイトンでかつて繁栄した製陶業者の歴史に焦点を合わせています。1850年には、たった1社の製陶会社が粘土を材料とする椀や容器を作っていました。次の世紀までには、50軒を超える工場が皿やティーカップといった食卓用食器類を製造していました。ティーセットは当時、大変人気がありました。ご覧の通り、演壇の隣にあるこちらのテーブルの上には、アンティークのティーセットが幾つかあります。私の講演終了後、どうぞご自由にもっと近くでご覧になってください。

74 Who most likely is the speaker?

(A) A historian
(B) A filmmaker
(C) A factory owner
(D) A tour guide

話し手は誰だと考えられますか。

(A) 歴史家
(B) 映画製作者
(C) 工場主
(D) ツアーガイド

正解 A 話し手は、自著についての講演依頼に対して博物館に謝意を表した後、❶「私の本は、ここクレイトンでかつて繁栄した製陶業者の歴史に焦点を合わせている」と紹介し、❷では、クレイトンにおける製陶業者数の変遷について触れている。よって、話し手は歴史を専門にしていると考えられるため、(A)が正解。
(B) 話に登場するmakersから連想され得る点に注意。映画への言及はない。
(C) 話にfactoriesという語が登場するが、19世紀に食卓用食器類を製造していた工場に言及しているだけ。
(D) 町の歴史に言及しているが、観光案内はしていない。

75 What industry does the speaker discuss?

(A) Tea production
(B) Magazine publishing
(C) Tourism
(D) Pottery manufacturing

話し手はどんな業界について話していますか。

(A) 茶の生産
(B) 雑誌の出版
(C) 観光
(D) 陶器の製造

正解 D 話し手は❶で、自著がクレイトンでかつて繁栄した製陶業者の歴史に焦点を合わせていることを紹介し、❷では、1850年時点における製陶会社の数と、その後次世紀までの食卓用食器類の製造工場の数を対比的に述べている。よって、(D)が正解。manufacturing「製造(業)」。
(A) 話に登場するtea setsなどの語句から連想され得るが、お茶そのものの生産に関する話はしていない。
(B) 出版物への言及があるのは、話し手が自分の著作について述べるため。また、雑誌への言及はない。
(C) 町の歴史について述べているが、観光に関することへの言及はない。

76 What does the speaker encourage the listeners to do?

(A) Take notes
(B) Ask questions
(C) View some objects
(D) Purchase an item

話し手は聞き手に何をするよう勧めていますか。

(A) メモを取る
(B) 質問をする
(C) 物品を眺める
(D) 品物を購入する

正解 C 話し手は、クレイトンで製造されていた食器類でティーセットが大変人気だったことを伝えた後、❸で、テーブル上のアンティークのティーセットに聞き手の注意を引き付け、続けて❹「私の講演終了後、どうぞ自由にもっと近くで見てください」と、それらを間近で眺めるよう勧めている。よって、(C)が正解。(C)では❸のseveral antique tea setsがsome objectsと、❹のtake a closer look (at 〜)がview「〜を注意深く見る、〜を眺める」と表現されている。encourage 〜 to do「〜に…するよう勧める」。object「物」。

invite 〜 to do 〜を…するよう招く recent 新しい、最近の publication 出版物、刊行物 focus on 〜 〜に焦点を合わせる pottery 陶(磁)器類 used to do かつて〜していた thrive 栄える clay 粘土 ★陶器などの材料として使われる container 容器 tableware 食卓用食器類 antique 骨董の、アンティークの podium 演壇 be welcome to do 自由に〜してよい

Questions 77 through 79 refer to the following speech.

🇬🇧 W

❶Welcome to our twenty-fifth annual software development conference. We have an exciting agenda prepared for you, including three keynote speeches. ❷Our first speaker, Rodrigo Flores, is the creator of the mobile phone application Pocket Me, which currently has over a million users. And it was launched six months ago! You can find where he'll be giving his speech in our online program. ❸Remember that for the first time, this year the conference is paper-free—use any of the QR codes available to access the schedule.

設問77-79は次のスピーチに関するものです。

第25回年次ソフトウエア開発会議へようこそ。皆さまには、3本の基調講演をはじめ、心躍るような議事日程をご用意しています。最初の講演者であるRodrigo Floresは、携帯電話用アプリ「ポケット・ミー」の考案者で、そのアプリには現在100万人を超える利用者がいます。そして、それが市場に出たのは6カ月前なのです！彼が講演をする場所は、当会議のオンライン上のプログラムにてご確認いただけます。初の試みとして、本年の会議はペーパーレスであることをお忘れなく——予定表にアクセスするには、ご利用可能なQRコードのいずれかをご使用ください。

77 What industry do the listeners most likely work in?

(A) Entertainment
(B) Manufacturing
(C) Technology
(D) Hospitality

聞き手はどんな業界で働いていると考えられますか。

(A) エンターテインメント
(B) 製造
(C) テクノロジー
(D) ホスピタリティー

正解 **C** 話し手は❶「第25回年次ソフトウエア開発会議へようこそ」と聞き手を歓迎し、❷で、最初の講演者が携帯電話用アプリの考案者であると紹介している。これらのことから、この会議はテクノロジー関連の業界のものだと考えられるため、聞き手も同業界で働いていると判断できる。よって、(C)が正解。
(D) ホスピタリティー業界とは、ホテルや飲食店などを含む、顧客の歓待に重きを置いた業界。hospitality「ホスピタリティー、もてなし」。

78 What does the speaker imply when she says, "it was launched six months ago"?

(A) A product will be discontinued.
(B) A product became successful rapidly.
(C) A product was released late.
(D) A product is not well-known.

"it was launched six months ago" という発言で、話し手は何を示唆していますか。

(A) 製品が生産中止になる予定である。
(B) 製品が速やかに成功を収めた。
(C) 製品が遅れて発売された。
(D) 製品があまり知られていない。

正解 **B** 話し手は❷「最初の講演者であるRodrigo Floresは、携帯電話用アプリ『ポケット・ミー』の考案者で、そのアプリには現在100万人を超える利用者がいる」とアプリの人気に言及した後、下線部の発言でそのアプリの発売が6カ月前のことである点を強調している。よって、話し手は、同アプリが短期間で成功を収めたことを示唆していると考えられるので、(B)が正解。選択肢のA productは❷のthe mobile phone application Pocket Meを指す。imply「～を示唆する」。rapidly「迅速に」。
(A) discontinue「～の生産を中止する」。
(D) ❷で、アプリの利用者は100万人を超える、とその人気が説明されている。

79 What is new about this year's conference?

(A) It will be a three-day event.
(B) It includes a contest for attendees.
(C) It will not have on-site networking events.
(D) It is not providing printed materials.

今年の会議について、何が新しいですか。

(A) それは3日間にわたるイベントとなる。
(B) それは出席者向けのコンテストを含んでいる。
(C) それは会場での人脈づくりのイベントを用意していない。
(D) それは印刷物を配布しないことになっている。

正解 **D** 話し手は、❸「初の試みとして、本年の会議はペーパーレスであることをお忘れなく」と、今年の会議の特徴を念押しし、続けて予定表へのアクセスにはQRコードを使用するよう促している。よって、ペーパーレスであることをnot providing printed materialsと表現している(D)が正解。
(A) スピーチの前半にあるthreeは、基調講演の本数を述べているだけ。
(B) attendee「出席者」。
(C) on-site「その場の、現場の」、networking「仕事の人脈づくり」。

---

annual 年次の　development 開発　conference 会議、協議会　including ～を含めて、～をはじめ
keynote speech 基調講演　currently 現在　launch ～を市場に出す、～を売り出す
remember that ～　～ということを覚えておく　paper-free ペーパーレスの

Questions 80 through 82 refer to the following excerpt from a meeting.

設問80-82は次の会議の抜粋に関するものです。

🇨🇦 M

Good afternoon, everyone. ❶As chief operating officer, one of my responsibilities is to look for ways to reduce costs. ❷With this in mind, the executive leadership team and I have made the decision to consolidate our company from two locations to one—and ❸one of our buildings will be sold. And since many of you have expressed interest in hybrid work schedules, employees will be able to work from home or in the office on different days of the week. Please think about a schedule that would best suit your work productivity. ❹Be sure to discuss it with your manager by the end of this week.

こんにちは、皆さん。最高執行責任者として、私の職責の一つは経費を削減する方法を探ることです。これを念頭に置きながら、経営幹部チームと私は、当社の拠点を2カ所から1カ所へと統合する決定を下しました——そして、当社の建物のうち1棟は売却されることになります。また、皆さんの多くがハイブリッド型の勤務スケジュールに興味を示しているため、従業員は、週の曜日によって在宅勤務もしくはオフィス勤務ができるようになります。ご自身の業務の生産性に最適と思われるスケジュールについて考えてください。必ず、今週末までに部署長とそれについて話し合ってください。

---

80 Who is the speaker?

(A) A real estate agent
(B) A shift manager
(C) A company executive
(D) A building inspector

話し手は誰ですか。

(A) 不動産業者
(B) シフト管理者
(C) 会社の重役
(D) 建築物検査員

正解 C 話し手は❶「最高執行責任者として、私の職責の一つは経費を削減する方法を探ることだ」と自分の役割に言及しており、❷では、自分と経営幹部が下した決定を聞き手に知らせている。よって、❶のchief operating officerをa company executiveと表している(C)が正解。
(A) (D) buildingsなどの語から連想され得る点に注意。
(B) managerという語や勤務スケジュールについての話から連想され得る点に注意。

---

81 What will happen to a building?

(A) It will be expanded.
(B) It will have its name changed.
(C) It will be renovated.
(D) It will be sold.

建物に何が起こりますか。

(A) それは拡張される。
(B) それは名称が変更される。
(C) それは改装される。
(D) それは売却される。

正解 D 話し手は❷で、会社の拠点を2カ所から1カ所に統合する決定が下されたことを知らせてから、❸「当社の建物のうち1棟は売却されることになる」と、どちらかの建物が売却予定であることを伝えている。よって、(D)が正解。
(A) expand「〜を拡張する」。
(B) have 〜 done「〜を…させる」。

---

82 What should the listeners do by the end of this week?

(A) Speak with a manager
(B) Submit some photos
(C) Provide some suggestions
(D) Reply to an event invitation

聞き手は今週末までに何をすべきですか。

(A) 管理者と話をする
(B) 写真を提出する
(C) 提案を出す
(D) イベントの招待状に返事をする

正解 A 話し手は、会社でハイブリッド型の勤務が可能になることを発表し、各自の業務の生産性に最適なスケジュールについて考えるよう話した後、❹「必ず、今週末までに部署長とそれについて話し合ってください」と、聞き手が今週末までにすべきことを伝えている。よって、(A)が正解。
(C) 聞き手は自分のスケジュールの検討を求められているが、提案を求められているわけではない。
(D) reply to 〜「〜に返事をする」。

TEST 1 PART 4

---

excerpt 抜粋　　chief operating officer 最高執行責任者　★COOと略される　　responsibility 職責　　look for 〜 〜を探す
reduce 〜を減らす　　with 〜 in mind 〜を念頭に置いて　　executive 経営幹部の　　leadership 上層部
make a decision to do 〜する決定を下す　　consolidate 〜を統合する、〜を一つにまとめる　　express 〜を表す、〜を示す
hybrid work ハイブリッド勤務　★異なる働き方を組み合わせた勤務形態　　work from home 在宅勤務をする
suit 〜に適する　　productivity 生産性　　be sure to do 必ず〜する

Questions 83 through 85 refer to the following advertisement.　設問83-85は次の広告に関するものです。

🇬🇧 W

❶Would you like to go on a camping trip but don't have the right supplies? Grove Emporium is here to help. ❷Right now during our year-end clearance event you can get incredible deals on new tents, sleeping bags, and other items. In addition, ❸a portion of the proceeds will go towards repairing hiking trails at our local nature center. ❹Our Greenville store location will not be participating in the sale this year because it's closed for renovations, so this sales event is taking place exclusively at our Town Square location. Take advantage of the great prices at Grove Emporium today.

キャンプ旅行をしたいのに適切な用品をお持ちではないのですか？ Grove Emporiumがお力になります。ただ今、当社の年末在庫一掃セールの期間中、新しいテントや寝袋、その他の商品を大変お得にお買い求めになれます。さらに、その収益の一部は、当地域の自然センターのハイキングコースの修繕に充てられます。当社のグリーンビル店は改装作業中につき本年のセールには参加しないため、このセールは、タウンスクエア店でのみ開催されます。本日、Grove Emporiumでのお値打ち価格の機会をぜひご利用ください。

---

83 What products are being advertised?

(A) Outdoor furniture
(B) Camping supplies
(C) Gardening tools
(D) Bedroom furniture

どんな商品が宣伝されていますか。

(A) 屋外用家具
(B) キャンプ用品
(C) 園芸用具
(D) 寝室家具

正解 B 話し手は冒頭の❶で、キャンプ旅行をしたいのに適切な用品を持っていないのかと問い掛け、❷で、現在開催中のセールで新しいテントや寝袋などの商品をお得に購入できると伝えている。よって、キャンプ用品が宣伝されていると分かるので、(B)が正解。
(A) campingやhikingといった語から連想され得るが、家具については触れられていない。

---

84 What will Grove Emporium donate money to?

(A) A sports team
(B) A community theater
(C) An art museum
(D) A nature center

Grove Emporiumは何にお金を寄付しますか。

(A) スポーツチーム
(B) 地域の劇場
(C) 美術館
(D) 自然センター

正解 D 話し手は、Grove Emporiumが開催中のセールイベントに言及した後、❸「その収益の一部は、当地域の自然センターのハイキングコースの修繕に充てられる」と述べているので、(D)が正解。donate「～を寄付する」。
(B) 収益の一部を寄付すると言っているのは、地域の劇場ではなく、地域の自然センター。

---

85 According to the speaker, why will an event not be held at the Greenville store?

(A) Renovations are taking place.
(B) Staff members are on vacation.
(C) Merchandise is sold out.
(D) Roads are under construction.

話し手によると、イベントはなぜグリーンビル店で開催されないのですか。

(A) 改装作業が行われている。
(B) スタッフが休暇中である。
(C) 商品が売り切れている。
(D) 道路が工事中である。

正解 A 話し手は❹「当社のグリーンビル店は改装休業中につき本年のセールには参加しない」と述べているので、(A)が正解。設問文のan eventはセールを表している。
(C) merchandise「商品」、sold out「売り切れの、完売した」。
(D) trailsから連想され得る点に注意。under construction「工事中で」。

---

emporium 専門店、百貨店　　clearance 在庫一掃セール　　incredible 信じられない(ほど素晴らしい)　　deal お買い得(品)
in addition さらに　　portion 一部　　proceeds 収益　　go towards ～ (金が)～に使われる　　trail 小道、遊歩道
renovation 改装(作業)　　take place 開催される、行われる　　exclusively 全く～のみ、もっぱら
take advantage of ～ ～をうまく利用する、～を活用する

Questions 86 through 88 refer to the following talk.

設問86-88は次の話に関するものです。

M

❶I'll be conducting a refresher training for all certified forklift operators in the warehouse **next week, but I need to make you aware of a few things now.** ❷It's come to my attention that only the crew working the morning shift has been completing the forklift inspection checklist. ❸However, the forklifts must be inspected at the beginning of every eight-hour shift. That's three times a day. Also, ❹if you notice anything that isn't functioning properly, please don't forget to document it. ❺We have a logbook on the wall over there for this purpose.

私は来週、当倉庫のフォークリフト運転資格保有者全員を対象とする再教育研修を実施する予定ですが、目下、皆さんに幾つかの点を認識してもらう必要があります。午前シフトの作業班のみがフォークリフトの点検チェックリストにきちんと記入していると聞いています。しかし、フォークリフトは、8時間シフトの開始のたびに点検されなければなりません。つまり1日につき3回です。また、正常に機能していないものに気が付いたらどんなことでも、忘れずにその詳細を記録してください。この目的のために、向こうの壁に記録日誌があります。

---

86 Who most likely are the listeners?

(A) Flight attendants
(B) Park rangers
(C) Warehouse workers
(D) Medical assistants

聞き手は誰だと考えられますか。

(A) 客室乗務員
(B) 公園管理人
(C) 倉庫作業員
(D) 医療補助者

正解 C 話し手は冒頭で、❶「私は来週、当倉庫のフォークリフト運転資格保有者全員を対象とする再教育研修を実施する予定だ」と話を切り出し、❷・❸で、フォークリフトの点検の実態と本来あるべき姿を聞き手に説明している。よって、聞き手は倉庫で働いていると考えられるので、(C)が正解。

---

87 Why does the speaker say, "That's three times a day"?

(A) To question a new process
(B) To promote practicing a skill
(C) To clarify a responsibility
(D) To complain about a policy

話し手はなぜ "That's three times a day" と言っていますか。

(A) 新しい工程に疑問を呈するため
(B) 技術の修練を促進するため
(C) 責務を明確にするため
(D) 方針について不平を述べるため

正解 C 話し手は❷で、午前シフトの作業班だけがフォークリフトの点検チェックリストに全て記入していることを知ったと述べ、続けて❸「しかし、フォークリフトは、8時間シフトの開始のたびに点検されなければならない」と言っている。この直後に、下線部の発言で「つまり1日につき3回だ」と言葉を変えて説明しているので、話し手は聞き手が果たさなければならない仕事上の責務を明確に示すために、この発言をしていると判断できる。clarify「～を明確にする」。
(D) 話し手は、聞き手の一部がフォークリフトの点検チェックリストへの記入を徹底していないことについて話しているが、方針についての不平は述べていない。

---

88 What are the listeners asked to record in a logbook?

(A) Supply inventory
(B) Training hours
(C) Mechanical issues
(D) Driving distances

聞き手は記録日誌に何を記録するよう求められていますか。

(A) 備品の在庫量
(B) 研修時間
(C) 機械に関する問題
(D) 走行距離

正解 C 話し手はフォークリフトの点検に関して、❹「正常に機能していないものに気が付いたらどんなことでも、忘れずにその詳細を記録してください」と聞き手に注意を促し、続く❺で、この目的のために用意されている記録日誌のある場所を伝えている。よって、❹でanything that isn't functioning properlyと説明されているものをmechanical issuesと表現している(C)が正解。❺のthis purposeは、正常に機能していないものの詳細を記録するという目的を表す。mechanical「機械の」、issue「問題」。
(A) inventory「在庫品目録、棚卸表」。

---

conduct ～を実施する　　refresher training 再教育研修　★知識の復習や技能の向上を目的とした研修
certified 有資格の、認定を受けた　　operator （機械の）運転者　　warehouse 倉庫　　aware of ～ ～に気が付いて
come to one's attention ～の知るところとなる　　crew （作業などの）班　　complete ～を完了する、～に全て記入する
inspection 点検　　inspect ～を点検する　　function 作動する、機能する　　properly 正常に
document ～の詳細を記録する　　logbook 記録日誌

Questions 89 through 91 refer to the following announcement.　設問89-91は次のお知らせに関するものです。

 W

❶Today I'll be presenting the work of Moritz Hoffman. ❷Moritz spent the last two years designing and renovating the city hall building, saving a truly historic building—one of the oldest in Madison. ❸A project of this scale requires a great deal of careful planning and attention to detail. And Moritz spent a great deal of time on preparation. The whole process was documented with photographs. ❹Now, let's look at some slides of the city hall before and after renovations.

本日は、Moritz Hoffmanの行った仕事をご紹介します。Moritzは過去2年間を市庁舎の建物の設計および改修に費やし、歴史的に極めて価値のある建造物——マディソン市内最古のものの一つ——を守りました。この規模のプロジェクトには、大変綿密な計画立案と細部への気配りが求められます。それで、Moritzは準備に膨大な時間を費やしたのです。その全工程が写真で記録されました。今から、改修前後の市庁舎のスライドを見ていきましょう。

---

89 Who is Moritz Hoffman?

(A) An advertising executive
(B) An architect
(C) A city official
(D) A photographer

Moritz Hoffmanとは誰ですか。

(A) 広告部門の重役
(B) 建築家
(C) 市の職員
(D) 写真家

正解 **B** 話し手は❶で、今日はMoritz Hoffmanの行った仕事を紹介すると話を切り出してから、❷「Moritzは過去2年間を市庁舎の建物の設計および改修に費やし、歴史的に極めて価値のある建造物を守った」と紹介している。よって、Moritzは建物の設計を仕事にしていると分かるので、(B)が正解。
(C) 話に登場するcity hallなどから連想され得るが、この人物が市の職員である根拠はない。official「役人、職員」。
(D) photographsが話の後半に登場するが、建物の設計・改修の工程を記録した写真について言及されているだけ。

---

90 Why does the speaker say, "Moritz spent a great deal of time on preparation"?

(A) To recognize Moritz for his dedication
(B) To explain why Moritz was given a promotion
(C) To apologize for a project delay
(D) To suggest a change in work procedures

話し手はなぜ "Moritz spent a great deal of time on preparation" と言っていますか。

(A) 献身ぶりについてMoritzをたたえるため
(B) Moritzがなぜ昇進したかを説明するため
(C) プロジェクトの遅延を謝罪するため
(D) 作業手順の変更を提案するため

正解 **A** 話し手は❷で、Moritzが2年を費やして歴史的価値のある建物の設計と改修を行ったことを述べた後、その建物が市内最古のものの一つであると補足し、続けて❸「この規模のプロジェクトには、大変綿密な計画立案と細部への気配りが求められる」と言っている。この直後に、「Moritzは準備に膨大な時間を費やした」という下線部の発言を続けているため、話し手は、建物の設計・改修への彼の献身的な努力を称賛するためにこの発言をしているのだと判断できる。recognize ~ for …「…のことで~をたたえる」、dedication「献身」。
(C) プロジェクトの準備に膨大な時間が費やされたことは述べられているが、遅延については述べられていない。

---

91 What will the listeners do next?

(A) Sign up for a newsletter
(B) Have refreshments
(C) Tour a worksite
(D) Watch a slideshow

聞き手は次に何をしますか。

(A) 会報の購読を申し込む
(B) 軽食を取る
(C) 作業現場を見学する
(D) スライド上映を見る

正解 **D** 話し手は、Moritzの仕事の工程が写真で記録されていると聞き手に伝えてから、❹「今から、改修前後の市庁舎のスライドを見ていこう」と、次に行うことを伝えている。よって、これから記録写真のスライド上映が行われると分かるので、(D)が正解。
(A) sign up for ~「~を申し込む」。
(B) refreshments「軽食」。
(C) worksite「作業現場」。

---

announcement　お知らせ　present　~を紹介する　renovate　~を改装する、~を修繕する　city hall　市庁舎
truly　本当に　historic　歴史的に重要な　scale　規模　a great deal of ~　たくさんの~　planning　計画立案
attention　気配り、注意　preparation　準備　renovation　改修、改装

Questions 92 through 94 refer to the following broadcast.

🇨🇦 M

Hi, everyone, and ❶welcome to *Baking Matters*, the show where famous cooks share their delicious recipes with us. Before we get started with today's program, ❷don't forget to sign up for our newsletter. ❸You can sign up on our Web site, and it will be delivered right to your in-box. And now, for today's show, ❹we have a cake-designing lesson led by expert baker Heather Silva. Heather has placed first in the Havenville Baking Competition three years in a row. And, ❺just this month, she published her first book, titled *Heather's Cake-Designing Tips*. Look for it at your local bookstore. Now, grab your apron, and let's get baking!

設問92-94は次の放送に関するものです。

こんにちは、皆さん、有名料理人の方々がご自分のおいしいレシピを教えてくれる番組、『ベーキングが大事』へようこそ。今日の内容を始める前に、当番組の会報へのお申し込みをお忘れなく。当番組のウェブサイトでお申し込みいただくことができ、そうすれば皆さんの受信箱に直接届けられます。さて、今日の番組では、熟練のパン・菓子職人のHeather Silvaが指南するケーキデザインのレッスンをご用意しています。Heatherは、Havenvilleベーキング・コンテストで3年連続1位に輝きました。また、ちょうど今月、彼女は初めての著書を出版しました。タイトルは『Heatherのケーキデザインのヒント』です。お住まいの地域の書店で探してみてください。さあ、エプロンを手に取って、ベーキングを始めましょう！

92 What is the focus of the show?

(A) Gardening
(B) Baking
(C) Home repair
(D) Music

番組の主眼は何ですか。

(A) 園芸
(B) パン・菓子作り
(C) 住宅の修繕
(D) 音楽

正解 **B**　話し手は❶「有名料理人たちが自分のおいしいレシピを教えてくれる番組、『ベーキングが大事』へようこそ」と述べている。また、❹で今日の番組について、熟練のパン・菓子職人のHeather Silvaによるケーキデザインのレッスンを用意していると伝えている。よって、この番組ではパン・菓子作りを扱っていると分かるので、(B)が正解。focus「焦点、主眼」。

93 What does the speaker tell the listeners to do on a Web site?

(A) Sign up for a newsletter
(B) Download a document
(C) Upload a photograph
(D) Watch a video

話し手は聞き手に、ウェブサイトで何をするよう伝えていますか。

(A) 会報の購読を申し込む
(B) 文書をダウンロードする
(C) 写真をアップロードする
(D) 動画を見る

正解 **A**　話し手は、今日の内容を始める前にと前置きして、❷「当番組の会報への申し込みをお忘れなく」と述べ、続けて❸で、ウェブサイト上で申し込みが可能であることを伝えている。よって、(A)が正解。(B) (C) (D) いずれもウェブサイト上ででき得るものだが、文書、写真、動画への言及はない。

94 According to the speaker, what did Heather Silva do this month?

(A) She moved to a new city.
(B) She went on tour.
(C) She opened a business.
(D) She published a book.

話し手によると、Heather Silvaは今月何をしましたか。

(A) 彼女は新しい市に引っ越した。
(B) 彼女はツアーに出掛けた。
(C) 彼女は店を開業した。
(D) 彼女は本を出版した。

正解 **D**　話し手は❹で、今日の番組ではHeather Silvaが指南するレッスンを用意していると伝えてから、❺「ちょうど今月、彼女は初めての著書を出版した」と述べ、続けてその著書のタイトルを紹介している。よって、(D)が正解。(C) business「店、会社」。

---

broadcast 放送　baking パン・菓子などを焼くこと　matter 重要である
share ～ with … ～を…と共有する、～を…に話す　get started with ～ ～を始める　right 直接に
in-box （Eメールの）受信箱　expert 熟練の、専門の　baker パン・菓子職人　place first 1位になる
competition 大会、コンテスト　in a row 連続で　publish ～を出版する　tip ヒント、助言　grab ～を急いで取る

Questions 95 through 97 refer to the following excerpt from a meeting and graph.

🇬🇧 W

As you know, ❶in March, our marketing agency won the industry award for "Most Innovative Television Commercial." After years of hard work, we're now an established name, and business is thriving. ❷One of the individuals who has contributed significantly throughout our path to success is Scott Williams. ❸So it's with some reluctance that I'm announcing that Scott has decided to embark on his retirement. It's certainly a loss for us, and we will miss his valuable insights. In light of this change, we'll need to modify a project team. ❹Lauren is already successfully heading the marketing campaign for the Greyrock Financial account. ❺So we're going to add her expertise to the Stelco Technologies account also.

設問95-97は次の会議の抜粋とグラフに関するものです。

ご存じのように、3月に、当マーケティング代理店は『最も革新的なテレビコマーシャル』という業界賞を獲得しました。長年の努力を経て、当社は今や高い評判を確立し、事業は非常に好調です。この成功への道中を通じて多大な貢献をしてくれた人の一人が、Scott Williamsです。そのため、Scottが退職後の人生を歩み始めることをお知らせするのはいささか不本意ではあります。それは当社にとって間違いなく痛手であり、私たちは彼の貴重な洞察を得られないのを残念に思うことでしょう。この変化を考慮して、私たちはプロジェクトチームを変更する必要があります。Laurenはすでに、Greyrock金融社の案件のマーケティング活動をうまく主導しています。そのため、私たちは彼女の専門知識をStelcoテクノロジー社の案件にも加える予定です。

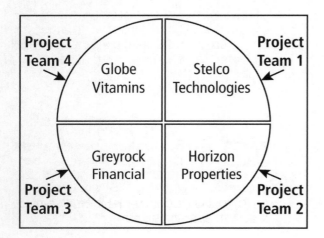

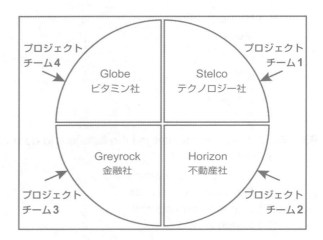

95 According to the speaker, what happened in March?

    (A) A financial audit was conducted.
    (B) An agency won an award.
    (C) A company relocated its headquarters.
    (D) A new policy was implemented.

話し手によると、3月に何が起こりましたか。

    (A) 会計監査が実施された。
    (B) 代理店が賞を獲得した。
    (C) 会社が本社を移転した。
    (D) 新しい方針が実施された。

| 正解 **B** | 話し手は、❶「3月に、当マーケティング代理店は『最も革新的なテレビコマーシャル』という業界賞を獲得した」と述べているので、(B)が正解。
(A) 話に登場するFinancialという語は、代理店が抱える顧客の社名の一部。financial audit「会計監査」は話題にされていない。
(C) relocate「〜を移転させる」。
(D) policy「方針」、implement「〜を実施する」。 |

---

96 What does the speaker announce about Scott Williams?

    (A) He will be mentoring a new employee.
    (B) He has been promoted to another position.
    (C) He will be leaving the company.
    (D) He will speak at a marketing conference.

話し手はScott Williamsについて何を知らせていますか。

    (A) 彼は新規従業員の助言役を務める予定である。
    (B) 彼は別の職位に昇格した。
    (C) 彼は会社を退職する予定である。
    (D) 彼はマーケティング協議会で講演する予定である。

| 正解 **C** | 話し手は、自分たちの代理店が今や高い評判を確立しているといった現状を述べた後、❷で、この成功に貢献した人物としてScott Williamsに言及し、❸「そのため、Scottが退職後の人生を歩み始めることをお知らせするのはいささか不本意ではある」と、彼の退職について知らせている。よって、❸のembark on his retirementをwill be leaving the companyと表現している(C)が正解。
(A) mentor「〜の助言役になる、〜に助言する」。
(B) promote「〜を昇格させる」、position「職位」。
(D) マーケティングへの言及はあるが、彼がマーケティング協議会で講演するとは述べられていない。 |

---

97 Look at the graphic. Which additional team will Lauren be assigned to?

    (A) Project Team 1
    (B) Project Team 2
    (C) Project Team 3
    (D) Project Team 4

図を見てください。Laurenはさらにどのチームに配属されますか。

    (A) プロジェクトチーム1
    (B) プロジェクトチーム2
    (C) プロジェクトチーム3
    (D) プロジェクトチーム4

| 正解 **A** | 話し手は、Williamsさんの退職に伴ったプロジェクトチームの変更の必要性に言及してから、❹で、LaurenがGreyrock金融社のプロジェクトをうまく主導している点に触れ、続けて❺「そのため、私たちは彼女の専門知識をStelcoテクノロジー社の案件にも加える予定だ」とさらに別の顧客の案件も受け持たせることを知らせている。図を見ると、Stelcoテクノロジー社を受け持つのはプロジェクトチーム1なので、(A)が正解。additional「追加の」、assign 〜 to …「〜を…に配属する」。
(B) (D) これらのチームが受け持つ顧客への言及はない。
(C) ❹より、このチームが受け持つGreyrock金融社にはLaurenはすでに関わっていると分かる。 |

TEST 1 PART 4

| agency | 代理店 | award | 賞 | innovative | 革新的な | established | 確立された、評価の高い | name | 名声 |

thrive　栄える、(人・事業などが)成功する　　contribute　貢献する　　significantly　著しく　　path　道
it is 〜 that …　…なのは〜である　★強調構文　　reluctance　気が進まないこと　　announce that 〜　〜と発表する
embark on 〜　〜に乗り出す、〜を開始する　　certainly　間違いなく　　loss　痛手　　miss　〜がなくて困る、〜がいなくて寂しい
valuable　貴重な　　insight　洞察　　in light of 〜　〜に照らして、〜を考慮して　　modify　〜を(部分的に)変更する
successfully　成功裏に、うまく　　head　〜を率いる　　account　顧客、顧客との取引　　expertise　専門知識

グラフ　property　不動産、土地建物　　vitamin　ビタミン

Questions 98 through 100 refer to the following announcement and seating chart.

設問98-100は次のお知らせと座席表に関するものです。

 M

Welcome to Weston Sports Stadium! ❶We are very pleased that you're joining us here for this special event. ❷Tonight is the first time our hometown baseball team is playing in the regional championship! To celebrate, we'll be giving away prizes throughout the night. ❸Our first prize goes to attendees who are in seats 23 through 30. They will each win a free ticket to a game next season! We'll announce more giveaways as tonight's game progresses. And ❹don't forget to stay after the game. ❺There will be a fireworks display.

Weston競技場へようこそ! 皆さまがこの場所でこの特別なイベントに参加してくださり、とてもうれしく思います。今夜は、私たちの地元の野球チームが地域選手権大会でプレーする初の機会です! お祝いのために、今夜の試合の間ずっと景品をお配りします。最初の景品は、23番から30番までの席にお座りの来場者の方々に贈られます。その方々はそれぞれ、来シーズンの試合の無料チケットを獲得されます! 今夜の試合が進むのに合わせて、さらなる景品をお知らせします。そして、試合後にはそのままお残りになることをお忘れなく。花火の打ち上げがございます。

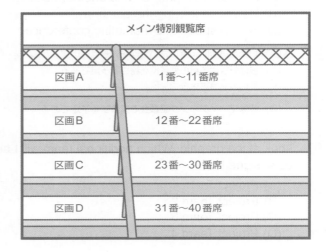

Main Grandstand	
Section A	Seats 1–11
Section B	Seats 12–22
Section C	Seats 23–30
Section D	Seats 31–40

メイン特別観覧席	
区画A	1番〜11番席
区画B	12番〜22番席
区画C	23番〜30番席
区画D	31番〜40番席

98 Why does the speaker say an event is special?

    (A) A local team is playing in a championship game.
    (B) Attendance reached a record high.
    (C) It is the first game at a new stadium.
    (D) It will be televised internationally.

話し手はイベントがなぜ特別だと言っていますか。

    (A) 地元のチームが選手権大会の試合でプレーする。
    (B) 来場者数が過去最多を記録した。
    (C) それは新しい競技場での初試合である。
    (D) それは国際的にテレビ放送される。

正解 A 話し手は、Weston競技場へようこそと聞き手を歓迎し、❶で、特別なイベントに聞き手が参加してくれてうれしいと述べ、❷「今夜は、私たちの地元の野球チームが地域選手権大会でプレーする初の機会だ」と、イベントの特別な点を伝えている。よって、(A)が正解。❷のour hometown baseball teamを(A)ではa local teamと表している。
(B) 話に登場するattendeesと関連するattendance「来場者数」を含むが、来場者数への言及はない。
(C) ❷より、今回初なのは、地元の野球チームが地域選手権大会でプレーすることであり、新しい競技場で試合が行われることではない。
(D) televise「〜をテレビ放送する」。

99 Look at the graphic. Which section are the winners of the first prize seated in?

    (A) Section A
    (B) Section B
    (C) Section C
    (D) Section D

図を見てください。最初の景品の獲得者はどの区画に座っていますか。

    (A) 区画A
    (B) 区画B
    (C) 区画C
    (D) 区画D

正解 C 話し手は、イベント来場者に景品を配ることを知らせてから、❸「最初の景品は、23番から30番までの席に座っている来場者の方々に贈られる」と、景品の獲得者を発表している。図を見ると、23番から30番の座席が位置するのは区画Cなので、(C)が正解。

100 Why does the speaker recommend staying after the game?

    (A) To tour a facility
    (B) To meet team players
    (C) To purchase souvenirs
    (D) To watch some fireworks

話し手はなぜ、試合後にとどまることを勧めていますか。

    (A) 施設を見学するため
    (B) チームの選手に会うため
    (C) 記念品を購入するため
    (D) 花火を見るため

正解 D 話し手は❹で、試合後もそのまま残るよう聞き手に伝えている。その直後に、❺「花火の打ち上げがある」と知らせているので、(D)が正解。
(A) facility「施設」。
(C) souvenir「記念品」。

---

seating chart 座席表　　be pleased that 〜　〜ということを喜ばしく思う　　join 〜 for …　〜と…（行動など）を共にする
regional 地域の　　championship 選手権大会、決勝　　celebrate 祝う　　give away 〜　〜を無料で配る
prize 景品、賞品　　attendee 参加者　　win 〜を勝ち取る　　giveaway 景品　　progress 進む　　fireworks 花火
display 呼び物、展示

座席表　grandstand　競技場の特別観覧席

101 Starlight Noodle House ------- to open its first North American restaurant early next year.

(A) plan
(B) plans
(C) planner
(D) planning

Starlightヌードルハウスは、来年の初めに北アメリカ第1号店を開業する計画です。

(A) 〜を計画する
(B) 〜を計画する
(C) 計画者
(D) 〜を計画している

正解 B　選択肢は動詞plan「〜を計画する」と変化形や派生語。この文には述語動詞がないので、主語のStarlight Noodle Houseに合わせて三人称単数現在形の(B) plansが適切。noodle house「うどん・ラーメンなどの麺類を出す店」、early next year「来年の初めに、来年の早い時期に」。

(A) 原形または現在形。もしくは名詞で「計画」。動詞の場合でも主語が単数形なので不適切。
(C) 名詞。
(D) 現在分詞または動名詞。単独で述語動詞にならない。

102 For a small fee, Marvin's Fine Furniture will ------- items to customers' homes within two days of purchase.

(A) deliver
(B) sell
(C) report
(D) spend

Marvin's高級家具店は、少額の手数料で、ご購入から2日以内にお客さまのお宅まで商品を配達いたします。

(A) 〜を配達する
(B) 〜を販売する
(C) 〜を報告する
(D) 〜を費やす

正解 A　選択肢は全て動詞の原形。主語はMarvin's Fine Furniture、述語動詞はwill -------でitems「商品」が空所の動詞の目的語になると考えられる。(A) deliver「〜を配達する」を入れると、少額の手数料を支払えば購入から2日以内に

この店が商品を家まで届けてくれるという内容になり、意味が通る。fee「料金、手数料」、within two days of purchase「購入から2日以内に」。

103 There is no price ------- among Kalteco's three refrigerator models.

(A) differ
(B) different
(C) difference
(D) differently

Kalteco社の冷蔵庫3機種には、値段の差はありません。

(A) 異なる
(B) 異なった
(C) 違い
(D) 異なって

正解 C　選択肢は動詞differ「異なる」と派生語。among以下は、「Kalteco社の冷蔵庫の3つの型の間には」という意味。There is 〜「〜が存在する」は〜の部分に名詞(句)が入るので、price differenceで「値段の差」という意味の名詞句になる名詞の(C) difference「違い」が適切。形容詞noに続くので、「値

段の差はない」という意味になる。refrigerator「冷蔵庫」、model「(製品などの)型、形式」。
(A) 原形または現在形。
(B) 形容詞。
(D) 副詞。

104 McAlvey's Rental will provide the tents and seating needed ------- the upcoming festival.

- (A) against
- (B) near
- (C) into
- (D) for

McAlvey'sレンタル社は、間もなく行われる祭りに必要なテントと座席を提供する予定です。

- (A) 〜に反して
- (B) 〜の近くで
- (C) 〜の中へ
- (D) 〜のために

正解 D 選択肢は全て前置詞の働きを持つ語。文頭からseatingまでは「McAlvey'sレンタル社は、テントと座席を提供するだろう」という意味であり、この部分だけで文として成り立つのでneeded以下は修飾語句になると考えられる。(D) forを入れると、needed for 〜「〜のために必要とされる」が

その前の名詞句the tents and seatingを修飾する過去分詞の形容詞的用法となり、「間もなく行われる祭りに必要とされるテントと座席」となって、意味が通る。provide「〜を供給する、〜を提供する」、seating「座席 (設備)」、upcoming「来るべき、近く起こる」、festival「祭り」。

---

105 Mr. Sorva handles all purchase orders ------- unless special approvals are needed.

- (A) he
- (B) him
- (C) his
- (D) himself

特別な承認が必要でない限り、Sorvaさんは全ての購入注文を自分自身で処理します。

- (A) 彼は
- (B) 彼を
- (C) 彼の
- (D) 彼自身で

正解 D 選択肢は全て人称代名詞。空所を除いた部分は、「特別な承認が必要でない限り、Sorvaさんは全ての購入注文を処理する」という意味で、これだけで文として成り立つ。(D) himselfを入れると、「彼自身で、独力で」となり、意味が通る。handle「〜を処理する」、purchase「購入」、order「注文」、

unless「〜でない限り」、approval「承認、認可」。
(A) 主格。
(B) 目的格。
(C) 所有格または所有代名詞。

---

106 We appreciate your patience ------- our technology team works to restore the connection.

- (A) if
- (B) while
- (C) whether
- (D) but

当社の技術チームが接続回復作業を行う間、お待ちいただけると幸いです。

- (A) もし〜なら
- (B) 〜の間
- (C) 〜かどうか
- (D) しかし

正解 B 選択肢は全て接続詞の働きを持つ語。空所の前の節のWe appreciate your patienceは「私たちはあなたの辛抱をありがたく思う」という意味で、相手を待たせてしまう場合におわびの言葉としてよく使われる表現。空所の後ろの節は「当社の技術チームが接続回復作業を行う」という意味なので、

(B) while「〜の間」を入れると、接続不具合の復旧作業をする間待たせることをわびる内容になり、意味が通る。appreciate「〜に感謝する」、patience「忍耐、辛抱」、technology team「技術チーム」、restore「〜を回復させる」、connection「接続」。

107 Davison Avionics' sales department is ------- recruiting additional team members.

(A) actively
(B) active
(C) activate
(D) activity

Davison航空電子工学社の営業部は、追加のチームメンバーを積極的に採用しています。

(A) 積極的に
(B) 積極的な
(C) 〜を活性化する
(D) 活動

> 正解 **A** 空所の語がなくても文として成り立つので、空所には修飾語が入る。空所の前後はこの文の述語動詞であるis recruitingで、空所の語はこれを修飾すると考えられるので、副詞の(A) actively「積極的に」が適切。avionics「航空電子工学」、sales「営業、販売」、department「部、課」、recruit「〜
>
> を新規採用する、〜を勧誘する」、additional「追加の」。
> (B) 形容詞。動詞を修飾しない。
> (C) 動詞の原形または現在形。
> (D) 名詞。

---

108 It has been six months ------- Mr. Payne became president of Thornton Machinery.

(A) since
(B) from
(C) where
(D) between

PayneさんがThornton機械社の社長に就任してから、6カ月たちました。

(A) 〜以来
(B) 〜から
(C) 〜する所
(D) 〜の間で

> 正解 **A** 空所の前後がともに〈主語＋動詞〉の形を含む節。空所の前の節は現在完了形で「6カ月がたった」という意味であり、空所の後ろの節は過去形で「Payneさんが Thornton機械社の社長になった」という意味。空所には、これらの節をつなぐ語が入ると考えられる。接続詞の(A) since「〜以来」
>
> を入れると、Payneさんが社長に就任した時を基準として、その時から現在まで6カ月たったとなり、意味が通る。現在完了の継続用法の文。president「社長」、machinery「機械類」。
> (B) (D) 前置詞。節と節をつなぐ働きは持たない。
> (C) 関係副詞。場所を意味する先行詞を必要とするので不適切。

---

109 The company has stayed profitable ------- by keeping operating costs low.

(A) shortly
(B) highly
(C) mainly
(D) greatly

その会社は、主に運営経費を低く保つことによって、利益を維持してきました。

(A) 間もなく
(B) 高く
(C) 主に
(D) 大いに

> 正解 **C** 選択肢は全て副詞。空所の前は、「その会社は利益を維持してきた」、空所の後ろは「運営経費を低く保つことによって」という意味。空所に続くby以下を適切に修飾するものを選ぶ。(C) mainly「主に」を入れると、主要な手段として運営経費を低く抑えることによって利益を確保してきたとなり、意
>
> 味が通る。profitable「利益の出る」、keep 〜 …「〜を…(の状態)に保つ」、operating cost「運営経費、操業コスト」。
> (B) by以下を修飾する語として意味が通らない。空所の直前のprofitableを修飾すると考えると「非常に利益の出る」となって意味が通るが、その場合はhighly profitableという語順になる。

110 Clients of Elise Salon receive text messages asking them to confirm their -------.

(A) appoint
(B) appointed
(C) appointing
(D) appointments

Elise美容院の顧客は、予約の確認依頼のテキストメッセージを受け取ります。

(A) 〜を指定する
(B) 指定された
(C) 指定すること
(D) 予約

正解 **D** 選択肢は動詞appoint「〜を指定する、〜（日時など）を約束して決める」と変化形や派生語。述語動詞はreceiveでその目的語text messagesをasking以降が修飾している。their -------は直前の他動詞confirm「〜を確認する」の目的語になると考えられるので、空所には名詞が入る。名詞の(D) appointments「（美容院・医院などの）予約」が適切。salon「（美

容・服飾関連の）店」、text message「テキストメッセージ、ショートメール」、ask 〜 to do「〜に…するように依頼する」。
(A) 原形または現在形。
(B) 過去形または過去分詞。
(C) 現在分詞または動名詞。動名詞では「予約」ではなく「予約・指定すること」を表すことになるため不適切。

---

111 According to a *Consumer Now* poll, Bricktown Realty provides the ------- efficient real estate services in the area.

(A) very
(B) such
(C) quite
(D) most

『現代の消費者』の調査によると、Bricktown不動産社はその地域で最も効率的な不動産サービスを提供しています。

(A) とても
(B) 非常に
(C) 非常に
(D) 最も

正解 **D** 選択肢は、(B)を除き全て副詞、もしくは副詞的に形容詞を強めることができる語。空所の前に定冠詞theが、後ろに形容詞efficient「効率的な、有能な」があるので、(D) mostを入れるとthe most efficientと最上級を表すことになり、適切。poll「世論調査」、realty（＝real estate）「不動産」。

(A)(C) 形容詞を強めることができるが、空所の前に限定を示すtheがあるので、この文では不適切。
(B) 形容詞。〈such(a)＋形容詞＋名詞〉の形などで使われるが、通常、theとともには用いられない。

---

112 Tolle Accounting's employee manual states that constructive disagreements are part of an ------- office culture.

(A) effect
(B) effects
(C) effective
(D) effectively

Tolle会計社の従業員マニュアルは、建設的な意見の衝突は効果的なオフィス文化の一部であると明言しています。

(A) 効果
(B) 効果
(C) 効果的な
(D) 効果的に

正解 **C** 選択肢は名詞effect「効果」と変化形や派生語。空所の前に不定冠詞anが、後ろに名詞句office culture「オフィス文化」があるので、空所にはoffice cultureを修飾する語が入る。形容詞の(C) effective「効果的な」が適切。employee manual「従業員マニュアル」、state that 〜「〜だと明言する、

〜だとはっきり述べる」、constructive「建設的な」、disagreement「意見の衝突、意見の不一致」。
(A) 名詞、または動詞で「〜（変化など）をもたらす」。
(B) 名詞の複数形または動詞の三人称単数現在形。
(D) 副詞。名詞(句)を修飾しない。

47

113 Marketing team members may work from home ------- they have their manager's permission.

  (A) as long as
  (B) as a result of
  (C) depending on
  (D) together with

マーケティングチームのメンバーは、部長の許可を得ていれば、在宅勤務をしてよいことになっています。

  (A) 〜さえすれば
  (B) 〜の結果として
  (C) 〜次第で
  (D) 〜と一緒に

> **正解 A** 文頭から空所の前までは、「マーケティングチームのメンバーは、在宅勤務をしてよい」、空所の後は、「彼らは部長の許可を得ている」という意味でどちらも〈主語＋動詞〉の形を含む節。空所には、この2つの節をつなぐ働きをする語句が入ると考えられる。接続詞の働きを持つ(A) as long as「〜さえすれば、〜である限りは」を入れると、部長の許可を得ている という条件を満たせば在宅勤務をしてよいということになり、意味が通る。work from home「在宅勤務をする」、manager「部長、課長」、permission「許可」。
> (B) (C) (D) いずれも続けられるのは名詞(句)であり、2つの節をつなぐことはできない。

114 The Petsonk Group is ------- to providing outstanding insurance at an affordable cost.

  (A) reminded
  (B) accepted
  (C) required
  (D) committed

Petsonkグループ社は、手頃な価格で優れた保険を提供することに熱心に取り組んでいます。

  (A) 気付かされて
  (B) 受け入れられて
  (C) 要求されて
  (D) 熱心に取り組んで

> **正解 D** 選択肢は全て動詞の過去分詞で、空所直前のisと共に受動態になると考えられる。providing以下は名詞句で、「手頃な価格で優れた保険を提供すること」という意味。be committed to doingで「〜することに熱心に取り組む、〜することを約束する」を表すので、(D) committedを入れると、Petsonkグループ社は手頃な価格で優れた保険を提供することに力を注いでいるということになって意味が通る。outstanding「傑出した、優れた」、insurance「保険」、affordable「(値段が)手頃な」。
> (A) be reminded to do「〜することを思い出させられる」という形で使われる。
> (B) be accepted to do「〜することを受け入れられる」という形で使われる。
> (C) be required to do「〜するよう要求されている」という形で使われる。

115 The board of directors decided last night that Tina Chau should ------- as head of the legal department.

  (A) continuous
  (B) continue
  (C) continued
  (D) continuously

取締役会は昨夜、Tina Chauが法務部長職にとどまるべきだと決定しました。

  (A) 絶え間のない
  (B) とどまる
  (C) とどまった
  (D) 連続的に

> **正解 B** 選択肢は動詞continue「続ける、(役職・地位などに)とどまる」と変化形や派生語。文頭からlast nightまでは、「取締役会は昨夜決定を行った」という意味で、続くthat節が決定した内容を表す。that節内の主語はTina Chauで、述語動詞はshould -------。空所は助動詞shouldに続いているので、 動詞の原形の(B) continueが適切。board of directors「取締役会」、legal department「法務部」。
> (A) 形容詞。
> (C) 過去形または過去分詞。
> (D) 副詞。

116 A large collection of bird fossils will be on display at the museum from May 15 ------- July 31.

(A) during
(B) until
(C) around
(D) throughout

鳥類化石の大規模なコレクションが、5月15日から7月31日までその博物館で展示されます。

(A) 〜の間
(B) 〜まで
(C) 〜ごろ
(D) 〜を通じて

正解 **B** 選択肢は全て前置詞の働きを持つ語。文頭からthe museumまでは、「鳥類化石の大規模なコレクションが、その博物館で展示される予定だ」という意味。from May 15 ------- July 31は展示期間を表すと考えられるので、from 〜 until[to/till/through] …で「〜から…まで」の意味になる(B) untilが適切。collection「収蔵品、コレクション」、fossil「化石」、be on display「展示されている」。

---

117 Because so many members of the editorial staff use the printer, the office manager ------- has to order extra paper.

(A) frequency
(B) frequent
(C) frequenting
(D) frequently

非常に多くの編集スタッフがプリンターを使うので、事務責任者は頻繁に追加の用紙を注文しなければなりません。

(A) 頻度
(B) 頻繁な
(C) 〜へよく行く
(D) 頻繁に

正解 **D** 選択肢は形容詞frequent「頻繁な」と派生語。文頭からカンマまでは接続詞Becauseに導かれる従属節で、主節の主語はthe office manager、述語動詞はhas to order。空所に何も入れなくても文として成り立つので、空所には修飾語が入る。空所に続く述語動詞has to orderを修飾する、副詞の(D) frequently「頻繁に」が適切。「頻繁に注文しなければな らない」という意味になる。editorial staff「編集スタッフ」、office manager「オフィスマネジャー、事務所長」、extra「余分の、追加の」。
(A) 名詞。
(B) 形容詞、または動詞で「〜をしばしば訪れる」。
(C) 動詞の現在分詞または動名詞。

---

118 Mr. Rhee thinks that the missing file is ------- in the archives.

(A) locating
(B) somewhere
(C) removed
(D) especially

Rheeさんは、その行方不明のファイルは書庫内のどこかにあると考えています。

(A) 〜の場所を突き止めて
(B) どこかに
(C) 持ち去られた
(D) 特に

正解 **B** Mr. Rhee thinks「Rheeさんは考えている」に続くthat節は「その行方不明のファイルは書庫内の-------ある」という意味。副詞の(B) somewhere「どこかに」を入れると、それが動詞is「存在する」を修飾する形になって意味が通る。missing「行方不明の」、archives「書庫、公文書保管庫」。
(A) 動詞locate「〜を探し出す、〜の場所を突き止める」の現在分 詞。過去分詞locatedであればbe locatedで「位置する」という意味になるので可。
(C) 動詞remove「〜を取り去る」の過去分詞。removed from the archives「書庫から持ち去られた」であれば可。
(D) 副詞。意味が通らない。

119 Halle Theft Protection notifies customers immediately whenever there is a ------- of data security.

(A) breach
(B) contract
(C) secret
(D) reminder

Halle盗難保護サービスは、データ・セキュリティーの侵害があればいつでも速やかにお客さまに通知します。

(A) 侵害
(B) 契約
(C) 秘密
(D) リマインダー

> **正解 A** 選択肢は全て名詞の働きを持つ語。この文は「Halle盗難保護サービスは、データ・セキュリティーの-------があればいつでも速やかに顧客に通知する」という意味で、(A) breach「侵害」を入れると意味が通る。Halle Theft Protectionは、データを保護するソフトウエア、サービスなどの名前だと考えられる。theft「窃盗」、protection「保護」、notify「～に通知する」、immediately「すぐに、直ちに」、whenever「～するときはいつでも」。

---

120 The assembly instructions for the desk must be written very ------- to ensure that customers understand them.

(A) clearer
(B) clearest
(C) clears
(D) clearly

その机の組立説明書は、顧客が確実に理解できるように、非常に明確に書かれていなければなりません。

(A) より明確に
(B) 最も明確に
(C) ～を明らかにする
(D) 明確に

> **正解 D** 文頭からdeskまでが主語に当たり、述語動詞はmust be written。文頭から空所までは、「その机の組立説明書は、非常に-------書かれなければならない」という意味。to ensure以降はto不定詞の副詞的用法で目的を表し、「顧客がそれらを確実に理解できるように」という意味だと考えられる。very ------- は述語動詞のmust be writtenを修飾していると考えられるので、副詞の(D) clearly「明確に」が適切。very clearlyで「非常に明確に」となる。assembly「組み立て」、instructions「説明書」、ensure that ～「～であることを確実にする」。
> (A) 形容詞または副詞の比較級。副詞だとしても、比較級を強めるにはveryではなくmuchやfarが使われるので、不適切。
> (B) 形容詞または副詞の最上級。veryは最上級を強めることもあるが、ここでは当てはまらない。また、意味も通らない。
> (C) 動詞の三人称単数現在形。

---

121 According to the *Baker Financial Journal*, investors' ------- for technology stocks rose sharply this quarter.

(A) enthusiasm
(B) enthusiast
(C) enthusiastic
(D) enthusiastically

『Baker金融ジャーナル』によれば、投資家たちのテクノロジー関連株に対する強い興味はこの四半期に急上昇しました。

(A) 熱意
(B) 熱中している人
(C) 熱心な
(D) 熱心に

> **正解 A** 空所直前に所有格のinvestors'「投資家たちの」があり、直後にはfor technology stocks「テクノロジー関連株に対する」という修飾語句があるので、空所にはそれらに修飾される名詞が入ると考えられる。名詞の(A) enthusiasm「強い興味、熱意」が適切。投資家のテクノロジー関連株に対する熱意が急上昇したとなって意味が通る。financial「金融の、財務の」、investor「投資家」、technology stock「テクノロジー関連株」、rise「上がる」、sharply「急激に」、quarter「四半期」。
> (B) 名詞だが、意味が通らない。
> (C) 形容詞。
> (D) 副詞。

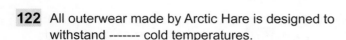

122 All outerwear made by Arctic Hare is designed to withstand ------- cold temperatures.

    (A) generously
    (B) famously
    (C) extremely
    (D) suspiciously

Arctic Hare社製の全てのアウターウエアは、極度に低い気温に耐えられるようにデザインされています。

    (A) 気前よく
    (B) よく知られているように
    (C) 極度に
    (D) 疑い深く

 C 選択肢は全て副詞であり、空所の後ろの形容詞coldを適切に修飾するものを選ぶ。「Arctic Hare社製の全てのアウターウエアは、-------低い気温に耐えられるようにデザインされている」という内容なので、(C) extremely「極度に」 | を入れると、気温が極度に低い環境にも耐えられるということになり、意味が通る。outerwear「(コートなどの)アウターウエア、上着」、withstand「〜に耐える」、temperature「温度、気温」。

---

123 ------- scheduling an examination at Central Wellness Clinic, clients will be asked a few health-related questions.

    (A) Whereas
    (B) When
    (C) Although
    (D) At

Central Wellness診療所で検査を予約する際、お客さまは健康に関する幾つかの質問を受けることになります。

    (A) 〜であるのに対して
    (B) 〜するとき
    (C) 〜であるが
    (D) 〜で

 B カンマ以降が主節で、「顧客は健康に関する幾つかの質問をされるだろう」という意味。schedule an examinationは、「検査を予約する」の意味。接続詞の(B) Whenを入れると、カンマまでが「Central Wellness診療所での検査の予約をするとき」となって、主節と意味がつながる。接続詞の後には〈主語＋動詞〉の形が続くのが原則だが、このWhen schedulingは、When clients are schedulingまたはWhen | clients scheduleを省略したもの、あるいは分詞構文の意味を明確にするために接続詞を入れたものと解釈できる。examination「検査」、client「顧客、サービスを受ける人」、ask 〜 …「〜に…を尋ねる」、health-related「健康に関する」。
(A) (C) 接続詞だが意味が通らない。
(D) 前置詞。

---

124 Owing to staff relocations, the company now has a ------- of office space at its headquarters.

    (A) rate
    (B) surplus
    (C) factor
    (D) profit

スタッフの配置転換のため、その会社では現在、本社のオフィススペースに余剰があります。

    (A) 比率
    (B) 余剰
    (C) 要素
    (D) 利益

正解 **B** 選択肢は全て名詞の働きを持つ語。文頭からrelocationsまでは「スタッフの配置転換のために」という意味で、カンマ以降の部分の理由となっていると考えられる。カンマ以降は「その会社では現在、本社においてオフィススペー | スの-------がある」という意味であり、スタッフが配置転換で移動したことによってオフィススペースにできるものが空所に入るので、(B) surplus「余剰」が適切。owing to 〜「〜のせいで、〜のために」、relocation「移動、配置転換」、headquarters「本社」。

125 Having participated in ------- interviews during her job search, Ms. McKray expects that she will be hired soon.

   (A) sizable
   (B) countless
   (C) plentiful
   (D) much

求職活動の間に数え切れないほどの面接を受けたので、McKrayさんは自分が近いうちに採用されるだろうと期待しています。

   (A) かなり大きな
   (B) 数え切れないほどの
   (C) 豊かな
   (D) 多くの

正解 B 選択肢は全て形容詞の働きを持つ語。空所に続く名詞interviews「面接」を適切に修飾するものを選ぶ。文頭からカンマまでは「求職活動の間に-------面接を受けたので」あるいは「求職活動の間に-------面接を受けた後」といった意味で、完了形の分詞構文。(B) countless「数え切れないほどの」が適切。多数の面接を受けたので近いうちにどこかに採用されるだろう、という内容になる。participate in ~「~に参加する」、

job search「求職活動」、expect that ~「~だろうと思う、~だろうと期待する」。
(A) interviewsの修飾語として不適切。
(C) plentifulは「(食事・供給などが)豊かな」という意味であり、interviewsの修飾語として不適切。
(D) 可算名詞を修飾しない。

---

126 Two prototypes of Viesso's mountain bike underwent user testing, and ------- were found to perform exceptionally well.

   (A) less
   (B) whose
   (C) which
   (D) both

Viesso社のマウンテンバイクの試作車2種がユーザーによるテストを受け、両方とも非常によく機能することが分かりました。

   (A) より少ない
   (B) それらの
   (C) それらは
   (D) 両方

正解 D 文頭からカンマまでは、「Viesso社のマウンテンバイクの試作車2種がユーザーによるテストを受けた」という意味。カンマ以降はandによって接続された節で、「そして、-------は非常によく機能することが分かった」という意味。空所には述語動詞were foundの主語が入るので、2つの試作品の両方を示す(D) both「両方」が適切。prototype「試作品、プロトタイプ」、undergo「~を受ける」、find ~ to do「~が…すると分かる」、

perform「(機械などが)動作する、機能する」、exceptionally「非常に、例外的に」。
(A) 副詞または形容詞の比較級。名詞として使われることもあるが、意味が通らない。
(B) 所有格の関係代名詞。単独で主語にはならない。
(C) 関係代名詞。接続詞のandに続かない。

---

127 ------- Ms. Uribe was promoted to director of development at Cranhurst International, she served in many other capacities.

   (A) Before
   (B) Instead
   (C) Likewise
   (D) Consequently

UribeさんはCranhurst International社で開発部長に昇進する前に、多くの他の役職を務めました。

   (A) ~の前に
   (B) その代わりに
   (C) 同様に
   (D) その結果

正解 A Ms. Uribeからカンマまでは、「UribeさんはCranhurst International社で開発部長に昇進した」、カンマ以降は、「彼女は多くの他の役職で勤務した」という意味で、どちらも〈主語＋動詞〉の形を含む節。この2つの節をつなぐため、空所には接続詞が入ると考えられる。接続詞の(A) Before「~の前に」を入れると意味も通る。なお、「多くの他の役職を務めた」こ

とは「開発部長に昇進した」ことより前であるが、Beforeによって時系列は明らかなので、どちらの節も過去形が使われている。promote「~を昇進させる」、director of development「開発部長」、serve「勤務する」、capacity「立場、役割」。
(B) (C) (D) 副詞。いずれも2つの節をつなぐことはできない。

128 Landscape designers usually present several renderings to clients to help them ------- the completed project.

   (A) appear
   (B) resemble
   (C) visualize
   (D) express

造園家は通常、顧客に対し、プロジェクトの完成形をイメージしやすいように完成予想図を幾つか提示します。

   (A) 現れる
   (B) 〜に似ている
   (C) 〜を思い浮かべる
   (D) 〜を表現する

正解 **C** 　選択肢は全て動詞の原形。文頭からclientsまでは、「造園家は通常、数枚の完成予想図を顧客に提示する」という意味。to help以下は、「彼らが、完成したプロジェクト-------のを助けるために」と目的を表す。(C) visualize「〜を思い浮かべる」を入れると、顧客が完成形を思い描けるように造園家が（庭園の）完成予想図を提示する、ということになり意味が通る。

landscape designer「造園家」、present 〜 to …「〜を…に提示する」、rendering「（建物などの）完成予想図」、help 〜 do「〜が…するのを助ける」。
(A) 自動詞なので、目的語を取らない。
(B) (D) 他動詞だが意味が通らない。

---

129 ------- silk will be imported from Japan for our evening-wear fashion designs next season.

   (A) Luxuriate
   (B) Luxuriously
   (C) Luxuries
   (D) Luxurious

当社の来季のイブニングドレスのデザインのために、日本から高級なシルクが輸入される予定です。

   (A) 楽しむ
   (B) 豪華に
   (C) ぜいたく品
   (D) 豪華な

正解 **D** 　選択肢は名詞luxury「豪華さ」の変化形や派生語。主語は-------silkで述語動詞はwill be imported。空所には名詞silkを修飾する語が入るので、形容詞の(D) Luxurious「豪華な、上等で高価な」が適切。import「〜を輸入する」、evening-wear「イブニングドレスの、夜会服の」。

(A) 動詞の原形または現在形。
(B) 副詞。文頭に置いて文全体を修飾できるが、意味が通らない。
(C) 名詞。luxuryであれば名詞と形容詞の両方の用法があるが、複数形なので不適切。

---

130 If its advertising revenue declines further, the magazine's future prospects are -------.

   (A) reported
   (B) insignificant
   (C) uncertain
   (D) overlooked

もし広告収入がさらに減少するなら、その雑誌の将来の見通しは不確かです。

   (A) 報告された
   (B) 取るに足りない
   (C) 不確かな
   (D) 見落とされた

正解 **C** 　選択肢は全て形容詞の働きを持つ語。文頭からカンマまでは従属節で、「もしその（=雑誌の）広告収入がさらに減少するなら」という意味で条件を表している。カンマの後ろの主節の主語はthe magazine's future prospects「その雑誌の将来の見通し」であり、空所に(C) uncertain「不確かな」を入

れると、これ以上広告収入が減るならその雑誌の将来の見通しが不確かになるということになり、意味が通る。advertising revenue「広告収入」、decline「減退する」、future prospect「将来の見通し」。

Questions 131-134 refer to the following advertisement.

Commemorations Gifts

❶ Is someone you know ------- an important birthday, anniversary, or graduation? Help them to mark
131.

the occasion with a unique present from Commemorations Gifts. We carry a large selection of

handmade items and art, including scented candles, jewelry, pottery, photographs, and paintings.

Shop online or visit ------- gallery to choose a one-of-a-kind work by a local artist. ------- .
132. **133.**

❷ We know it can be hard to choose the perfect gift, so we also offer digital gift cards in

denominations of $20 to $200. These have no expiration date and may be used online or in the

gallery, whichever is more ------- .
134.

設問131-134は次の広告に関するものです。

Commemorationsギフト社

あなたのお知り合いのどなたかが、大切な誕生日や記念日、あるいは卒業のお祝いをする予定ですか？ Commemorationsギフト社の二つとないプレゼントで、その方がイベントを祝うお手伝いをしましょう。当社では、香料入りのキャンドル、宝飾品、陶器類、写真、絵画など、手作りの品や芸術品を幅広く取りそろえております。お買い物はオンラインで、あるいは当社の展示場に足をお運びいただき、地元アーティストによる唯一無二の作品をお選びください。＊ご購入品はどちらのご住所にでも配送可能です。

私どもは、完璧なギフトを選ぶのは難しいこともあると知っています。そこで当社では、デジタルギフト券も額面金額20ドル～200ドルで販売しています。これらには使用期限はなく、オンラインでも展示場内でも、どちらでもご都合の良い方でお使いになれます。

＊設問133の挿入文の訳

---

commemoration　祝賀、記念　❶ anniversary　（～周年）記念日　mark　～（記念日）を祝う　occasion　行事、機会
unique　唯一の、他にはない　carry　～（商品）を取り扱う　selection　品ぞろえ　handmade　手作りの、ハンドメイドの
art　美術（品）　scented　香料入りの　pottery　陶器類　gallery　展示場、ギャラリー　one-of-a-kind　唯一の、他にはない
work　作品　❷ denomination　額面金額　expiration date　有効期限、使用期限

131
(A) celebrate
(B) celebrating
(C) celebration
(D) celebrated

(A) ～を祝う
(B) ～を祝っている
(C) 祝賀
(D) 祝われて

| 正解 **B** | 選択肢は動詞celebrate「～を祝う」と変化形や派生語。空所を含む文の主語はsomeone (whom) you know「あなたが知っている誰か」で、文頭にIsがある疑問文になっている。現在分詞の(B) celebratingを入れると、近い未来の予定を表す現在進行形となって、適切。 | (A) 原形または現在形。
(C) 名詞。
(D) 過去形または過去分詞。過去分詞だとすると受動態になるが、空所に続くan important ...... graduationの文法的役割が不明となる。 |

132
(A) your
(B) our
(C) their
(D) its

(A) あなたの
(B) 私たちの
(C) 彼らの
(D) それの

| 正解 **B** | 選択肢は全て人称代名詞の所有格。❶ 1～3行目では、Commemorationsギフト社ではさまざまな手作り品や芸術品が販売されている旨が書かれており、空所を含む文はそれに続いている。Shop online or visit ------- galleryは | 「オンラインで買い物をするか、-------展示場を訪れてください」という意味で、続くto以下はその目的を述べている。自社を示す(B) our「私たちの」を入れると、広告の文として意味が通る。 |

133
(A) It is important to acknowledge a colleague's retirement.
(B) We are opening a second location in the spring.
(C) Purchases can be shipped to any address.
(D) Photography classes are offered in the evenings.

(A) 同僚の退職にあたり感謝の気持ちを示すことは大切です。
(B) 当社は春に2号店を開く予定です。
(C) ご購入品はどちらのご住所にでも配送可能です。
(D) 写真撮影の講座は夜に行われます。

| 正解 **C** | ❶ 1～3行目では、Commemorationsギフト社がどのような品物を取り扱っているのかを説明し、空所直前の文では、この広告の読み手に購入を促している。購入した商品は、どの住所にでも配送可能であることを説明する(C)を入れると、広告として自然な流れとなる。
(A) ❶ 1行目より同僚の退職に限らずあらゆる祝い事を対象とし | ていることが分かるので、同僚の退職に絞った内容を付け加えることは不自然で文脈に合わない。acknowledge「～(親切・功績など)に感謝の気持ちを示す」。
(B) 新店舗開設の知らせは流れに合わない。open a second location「2号店を開く」。
(D) photography「写真撮影」、offer「～を提供する」。 |

134
(A) available
(B) qualified
(C) capable
(D) convenient

(A) 入手できる
(B) 資格のある
(C) 能力のある
(D) 都合の良い

| 正解 **D** | 選択肢は全て形容詞の働きを持つ語。空所を含む文は、「これら(=デジタルギフト券)には使用期限はなく、オンラインか展示場内で使ってよい、どちらでもより-------方で」という意味。(D) convenient「都合の良い」を入れると、デ | ジタルギフト券は、オンラインでも展示場内でも都合の良い方で使える、ということになって意味が通る。
(A) (B) (C) いずれも文脈に合わない。 |

Questions 135-138 refer to the following e-mail.

To: Wilson Jones <wjones@atterleyappliances.com>
From: Javi Preston <javipreston@yukoandjavisplace.com>
Date: April 22
Subject: Appliance delivery

Dear Mr. Jones:

❶ I am sending this e-mail to ------- Atterley Appliances for your delivery service. It was excellent
135.
and exceeded my ------- in every way. My restaurant, Yuko and Javi's Place, is housed in a very
136.
old building with no elevator. The chest freezer I ordered from Atterley Appliances had to be
delivered to the building's top floor. ------- . It took careful maneuvering to avoid damaging the
137.
stairway walls on the way up. Thanks to the team's patience and attention to detail, the new
freezer was installed with no damage to the ------- structure. Many thanks to Atterley Appliances
138.
for your quality service.

Yours truly,

Javi Preston

設問135-138は次のEメールに関するものです。

受信者：Wilson Jones <wjones@atterleyappliances.com>
送信者：Javi Preston <javipreston@yukoandjavisplace.com>
日付：4月22日
件名：家電品の配送

Jones様

配送サービスについてAtterley家電社を称賛したく、このEメールをお送りしております。それは素晴らしく、あらゆる面で私の期待を上回っていました。私のレストランであるYuko and Javi's Placeは、エレベーターのない非常に古い建物内にあります。Atterley家電社に注文した箱型冷凍庫は、その建物の最上階に配達してもらわなければなりませんでした。＊廊下は狭く、階段は急です。上へ行く際に階段の壁を傷付けないよう、慎重で巧みな運搬が必要でした。担当チームの根気と細心の注意のおかげで、その新しい冷凍庫は、歴史的価値のある建造物を傷付けることなく設置されました。その優れたサービスに対して、Atterley家電社に深く感謝いたします。

敬具

Javi Preston

＊設問137の挿入文の訳

---

appliance （家庭用）電気器具　❶ exceed　〜を上回る、〜を超える　in every way　あらゆる面で
house （建物が）〜にスペースを提供する　chest freezer　箱型冷凍庫、チェストフリーザー　★箱型の上開きドアの冷凍庫
deliver　〜を配達する　take　〜を必要とする　maneuver　〜を巧みに動かす
avoid *doing*　〜するのを避ける、〜しないようにする　damage　〜を損傷する　on the way up　上へ行く途中で
patience　忍耐、根気　attention to detail　細部に至るまでの注意　install　〜を設置する　structure　建造物
many thanks to 〜　〜に深く感謝します　quality　高品質の、優秀な

135
(A) praise
(B) reimburse
(C) charge
(D) forgive

(A) 〜を称賛する
(B) 〜に返済する
(C) 〜に請求する
(D) 〜を許す

 正解 **A** 選択肢は全て動詞の原形。空所を含む文は、「私は配送サービスについてAtterley家電社-------ために、このEメールを送っている」という意味で、このEメールの目的を述べている。次の文で「それは素晴らしかった」と書かれ、その

後も一貫してAtterley家電社が称賛されており、最後の文でも「その優れたサービスに対して、Atterley家電社に深く感謝する」と述べられていることから、(A) praise「〜を称賛する」が適切。(B) (C) (D) いずれも文脈に合わない。

136
(A) expects
(B) expected
(C) expecting
(D) expectations

(A) 〜を期待する
(B) 〜を期待した
(C) 期待すること
(D) 期待

正解 **D** 選択肢は動詞expect「〜を期待する」の変化形や派生語。空所直前に所有格のmyがあり、my -------が他動詞exceeded「〜を超えた」の目的語となると考えられるので、空所には名詞が入る。(D) expectations「期待」が適切。なお、exceededの主語はItで、前文のyour delivery service「貴社（＝

Atterley家電社）の配送サービス」を指している。
(A) 三人称単数現在形。
(B) 過去形または過去分詞。
(C) 現在分詞または動名詞。動名詞だとしても、意味が通らない。

137
(A) The hallways are narrow, and the staircase is steep.
(B) Our most popular dish is ramen, a traditional Japanese noodle soup.
(C) Many chefs prefer to cook with gas.
(D) We are registered with the local building preservation society.

(A) 廊下は狭く、階段は急です。
(B) 当店の最も人気のある料理は、日本の伝統的な汁麺であるラーメンです。
(C) 多くのシェフがガスで料理する方を好みます。
(D) 当方は、地元の建造物保護協会に登録されています。

正解 **A** 空所の前の2文では、注文した冷凍庫はエレベーターのない古い建物の最上階まで届けてもらう必要があった旨が述べられ、空所の後の文では、階段の壁を傷付けないよう、慎重に、巧みに運搬する必要があった旨が述べられている。建物の状況を描写する(A)を入れると、慎重に運び上げる必要があった理由の説明になり、自然な流れになる。

(B) noodle soup「ヌードルスープ（麺がスープに入った状態で出される料理）、汁麺」。
(D) 空所より前に古い建物への言及はあるが、空所の直前と直後の文では共に運搬について述べられているので、建造物保護協会に登録されていることを述べるのは唐突で話の流れに合わない。be registered with 〜「〜に登録されている」。

138
(A) history
(B) historic
(C) historically
(D) historian

(A) 歴史
(B) 歴史的に重要な
(C) 歴史的に
(D) 歴史家

正解 **B** 選択肢は名詞history「歴史」と派生語。空所を含む文のカンマ以降の部分は、「その新しい冷凍庫は、その-------建造物を傷付けることなく設置された」という意味で、the ------- structureが前置詞toの目的語になる。直後の名詞structureを修飾する形容詞の(B) historic「歴史的に重要な」が適

切。「歴史的価値のある建造物」であるため慎重に運び込む必要があった、という背景説明になる。
(A) (D) 名詞。形容詞的に使われることもあるが、意味が通らない。
(C) 副詞。名詞を修飾しない。

Questions 139-142 refer to the following notice.

Important Information from Well-Bright Electric

❶ Well-Bright Electric is ------- a new billing system. During the setup period, customers will not be
139.
able to access their accounts online. ------- . No late fees will be incurred for payments normally
140.
due on these dates. Please note that customers will ------- be able to contact the billing
141.
department during this time. However, ------- will have to call and speak to a representative
142.
directly instead of using the online chat feature. All customers should rest assured that the new
billing system will enhance our customer service capabilities and allow us to provide bills that are
easier to view and understand.

設問139-142は次のお知らせに関するものです。

Well-Bright電気社からの重要なお知らせ

Well-Bright電気社は、新しい請求書発行システムを実施いたします。その準備期間中、お客さまはご自分のアカウントにオンラインでアクセスすることができなくなります。*この工程は5月2日に始まり、5月21日までに完了する見込みです。通常これらの日にちの間に期限が来る支払いについては、延滞料は発生しません。この期間中、お客さまは今まで通り請求書発行部門と連絡をお取りいただけることにご留意ください。ただし、オンラインのチャット機能を利用される代わりに、担当者に電話して直接お話しいただく必要があります。この新しい請求書発行システムによって、当社のお客さまサービス能力が向上し、より見やすく分かりやすい請求書を発行できるようになりますので、全てのお客さまにおかれましては、どうぞご安心ください。

*設問140の挿入文の訳

---

❶ billing system 請求書発行システム、請求システム   setup 設置、準備   account アカウント、口座   late fee 延滞料
incur ～（負債など）を負う、～（損失など）を被る   due on ～ ～に期限の来る   note that ～ ～ということに注意する
representative 担当者、代理人   online chat feature オンラインのチャット機能
rest assured that ～ ～ということなので安心する   enhance ～を高める   capability 能力、可能性
provide ～を供給する

139
(A) training
(B) investing
(C) promoting
(D) implementing

(A) ～を訓練する
(B) ～を投資する
(C) ～を販売促進する
(D) ～を実施する

正解 D	選択肢は全て現在分詞。直前のisと合わせて現在進行形となり、直後のa new billing system「新しい請求書発行システム」が空所の語の目的語になると考えられる。(D) implementing「～(計画など)を実施する、～を実行に移す」を入れると、「Well-Bright電気社は、新しい請求書発行システムを実施しようとしている」という意味の、近い未来の予定を表す現在進行形の文となる。次の文以降では、そのシステムの準備の	日程やその期間中に顧客ができること、できないことなどが説明されており、自然な流れとなる。(B) investは「～を投資する」の意味では目的語に金・資本などを取る。「～に投資する」という意味の場合はinvest in ～となる。(C) お知らせ全体で請求書発行システムの販売促進に関することは述べられていないので、文脈に合わない。

140
(A) We enjoy receiving notes from satisfied customers.
(B) The process will begin on May 2 and should be completed by May 21.
(C) Rates are expected to increase later this month.
(D) We are currently processing your request.

(A) 当社は、満足されたお客さまからの手紙を頂きます。
(B) この工程は5月2日に始まり、5月21日までに完了する見込みです。
(C) 料金が今月中に値上げされる見込みです。
(D) 当社は現在、あなたさまからの依頼を処理しているところです。

正解 B	空所直前の文には、During the setup period「(新しい請求書発行システムの)準備期間中に」とあり、空所直後の文には、on these dates「これらの日付に」という記述がある。(B)を入れると、5月2日から5月21日までが「準備期間」と「これらの日付」を表すことになり、前後が自然につながる。なお、空所直後の文のpayments normally due on these	dates「通常これらの日にちの間に期限が来る支払い」というのは、例えば毎月10日に支払い期限が来る契約などが考えられる。(A) enjoy「～を享受する」、note「手紙、文書」。(C) rate「料金」。(D) process「～を処理する」。

141
(A) still
(B) then
(C) moreover
(D) therefore

(A) 今まで通り
(B) それから
(C) さらに
(D) そういうわけで

正解 A	選択肢は全て副詞の働きを持つ語。空所を含む文は、「顧客がこの期間中に請求書発行部門と連絡を取ることは-------可能だということに留意してください」という意味。❶ 1～2行目で、顧客はシステム準備期間中はオンラインで自分	のアカウントにアクセスできないことが説明されているが、この文では「請求書発行部門と連絡を取ることは可能だ」と述べているので、(A) still「いまだに、今まで通り」が適切。(B) (C) (D) いずれも文脈に合わない。

142
(A) we
(B) they
(C) mine
(D) yours

(A) 私たちは
(B) 彼らは
(C) 私のもの
(D) あなたのもの

	選択肢は全て人称代名詞。空所を含む文の直前の文では、新しいシステムの準備期間中も顧客は請求書発行部門と連絡を取ることが可能である旨が述べられている。これに続く空所を含む文はHowever「ただし」で始まっているので、連絡を取る場合の注意点が述べられていると考えられる。直前の	文のcustomers「顧客たち」を受ける(B) theyを入れると、新システムの準備期間中に請求書発行部門と連絡を取りたい場合は、顧客たちは電話して直接話す必要がある、ということになって意味が通る。(A) Well-Bright電気社を指すことになり、意味が通らない。

Questions 143-146 refer to the following article.

Marfisa Fashions Acquires Corvak Group

❶ LOS ANGELES (May 11)—Marfisa Fashions, a leading designer of men's apparel, announced today that it has acquired the Tokyo-based Corvak Group. ------- **143.** . The news confirms speculation that Marfisa's executives ------- **144.** a company with robust distribution channels in Asia.

❷ "Corvak Group's reach in Asian markets will be a tremendous asset for us," said Jun-Young Min, Marfisa's CEO. "Our clients have been telling us for years that we need a stronger presence in Asia. ------- **145.** we are better able to meet their needs." While the press release did not specify the amount of the ------- **146.** , most analysts agree it was likely in the range of $100 to $150 million.

設問143-146は次の記事に関するものです。

Marfisaファッションズ社、Corvakグループを買収

ロサンゼルス（5月11日）—— 男性用衣料の大手デザイン会社であるMarfisaファッションズ社は今日、東京を本拠とするCorvakグループを買収したと発表した。*この契約は先週成立した。このニュースは、Marfisa社の経営陣がアジアに強固な流通経路を持つ企業をずっと追い求めていたという憶測を裏付けるものとなっている。

「アジア市場におけるCorvakグループの勢力範囲は、当社にとって非常に大きな財産となるでしょう」と、Marfisa社CEOのJun-Young Minは述べた。「当社のクライアントたちは長年にわたり、当社はアジアでより強い存在感を示すことが必要だと言い続けてきました。これで当社は、彼らのニーズにより良く応えることができます」。報道発表では、この取引の総額は明示されなかったが、ほとんどのアナリストは、1億から1億5000万ドルの範囲内だった可能性が高いという見方で一致している。

*設問143の挿入文の訳

acquire ～を買収する、～を取得する ❶ leading 主要な、一流の apparel 衣服 confirm ～を確認する、～を裏付ける speculation 憶測、推測 executive 重役、経営幹部 robust 強固な distribution channel 流通経路、流通チャンネル ❷ reach 及ぶ範囲、勢力範囲 tremendous 非常に大きな asset 財産、資産 presence 存在感、影響力 press release 報道発表、プレスリリース specify ～を明確に述べる amount 総計、総額 agree (that) ～ ～という点で意見が一致する in the range of ～ ～の範囲内で

143
(A) The deal was finalized last week.
(B) Corvak Group's 600 employees are mostly full-time.
(C) Marfisa Fashions will release its sales figures on Monday.
(D) Men's denim pants are no longer in style.

(A) この契約は先週成立した。
(B) Corvakグループの600人の従業員は大部分がフルタイム勤務である。
(C) Marfisaファッションズ社は月曜日に売上高を公表する予定だ。
(D) 男性向けデニムパンツはもはや流行遅れだ。

正解 A　空所直前の文では、企業買収の発表が今日行われた旨が述べられており、空所以降には、買収の背景やMarfisa社CEOのコメントなどが続いている。空所に(A)を入れると、本日発表された契約は先週成立したものだという買収に関する情報が付け加えられた形になり、流れとして自然。deal「契約、取引」、finalize「～を最終決定する、～をまとめ上げる」。
(B) (C) (D) いずれも唐突で、企業買収のニュースには関連が薄い。
(C) release「～を公表する、～を発表する」、figure「数値」。
(D) no longer ～「もはや～ではない」、in style「流行の」。

144
(A) will pursue
(B) pursuing
(C) should have pursued
(D) had been pursuing

(A) ～を追い求めるだろう
(B) ～を追い求めている
(C) ～を追い求めるべきだった
(D) ～を追い求めていた

正解 D　動詞pursue「～を追い求める」の適切な形を選ぶ。空所を含む文は、「このニュースは、Marfisa社の経営陣がアジアに強固な流通経路を持つ企業-------という憶測を裏付けるものとなっている」という意味で、述語動詞confirmsの目的語であるspeculationを、続くthat節が同格の役割で説明している。Marfisa's executivesがthat節内の主語となるが、動詞がないので、空所には述語動詞が入る。この文に先立つ冒頭の文でannouncedという過去形が使われているので、その時点までの継続を表す過去完了進行形の(D) had been pursuingを入れると、Marfisa社の経営陣がアジアに強い流通経路を持つ企業をずっと追い求めていたということがspeculationの内容になり、意味が通る。
(A) 未来形。もう買収は成立しているので、不適切。
(B) 現在分詞または動名詞。単独で述語動詞にならない。
(C) 〈助動詞＋完了形〉で、過去にするべきだったのにしなかったことを表す。文脈に合わない。

145
(A) Otherwise
(B) Now
(C) Meanwhile
(D) Already

(A) さもなければ
(B) これで
(C) その一方で
(D) すでに

正解 B　選択肢は全て副詞の働きを持つ語。空所直前の文と空所を含む文は買収側のMarfisa社CEOの発言の一部。空所直前では、「当社のクライアントたちは長年にわたり、当社はアジアでより強い存在感を示すことが必要だと言い続けてきた」とこれまでのことを述べており、空所を含む文では「当社は彼らのニーズにより良く応えることができる」と現在について述べている。空所に、これまでと比較した変化を示す(B) Now「これで、今では」を入れると、この買収によって変化した状態を示すことになって意味が通る。
(A) (C) (D) いずれも文脈に合わない。

146
(A) product
(B) campaign
(C) transaction
(D) building

(A) 製品
(B) キャンペーン
(C) 取引
(D) 建物

正解 C　選択肢は全て名詞の働きを持つ語。空所を含む文は、「報道発表では、この-------の総額を明示しなかったが、ほとんどのアナリストは、1億から1億5000万ドルの範囲内だった可能性が高いという見方で一致している」という意味。(C) transaction「取引」を入れると、この企業買収という取引を指すこととなり、文脈に合う。

Questions 147-148 refer to the following Web page.

https://www.lanolinfarm.com/info

Lanolin Farm—About Us

❶ Lanolin Farm is home to two different breeds of sheep, each known for its unique characteristics. The first breed grows short, white wool that feels very soft. The other breed grows gray wool that is long and coarse. We shear the sheep twice a year to collect the wool.

❷ Wool can be purchased from our farm store either as raw material or as yarn that we process on-site. The yarn can be used to make sweaters, hats, or blankets. We offer several colors of dyed wool as well as undyed wool that retains its natural color.

設問147-148は次のウェブページに関するものです。

https://www.lanolinfarm.com/info

Lanolin農場 ── 当農場について

Lanolin農場には2つの異なる品種の羊がおり、それぞれが独自の特徴で知られています。1つ目の品種は短くて白色の、感触がとても柔らかい羊毛を生やします。もう1つの品種は長くて目の粗い灰色の羊毛を生やします。当農場では羊毛を集めるために1年に2回、羊の毛を刈ります。

羊毛は、原材料の状態または現地で加工処理した糸の状態のいずれでも、当農場の店からご購入いただけます。糸はセーターや帽子、毛布を作るのに利用できます。店では、染色した数色の羊毛および自然な色を保持した無染色の羊毛を販売しています。

147 What is NOT mentioned as a characteristic of wool produced at the farm?

(A) Color
(B) Length
(C) Texture
(D) Strength

農場で生産されている羊毛の特徴として述べられていないものは何ですか。

(A) 色
(B) 長さ
(C) 質感
(D) 強度

| 正解 D | (A)については、❶2行目にwhite、同3行目にgrayとある。(B)については、同2行目にshort、同3行目にlongとある。(C)については、同2行目にvery soft、同3行目にcoarseとある。羊毛の強度に関する言及はないので、(D)が | 正解。produce「〜を生産する」。
(A) ❷2〜4行目でも、染色した羊毛と無染色の羊毛のどちらも販売していると色に関する特徴が述べられている。 |

---

148 What is stated about the yarn sold by Lanolin Farm?

(A) It is collected every two years.
(B) It is prepared at a different farm.
(C) It can be used to make various products.
(D) It can be purchased only through mail order.

Lanolin農場で販売されている糸について何が明記されていますか。

(A) 2年ごとに集められる。
(B) 別の農場で用意される。
(C) さまざまな製品を作るのに使用できる。
(D) 通信販売でのみ購入することができる。

| 正解 C | ❷2行目に、The yarn can be used to make sweaters, hats, or blankets.とある。よって、糸はさまざまな製品を作るのに使用できると分かるので、(C)が正解。various「さまざまな」。
(A) ❶3〜4行目に羊毛は1年に2回刈って集めるとあり、2年ごとに集められるとは述べられていない。 | (B) ❷1〜2行目に糸は現地で加工処理されるとある。現地とはLanolin農場を指すので、別の農場で用意されるわけではない。prepare「〜を準備する、〜を用意する」。
(D) ❷1〜2行目に糸はLanolin農場の店で購入できるとあるだけで、通信販売については述べられていない。mail order「通信販売」。 |

---

❶ home 生育地、原産地　breed （生物の）品種　(be) known for 〜　〜で知られて(いる)　unique 独自の characteristic 特徴　wool 羊毛　coarse きめの粗い　shear 〜(羊)の毛を刈る　❷ purchase 〜を購入する either A or B　AかBか　raw 加工されていない　material 材料　yarn 糸、毛糸　process 〜を加工処理する on-site 現地で、現場で　offer 〜を販売する　dye 〜を染める　A as well as B　Bだけでなく Aも undyed 染色されていない　retain 〜を保つ

Questions 149-150 refer to the following information.

Digital Tech Conference
May 15 and 16, 10:00 A.M.–5:00 P.M.
Exhibitor Information

❶ Each exhibitor at the Digital Tech Conference will be allowed one booth space measuring 3 meters by 4 meters that includes two tables, four chairs, and access to electrical outlets. Exhibitors are responsible for supplying all other materials they may need.

❷ Conference organizers will assign booth locations. The information will be e-mailed to exhibitors one week before the conference. A map of all exhibitors and their booth locations will be available on the conference Web site and at the conference itself.

❸ Exhibitors may begin setting up their booths at 8:00 A.M. on May 15. All materials should be removed from booths by 7:00 P.M. on May 16.

❹ During the conference, exhibitors must have at least one representative present at their booths at all times.

設問149-150は次の情報に関するものです。

デジタル技術会議
5月15日・16日、午前10時～午後5時
出展者情報

デジタル技術会議の各出展者は、テーブル2台と椅子4脚、コンセントの利用を含む3×4メートルの広さのブーススペースが1つ与えられます。出展者は、必要となり得る他の全ての資材の用意について責任を負うものとします。

会議主催者がブースの位置を割り当てます。その情報は会議の1週間前に出展者にEメールで送られます。全ての出展者およびそのブースの位置の地図は、会議のウェブサイトおよび会議場において入手できる予定です。

出展者は5月15日午前8時にブースの設置を開始できます。全ての資材は5月16日午後7時までにブースから撤去されているようにしてください。

会議の間、出展者は少なくとも1名の担当者が常時ブースにいるようにしなければなりません。

149 What will exhibitors receive in an e-mail?

    (A) Directions to the conference

    (B) An updated program

    (C) Booth location assignments

    (D) A map of the conference center

出展者はEメールで何を受け取りますか。

    (A) 会議への道順

    (B) 更新されたプログラム

    (C) ブースの位置の割り当て

    (D) 会議場の地図

| 正解 C | ❷1行目に、Conference organizers will assign booth locations.とあり、続く同1～2行目でThe information will be e-mailed to exhibitorsとある。このThe informationとは前文のbooth locationsを指すので、主催者が割り当てるブースの位置の情報が出展者にEメールで送られることが分かる。よって、この内容をassignment「割り当て」を用いて表した(C)が正解。 | (A) 会議へのdirections「道順、行き方」については言及されていない。
(B) 更新されたプログラムへの言及はない。updated「更新された」。
(D) ❷2～4行目に、「全ての出展者およびそのブースの位置の地図は、会議のウェブサイトおよび会議場において入手できる予定だ」とあるが、Eメールで送られるとは書かれていない。 |

---

150 What are exhibitors required to do?

    (A) Maintain a presence in their booths throughout the conference

    (B) Finish setting up their booths by 8:00 A.M. on May 15

    (C) Bring their own chairs and tables to the conference

    (D) Send an e-mail to conference organizers one week before the conference

出展者は何をするように求められていますか。

    (A) 会議の間ずっとブースに誰かがいるようにする

    (B) 5月15日午前8時までにブースの設置を終わらせる

    (C) 自分たちの椅子とテーブルを会議に持参する

    (D) 会議の1週間前にEメールを会議主催者に送る

| 正解 A | ❹に、During the conference, exhibitors must have at least one representative present at their booths at all times.とある。よって、この内容をmaintain a presence「存在を維持する」、throughout the conference「会議の間ずっと」を用いて表している(A)が正解。be required to do「～するよう求められている」。throughout「～の間中」。
(B) ❸1行目より、5月15日午前8時はブース設置の終了時刻で | はなく開始可能時刻と分かる。
(C) ❶1～3行目より、椅子とテーブルは会議主催者側から提供されると分かる。
(D) ❷1～2行目に、会議主催者が割り当てたブースの位置に関して出展者にEメールを送るとあるが、出展者が会議主催者にEメールを送るといった記載はない。 |

---

tech 科学技術 ★technologyの略   conference 会議   exhibitor 出展者   ❶ allow ～ … ～に…を与える
measure ～ ～の大きさ・長さがある   *A* by *B* （縦・横・高さなどの長さが）*A*×*B*の   access to ～ ～を利用する権利
electrical 電気の   outlet コンセント   be responsible for ～ ～に対して責任がある
supply ～を補充する、～（必要）を満たす   material 資材   ❷ organizer 主催者   assign ～を割り当てる
location 位置   available 利用できる、入手可能な   ❸ set up ～ ～を設置する   remove ～ from … ～を…から撤去する
❹ at least 少なくとも   representative 担当者   present 出席して、居合わせて   at all times 常に、いかなる時でも

Questions 151-152 refer to the following text-message chain.

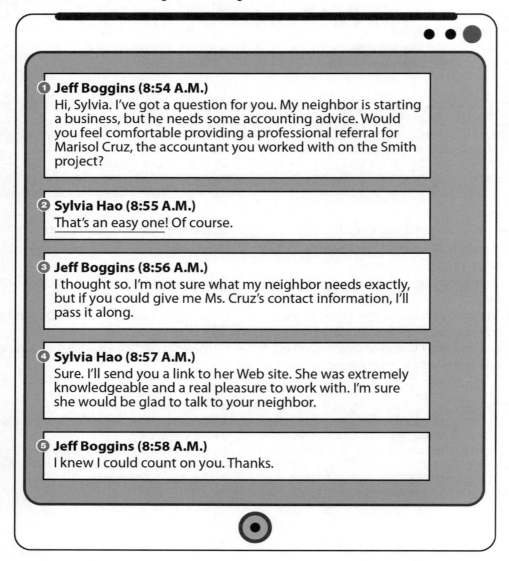

① Jeff Boggins (8:54 A.M.)
Hi, Sylvia. I've got a question for you. My neighbor is starting a business, but he needs some accounting advice. Would you feel comfortable providing a professional referral for Marisol Cruz, the accountant you worked with on the Smith project?

② Sylvia Hao (8:55 A.M.)
That's an easy one! Of course.

③ Jeff Boggins (8:56 A.M.)
I thought so. I'm not sure what my neighbor needs exactly, but if you could give me Ms. Cruz's contact information, I'll pass it along.

④ Sylvia Hao (8:57 A.M.)
Sure. I'll send you a link to her Web site. She was extremely knowledgeable and a real pleasure to work with. I'm sure she would be glad to talk to your neighbor.

⑤ Jeff Boggins (8:58 A.M.)
I knew I could count on you. Thanks.

設問151-152は次のテキストメッセージのやりとりに関するものです。

Jeff Boggins（午前8時54分）
こんにちは、Sylviaさん。質問があります。私の隣人が事業を始めようとしているのですが、会計に関してアドバイスを必要としています。あなたがSmithプロジェクトで一緒に仕事をなさった会計士のMarisol Cruzを専門家として紹介していただいても構いませんか。

Sylvia Hao（午前8時55分）
それはたやすいことです！もちろん。

Jeff Boggins（午前8時56分）
そうだと思いました。私の隣人が何を必要としているのか正確には分からないのですが、Cruzさんの連絡先情報を教えてくだされば、私からそれを伝えます。

Sylvia Hao（午前8時57分）
分かりました。彼女のウェブサイトのリンクをお送りします。彼女は非常に知識豊富で、一緒に仕事をするのが本当に楽しかったです。彼女はきっと、喜んであなたの隣人と話をしてくれるでしょう。

Jeff Boggins（午前8時58分）
あなたが頼りになると分かっていました。ありがとう。

151 Why did Mr. Boggins send a message to Ms. Hao?

(A) To ask whether she would recommend an accountant

(B) To highlight changes to a budget she prepared

(C) To give her his neighbor's contact information

(D) To provide her with feedback on a job candidate

BogginsさんはなぜHaoさんにメッセージを送りましたか。

(A) 彼女が会計士を推薦してくれるかどうか尋ねるため

(B) 彼女が準備した予算に対する変更を強調するため

(C) 彼女に自分の隣人の連絡先情報を教えるため

(D) 彼女に仕事の応募者についての意見を伝えるため

| 正解 A | Bogginsさんは❶で、「あなたに質問がある」と前置きしてから、事業を始める隣人が会計に関するアドバイスを必要としていると伝えている。続けて、Would you feel comfortable providing a professional referral for Marisol Cruz, the accountantとHaoさんに尋ねている。つまり、BogginsさんはHaoさんが会計士を推薦してくれるかどうか尋ねるためにメッセージを送ったと考えられるので、(A)が正解。recommend「～を推薦する、～を勧める」。 | (B) 予算についての言及はない。highlight「～を強調する」、budget「予算」。
(C) Bogginsさんは❸で、Cruzさんの連絡先情報を教えてくれれば、自分がそれを隣人に伝えると述べている。Bogginsさんが隣人の連絡先情報をHaoさんに教えるといった発言はない。
(D) 仕事の応募者については会話に上っていない。provide ～ with …「～に…を与える」、feedback「意見、感想」、candidate「候補者」。 |

---

152 At 8:55 A.M., what does Ms. Hao most likely mean when she writes, "<u>That's an easy one</u>"?

(A) She is free to meet with Mr. Boggins.

(B) She completed the Smith project quickly.

(C) She thinks Ms. Cruz would provide good advice.

(D) She believes that starting a business is a sensible decision.

午前8時55分に、"That's an easy one"という発言で、Haoさんは何を意図していると考えられますか。

(A) 彼女はBogginsさんと会う時間がある。

(B) 彼女はSmithプロジェクトを迅速に完了させた。

(C) 彼女はCruzさんが良いアドバイスをくれるだろうと思っている。

(D) 彼女は事業を始めることは賢明な決断だと思っている。

| 正解 C | Bogginsさんは❶で、事業を始める隣人が会計のアドバイスを必要としているため、Haoさんが一緒に仕事をしたことのある会計士Cruzさんを紹介してもらえるか尋ねている。❷のThat's an easy oneというHaoさんの発言はそれへの応答で、「それはたやすいことだ」という意味。その後、Bogginsさんは❸で、「そうだと思った」と言い、Cruzさんの連絡先を教えてくれれば隣人に伝えると発言している。続けて、Haoさんは❹で、Cruzさんがきっと喜んでBogginsさんの隣人と話をするだろうと述べている。これらから、HaoさんがCruzさんを紹介することを引き受ける午前8時55分の発言では、CruzさんがBogginsさんの隣人に良いアドバイスを与える | だろうと思っていると判断できるので、(C)が正解。
(A) このSheはHaoさんを指す。隣人のために会計士を紹介してくれるかというBogginsさんからの依頼に対して、HaoさんがBogginsさんに会えるという返答はかみ合わない。
(B) ❶に、HaoさんがかつてSmithプロジェクトでCruzさんと仕事をしたとあるが、Bogginsさんはこれからのことを依頼しているので、Haoさんの返答が過去のことを指していると捉えるのは不自然。
(D) ❶に、Bogginsさんの隣人が事業を始めようとしているとあるが、Haoさんは、事業を始めることがたやすいと言っているわけではなく、それが賢明だとも述べていない。sensible「賢明な」。 |

chain 一続き ❶ I've got = I have got = I have   neighbor 隣人   accounting 会計、経理   comfortable 快適な referral 紹介、照会   accountant 会計士 ❸ exactly 正確に   contact information 連絡先情報 pass along ～ ～を渡す ❹ extremely 極度に、非常に   knowledgeable 知識豊富な   pleasure 喜び (を与えるもの) be glad to *do* 喜んで～する ❺ count on ～ ～を頼りにする

Questions 153-154 refer to the following form.

Name: Emma Megat

Address: 4 Exeter Road, #06-01, Singapore 182054

Phone Number: +65 5557 0374

Application Date: 5 January

Available Start Date: 10 February

Company: Nicoletta Skincare

Desired Position: Manager, Visual Merchandising

Hours: _X_ Full-time ___ Days   Available weekends?
___ Part-time _X_ Evenings   _X_ Yes ___ No

Please list any relevant educational or professional experience you have.

– Bachelor's degree in visual arts, specialisation in interior design, Freiburg Design College, Freiburg, Germany

– Nanala Fashion Boutique, London, UK, sales associate, 1 year

– Deep Spa and Fitness, Singapore, front desk associate, 8 months

設問 153-154 は次の用紙に関するものです。

氏名： Emma Megat
住所： エクセター通り4番地、ユニット06-01、シンガポール　182054
電話番号： +65 5557 0374
応募日： 1月5日
開始可能日： 2月10日

会社： Nicoletta スキンケア社
希望職種： 責任者、商品装飾展示
時間： ＿X＿ フルタイム ＿＿ 日中　週末の勤務は可能ですか？
＿＿ パートタイム ＿X＿ 夜間　＿X＿ はい ＿＿ いいえ

関連のある学歴や職歴を列挙してください。
——視覚芸術の学士号、専門は室内装飾、フライブルク・デザイン大学、フライブルク、ドイツ
——Nanala ファッション・ブティック、ロンドン、英国、販売員、1年
——Deep スパ・アンド・フィットネス、シンガポール、フロントデスク係、8カ月

153 Where is Ms. Megat applying to work?

 (A) At Nicoletta Skincare
 (B) At Freiburg Design College
 (C) At Nanala Fashion Boutique
 (D) At Deep Spa and Fitness

Megatさんはどこで働くために応募していますか。

 (A) Nicolettaスキンケア社
 (B) フライブルク・デザイン大学
 (C) Nanalaファッション・ブティック
 (D) Deepスパ・アンド・フィットネス

正解 A	❶の「氏名」欄より、Megatさんとは用紙に記入した人物と分かる。同4〜5行目に、「応募日」、「開始可能日」という欄がある。また、❷の「会社」欄の後に「希望職種」と「時間」が続いていることから、これは求人への応募用紙だと分かる。	❷の「会社」欄には、Nicolettaスキンケア社と記入されているので、(A)が正解。apply「応募する」。 (B) (C) (D) ❸より、学歴・職歴として記入されたものであり、応募先ではない。

---

154 What can be concluded about Ms. Megat?

 (A) She is interested in part-time employment.
 (B) She prefers to work during the day.
 (C) She has previous work experience as a manager.
 (D) She has already held a job in Singapore.

Megatさんについて何が判断できますか。

 (A) パートタイム勤務に興味がある。
 (B) 日中に働くことをより好む。
 (C) 責任者としての職歴がある。
 (D) すでにシンガポールで仕事を持ったことがある。

正解 D	❸に、Megatさんの学歴と職歴が書かれている。最終行に、「Deepスパ・アンド・フィットネス、シンガポール、フロントデスク係、8カ月」とあるので、すでにシンガポールで仕事をした経験があると判断できる。よって、(D)が正解。 (A) ❷の「時間」欄より、Megatさんはパートタイムではなくフルタイム勤務を希望していることが分かる。employment「仕事、	勤務」。 (B) ❷の「時間」欄より、Megatさんは日勤ではなく夜勤を希望していることが分かる。prefer to do「〜することをより好む」。 (C) ❷の「希望職種」欄より、Megatさんが責任者の職を希望していることは分かるが、❸に責任者としての職歴は書かれていない。previous「以前の」。

❶ application　応募　　available　対応できる、都合がつく　　❷ desire　〜を強く望む　　position　職
manager　責任者、店長　　visual merchandising　ビジュアル・マーチャンダイジング、商品装飾展示　★店頭ディスプレーなど、
商品の視覚的印象を重視する販売方法。merchandiseは「〜を売買する、〜の販売を促進する」という意味の動詞
❸ list　〜を列挙する　　relevant　関連した　　educational　教育の　　bachelor's degree　学士号
visual arts　視覚芸術　★絵画・彫刻などの造形美術を指す　　specialisation　専門　★米国表記はspecialization
sales associate　販売員

Questions 155-157 refer to the following article.

Eurotrade Textile Magazine

❶ AMSTERDAM (5 May)—Yesterday, the nonprofit organization Sustainable Textile Partnership, based in the Netherlands, <u>released</u> a report concerning the Turkish garment trade. It concludes that the Turkish garment industry could cut its annual spending by 18 percent by recycling cotton waste from its factories and fabric mills. The report was partially funded by the government of Turkey.

❷ The Turkish garment industry imports thousands of metric tonnes of cotton a year. But it also throws away a mountain of cotton waste left over from sewn items. At present, some of this waste, including discarded fibres and leftover yarn, is used as filling for mattresses, but most of it is burned as rubbish. Recycling more of the scraps could reduce cotton imports and save substantial amounts of money, according to the partnership's report.

❸ Onur Arslan, president of the Garment Manufacturers Association of Turkey, said, "Industry leaders are keenly interested in understanding the impacts of recycling."

設問155-157は次の記事に関するものです。

Eurotrade織物雑誌

アムステルダム（5月5日）──昨日、オランダを本拠とする非営利団体である持続可能織物組合は、トルコの衣料品業に関する報告書を公表した。同報告書は、トルコの衣料品産業は工場や織物加工所から出る綿くずを再生利用することによって年間支出を18パーセント削減できるだろうと結論付けている。この報告書はトルコ政府から一部資金提供を受けた。

トルコの衣料品産業は年間何千メートルトンもの綿を輸入している。しかし、縫製品から余った大量の綿くずを処分してもいる。現在、廃棄された繊維や余った糸を含むこの廃棄物の一部はマットレスの詰め物として使われているが、大部分はごみとして焼却されている。組合の報告書によると、廃棄物のより多くを再生利用することで、綿の輸入を削減してかなりの金額を節約できる可能性があるという。

トルコ衣料品製造業者協会の会長Onur Arslanは、「業界の指導者たちは再生利用の効果を把握することに強い関心がある」と述べた。

155 The word "<u>released</u>" in paragraph 1, line 3, is closest in meaning to

(A) freed from
(B) made available
(C) abandoned
(D) fired

第1段落・3行目にある "released" に最も意味が近いのは

(A) ～から解放された
(B) ～を利用可能にした
(C) ～を捨てた
(D) ～を解雇した

| 正解 B | ❶ 1～4 行目の該当の語を含む文は、「昨日、オランダを本拠とする非営利団体である持続可能織物組合は、トルコの衣料品業に関する報告書-------」という意味。続く同5～8 行目で、その報告書はトルコの衣料品産業が綿くずの再生利用で年間支出を 18 パーセント削減できるだろうと結論付けた、 | と報告書の内容が述べられている。よって、持続可能織物組合が報告書を公表し、閲覧可能にしたと考えられるので、(B)が正解。(A) (C) (D) release には「～を解放する、～（権利など）を放棄する、～を解雇する」という意味もあるが、ここではいずれも文脈に合わない。 |

---

156 Who provided financial support for the Sustainable Textile Partnership report?

(A) A government
(B) An association
(C) A clothing manufacturer
(D) A recycling company

誰が持続可能織物組合の報告書に対して財政支援を行いましたか。

(A) 政府
(B) 協会
(C) 衣料品製造業者
(D) リサイクル会社

| 正解 A | ❶ 8～9 行目に、The report was partially funded by the government of Turkey. とある。同 1～4 行目に、持続可能織物組合がトルコの衣料品業に関する報告書を公 | 表したと述べられているので、The report とは、持続可能織物組合の報告書のこと。よって、(A)が正解。financial support「財政支援」。 |

---

157 According to the article, what is done in Turkey with some cotton waste materials?

(A) They are made into low-quality cloth.
(B) They are used as mattress stuffing.
(C) They are recycled efficiently.
(D) They are donated to charitable organizations.

記事によると、トルコでは綿くずで何が行われていますか。

(A) 低品質の布に作り変えられている。
(B) マットレスの詰め物として使われている。
(C) 効率的に再生利用されている。
(D) 慈善団体に寄付されている。

| 正解 B | トルコの衣料品産業について、❷ 3～4 行目で、縫製品から余った大量の綿くずが処分されていることが述べられており、同 4～7 行目に At present, some of this waste, including discarded fibres and leftover yarn, is used as filling for mattresses とある。this waste は前文で言及されている cotton waste を指すので、filling を stuffing「詰め物」と言い換えて表した(B)が正解。 | (C) ❷ 4～7 行目で廃棄物の一部が詰め物として使われることには言及されているが、大部分はごみとして焼却されているとある。また、続く 8～11 行目に、より多くの廃棄物を再生利用した場合に生じ得る利点が書かれている。よって、現時点で効率的な再生利用が行われているとは言い難い。efficiently「効率的に」。(D) donate「～を寄付する」、charitable organization「慈善団体」。 |

---

textile　織物　❶ nonprofit　非営利の　sustainable　持続可能な　partnership　組合
(be) based in ～　～を本拠として(いる)　the Netherlands　オランダ　release　～を公表する　concerning　～に関して
Turkish　トルコの　garment　衣服、衣料品　trade　～業　conclude that ～　～と結論付ける　annual　1年間の
spending　消費、支出　waste　廃棄物、ごみ　fabric　布地、織物　mill　製造・加工所、工場　partially　部分的に
fund　～に資金提供する　❷ thousands of ～　何千もの～
metric tonne　メートルトン　★重量の単位で1メートルトンは1000キログラム。metric ton とも表記する
throw away ～　～を処分する　left over　残された、余った　sewn　sew「～を縫う」の過去分詞　at present　現在、現時点で
including　～を含めて　discard　～を廃棄する　fibre　繊維　★米国表記は fiber　leftover　残り物の　yarn　糸
filling　詰め物　rubbish　ごみ　scrap　廃棄物　reduce　～を削減する　substantial　かなりの、相当な
amount　量、総額　❸ manufacturer　製造業者、メーカー　association　協会　keenly　熱烈に、激しく
impact　影響(力)、効果

Questions 158-160 refer to the following notice.

Calling all amateur photographers!

❶ Would you like to see your work featured in our magazine? Do you want to make an important statement about the environment? — [1] —.

❷ *Nurturing Nature* magazine is holding a photography contest for our subscribers. All nonprofessional photographers are invited to submit up to five pictures illustrating their observations of the natural world. Photographs may be related to any of the following categories: the beauty of nature; people interacting with the natural world; and conservation activities. — [2] —. Submissions will be judged by the editors of *Nurturing Nature*, and all decisions are final. The top ten photographs will be featured in the May issue of the magazine. — [3] —.

❸ Submissions are due by December 15. — [4] —. Additional information can be found on our Web site at www.nurturingnature.org/photo_contest.

設問 158-160 は次のお知らせに関するものです。

アマチュア写真家の皆さんへ！

ご自分の作品が当誌に取り上げられるのを見たいですか？ 環境について重要な表明をしたいですか？

『自然を育む』誌は定期購読者のための写真コンテストを開催いたします。アマチュア写真家の皆さんは、ご自身による自然界の観察を示している写真を最大 5 点まで、ぜひご出品ください。写真は次の分野のいずれかに関連するものとなります。自然の美しさ、自然界と交流する人々、自然保護活動です。応募作品は『自然を育む』の編集者によって審査され、決定は全て最終となります。上位 10 点の写真は当誌の 5 月号に取り上げられる予定です。*さらに、優勝した写真は当誌の表紙を飾る予定です。

応募は 12 月 15 日が期限です。さらなる情報は当誌ウェブサイト、www.nurturingnature.org/photo_contest で見ることができます。

*設問 160 の挿入文の訳

158 For whom is the notice most likely intended?

    (A) Contest judges
    (B) Freelance writers
    (C) Magazine subscribers
    (D) Professional illustrators

お知らせは誰を対象者としていると考えられますか。

    (A) コンテストの審査員
    (B) フリーランスの作家
    (C) 雑誌の定期購読者
    (D) プロのイラストレーター

正解 C 見出しより、このお知らせはアマチュア写真家に呼び掛けるものと考えられる。❷1行目に、*Nurturing Nature* magazine is holding a photography contest for our subscribers.とあることから、雑誌社が定期購読者を対象として写真コンテストを行うことを知らせていると分かる。よって、(C)が正解。

(A) ❷5〜6行目に、応募された写真は雑誌社の編集者が審査するとあるのみ。
(B) 雑誌が募集を行っているが、作家を対象とはしていない。
(D) ❷2〜3行目にpictures illustrating 〜「〜を説明する写真」という表現はあるが、イラストやイラストレーターに関する言及はない。

---

159 What is NOT an acceptable subject for the contest photographs?

    (A) A flower garden in bloom
    (B) A child sitting in a classroom
    (C) A snowstorm in the mountains
    (D) A farmer planting grain in a field

コンテスト用の写真として受け入れられる被写体でないものは何ですか。

    (A) 満開の花畑
    (B) 教室で座っている子ども
    (C) 山の吹雪
    (D) 畑で穀物を植えている農業家

正解 B コンテスト用の写真については、❷2〜3行目に、pictures illustrating their observations of the natural worldとあり、同3〜5行目では写真の分野としてthe beauty of nature; people interacting with the natural world; and conservation activitiesと3つを挙げている。(A)と(C)はthe beauty of nature、(D)はpeople interacting with

the natural worldに関するものと考えられるが、(B)は3つのいずれにも合致しない。よって、(B)が正解。acceptable「受け入れられる」、subject「題材、被写体」。
(A) in bloom「満開の」。
(D) grain「穀物」。

---

160 In which of the positions marked [1], [2], [3], and [4] does the following sentence best belong?

"Moreover, the winning photograph will be shown on the magazine's cover."

    (A) [1]   (B) [2]   (C) [3]   (D) [4]

[1], [2]、[3]、[4]と記載された箇所のうち、次の文が入るのに最もふさわしいのはどれですか。

「さらに、優勝した写真は当誌の表紙を飾る予定です」

    (A) [1]   (B) [2]   (C) [3]   (D) [4]

正解 C 挿入文では、コンテストで優勝した写真が雑誌の表紙に載ることが述べられている。❷1〜5行目で、コンテストの趣旨や応募写真の分野について説明後、同5〜6行目で、審査について述べられ、続く同6〜7行目で「上位10点の写真は当誌の5月号に取り上げられる予定だ」とコンテスト入賞の

特典が述べられている。この直後の(C) [3]に、情報を追加するときに使われるmoreover「さらに」から始まる挿入文を入れると、入賞特典に加えて優勝した場合の特典を述べる形になり、自然な流れになる。

---

notice お知らせ   amateur アマチュアの、プロでない   ❶ feature 〜を目玉とする、〜を取り上げる
statement 声明、発言   the environment 自然環境   ❷ nurture 〜を育てる   subscriber 定期購読者
nonprofessional 素人の、本職でない   invite 〜 to do 〜に…するように勧める   up to 〜 最大〜まで
illustrate 〜を説明する   observations 観察(による知識・結果)   be related to 〜 〜と関係がある
interact with 〜 〜と交流する   conservation 自然保護   submission 提出(物)   judge 〜を審査する
editor 編集者   decision 決定   issue (雑誌などの)号   ❸ due (提出物などが)期限が来て
additional 追加の、さらなる

Questions 161-163 refer to the following e-mail.

```
┌─────────────────────────────────────────────────────────────────┐
│                            *E-mail*                                │
├─────────────────────────────────────────────────────────────────┤
│  To:       │ All Employees                                        │
│  From:     │ Ben Nonaka                                           │
│  Date:     │ March 22                                             │
│  Subject:  │ Important information about time-tracking software   │
├─────────────────────────────────────────────────────────────────┤
│  Hello, everyone,                                                  │
│                                                                    │
│ ❶ Please note that we will soon be retiring the Kronos time-tracking│
│  software, as it has become too expensive for us to support two    │
│  time-tracking programs. Based on the usage data we collected from │
│  the survey you completed last week, we have decided to continue   │
│  using only the software the employees like better. Using only the │
│  Workmine time-tracking software will allow us to provide better   │
│  technical support and to maintain consistency in our records      │
│  across the company.                                               │
│                                                                    │
│ ❷ From April 4 to April 21, my department will offer training      │
│  sessions on migrating records to the Workmine application.        │
│  Kronos users should take advantage of this training, since they   │
│  will not be able to access the Kronos program after April 25.     │
│  Starting on May 1, we will offer more-advanced Workmine training, │
│  including sessions on creating reports and troubleshooting.       │
│  Please do not hesitate to contact me if you have questions or     │
│  concerns about this transition.                                   │
│                                                                    │
│  Sincerely,                                                        │
│                                                                    │
│  Ben Nonaka                                                        │
│  Director, Information Technology                                  │
└─────────────────────────────────────────────────────────────────┘
```

設問 161-163 は次の E メールに関するものです。

受信者：従業員各位
送信者：Ben Nonaka
日付：3月22日
件名：時間追跡ソフトウエアに関する重要な情報

皆さん、お疲れさまです。

当社は間もなく Kronos 時間追跡ソフトウエアの使用をやめるということにご留意ください。2つの時間追跡プログラムを維持することがあまりにも高額になってきたためです。先週皆さんにご記入いただいたアンケートから集めた利用状況データに基づき、従業員がより好んでいる方のソフトウエアのみ使用を継続することに決めました。Workmine 時間追跡ソフトウエアのみを使うことで、私たちはより良い技術サポートを提供し、会社全体で記録の一貫性を維持することができるようになるでしょう。

4月4日から4月21日まで、当部門では Workmine アプリケーションに記録を移行する研修会を実施します。4月25日を過ぎると Kronos のプログラムにアクセスできなくなるので、Kronos の利用者はこの研修をぜひご利用ください。5月1日から、報告書の作成やトラブルシューティングに関する会を含む、より高度な Workmine 研修を実施する予定です。この移行に関してご質問やご心配があれば、遠慮なく私までご連絡ください。

よろしくお願いします。

Ben Nonaka
IT 部門責任者

161

According to the e-mail, why did the company choose Workmine over Kronos?

(A) Workmine is less expensive.
(B) Workmine uses new technology.
(C) Workmine produces clearer records.
(D) Workmine is preferred by employees.

Eメールによると、会社はなぜKronosよりもWorkmineの方を選びましたか。

(A) Workmineの方が安価である。
(B) Workmineは新しい技術を使用している。
(C) Workmineの方が明確な記録を作成する。
(D) Workmineの方が従業員に好まれている。

正解 D このEメールは全従業員に宛てたもの。❶1〜2行目、4〜6行目に、金銭的な理由から会社がKronos時間追跡ソフトウエアの使用をやめ、Workmine時間追跡ソフトウエアに一本化するという説明が書かれている。Workmineを選択した理由として、同3〜4行目にwe have decided to continue using only the software the employees like betterと述べられている。よって、like betterをpreferを用いて表した(D)が正解。choose A over B「BよりもAの方を選ぶ」。
(A) ❶1〜2行目に、2つのプログラムを維持するのがあまりに高額になってきたとあるが、Workmineの方が安いという記述はない。
(B) ❶4〜6行目に、Workmineのみを使うことでより良い技術サポートを提供できるとあるが、Workmineが新しい技術を使用しているという記述はない。
(C) ❶4〜6行目に、Workmineのみを使うことで会社全体で記録の一貫性を維持できるようになるとあるが、Workmineの方が明確な記録を作成するという記述はない。

162

What will be taught in the April training sessions?

(A) How to move data from one software program to another
(B) How to create advanced time-tracking reports
(C) How to collect data from employee surveys
(D) How to diagnose problems when using a software program

4月の研修会では何が教えられますか。

(A) 1つのソフトウエア・プログラムから別のものにデータを移す方法
(B) 高度な時間追跡報告書を作成する方法
(C) 従業員のアンケートからデータを収集する方法
(D) ソフトウエア・プログラムを使用しているときに起こる問題を診断する方法

正解 A 4月の研修会については、❷1〜2行目に、From April 4 to April 21, my department will offer training sessions on migrating records to the Workmine application.とある。同3行目にKronosのプログラムにアクセスできなくなるとあることから、この研修会はKronosのデータをWorkmineに移行する方法を教えるものと分かる。migrating recordsをmove dataと、KronosからWorkmineへをfrom one software program to anotherと表した(A)が正解。
(B) (D) ❷4〜5行目に、報告書の作成やトラブルシューティングを含むより高度な研修への言及があるが、それらは5月1日から実施すると述べられている。(D) diagnose「〜を診断する」。
(C) ❶2〜4行目に、従業員が記入したアンケートから集めたデータへの言及があるが、4月の研修会の内容ではない。

163

What is the first date when Kronos will no longer be available to employees?

(A) April 5
(B) April 22
(C) April 26
(D) May 2

従業員がKronosを利用できなくなる最初の日付はいつですか。

(A) 4月5日
(B) 4月22日
(C) 4月26日
(D) 5月2日

正解 C ❷3行目に、they will not be able to access the Kronos program after April 25とあり、このtheyは同2行目のKronos usersを指す。after April 25とあるので、4月25日まではKronosを利用でき、その日を過ぎると利用できなくなると分かる。よって、Kronosを利用できなくなる最初の日は、(C)の4月26日。no longer「もはや〜でない」。
(A) 4月の研修会開始日の翌日。
(B) 4月の研修会最終日の翌日。
(D) 5月の研修会開始日の翌日。

---

time-tracking 時間追跡の　❶ note that 〜　〜ということに留意する　retire　〜を引退させる、〜(機械など)の使用をやめる
based on 〜　〜に基づいて　usage 使用　survey アンケート、調査　complete 〜の全てに記入する
allow 〜 to do 〜が…することを可能にする　maintain 〜を維持する　consistency 一貫性
❷ training session 研修会　migrate 〜を移行する　take advantage of 〜 〜を利用する　advanced 高度な
create 〜を作成する　troubleshooting トラブルシューティング、トラブル解決　hesitate to do 〜するのをためらう
concern 心配事　transition 移行

Questions 164-167 refer to the following article.

Hravn Announces Tour

❶ LEEDS (17 May)—After a two-year break from touring, the Icelandic all-female band Hravn has announced an upcoming tour of the United Kingdom and Europe. — [1] —.

❷ The band's Mystery Palace tour will begin in Leeds in the famed Victoria Garden before moving on to more than a dozen scheduled stops. The announcement was eagerly awaited by Hravn's many English fans, as the beloved rock band has recorded and released two new studio albums since it last went on tour. — [2] —.

❸ The English rock band Wethersfield will be the opening act in the United Kingdom, but according to Dagur Arason, Hravn's tour manager, several other local rock music performers will open for the band at its European concerts. — [3] —.

❹ Mr. Arason also confirmed that the band will soon be adding shows in North America. "I am negotiating with several venues in the United States and Canada right now," he said.

❺ "I'm excited to get back on the road and connect with our fans in person," said lead guitarist Hallbera Lindarsdottir in a recent interview. "It will definitely be a show to remember!" — [4] —.

❻ Tour dates are available on the band's Web site at www.hravn.is. Tickets can be purchased beginning on 22 June.

設問 164-167は次の記事に関するものです。

Hravnがツアーを発表

リーズ（5月17日）—— 前回のツアーから2年の時を経て、アイスランドの女性バンドHravnは、このたびの英国およびヨーロッパでのツアーを発表した。

同バンドのミステリー・パレス・ツアーは、10カ所超の予定地に赴くのに先立って、リーズの有名なビクトリアガーデンでスタートする。この人気ロックバンドは、最後にツアーに出て以来2作の新しいスタジオアルバムを録音し発売しているため、この発表はイングランドの多くのHravnファンから強く待ち望まれていた。

イングランドのロックバンドWethersfieldが英国での前座公演者となるが、Hravnのツアー・マネジャーDagur Arasonによると、ヨーロッパのコンサートでは他の地元ロックミュージシャンたちがバンドの前座をする予定である。

Arason氏はまた、バンドが間もなく北アメリカでの公演を追加する予定であることを認めた。「今まさにアメリカとカナダの幾つかの会場と交渉中です」と彼は言った。

「ツアーに復帰して、直接ファンの方々とつながりを持てることに興奮しています」とリードギタリストのHallbera Lindarsdottirは最近のインタビューで語った。「これは間違いなく、忘れられない公演になるでしょう!」。 *彼女は、バンドが初めてライブで披露する新曲が多数あると述べた。

ツアー日程はバンドのウェブサイト、www.hravn.isで見ることができる。チケットは6月22日から購入可能だ。

*設問167の挿入文の訳

---

announce ～を公表する、～を発表する　❶ break 中断、休止　Icelandic アイスランド（人）の　all-female 全員女性の　upcoming 近日中の、今度の　❷ famed 有名な、名高い　dozen 12の、10余りの　eagerly 熱心に　await ～を待つ　beloved 最愛の、人気のある　❸ opening act 前座公演者　open for ～ ～の前座を務める　❹ confirm that ～ ～ということを確認する　negotiate 交渉する　venue 会場　❺ on the road （音楽家・劇団などが）巡業中で　connect with ～ ～とつながる　in person 直接自分で　definitely 絶対に

164 What is indicated in the article about the Victoria Garden?

(A) It is the studio where Hravn records its albums.
(B) It will be the first venue on Hravn's upcoming tour.
(C) It was once known as the Mystery Palace.
(D) It is the largest tour venue in the United Kingdom.

記事ではビクトリアガーデンについて何が示されていますか。

(A) Hravn がアルバムを録音するスタジオである。
(B) Hravn の今度のツアーの最初の会場となる。
(C) かつてミステリー・パレスとして知られていた。
(D) 英国で最大のツアー会場である。

正解 B ❶に、Hravn というバンドが英国とヨーロッパでツアーを開始するとある。続く❷ 1〜4行目から、10 カ所超の予定地を回るそのツアーは、リーズのビクトリアガーデンから始まると分かる。よって、(B)が正解。
(A) ❷ 6〜8行目に最後にツアーに出て以来2作の新しいスタジオ

アルバムを録音したとあるが、録音したスタジオへの言及はない。
(C) ❷ 1〜4行目より、ミステリー・パレスとは Hravn のツアーの名称と分かる。
(D) ビクトリアガーデンが英国で最も大きい会場であるという記述はない。

---

165 What can be concluded about Hravn?

(A) It plays traditional Icelandic folk music.
(B) It is not very popular in England.
(C) It made two albums during the last two years.
(D) It was formed two years ago in Leeds.

Hravn について何が判断できますか。

(A) 伝統的なアイスランドの民俗音楽を演奏する。
(B) イングランドであまり人気がない。
(C) 過去2年間に2作のアルバムを作った。
(D) リーズで2年前に結成された。

正解 C Hravn のツアー発表について述べている❶ 1〜2行目に、After a two-year break from touring とあるので、前回のツアーから2年たつことが分かる。また、❷ 6〜8行目から、このバンドが最後にツアーに出て以来、2作の新アルバムを録音し発売していると分かる。よって、Hravn はツアーを休止していた過

去2年間に2作のアルバムを作ったと判断できるので、(C)が正解。
(A) ❷ 6〜8行目より、Hravn はロックバンドと分かる。
(B) ❷ 4〜6行目より、イングランドには多くの Hravn ファンがいると分かる。
(D) Hravn の結成場所や結成時期については述べられていない。

---

166 What is most likely true about Mr. Arason?

(A) He plays guitar for Wethersfield.
(B) He lives in Canada.
(C) He is married to Ms. Lindarsdottir.
(D) He schedules concerts for Hravn.

Arason さんについて正しいと考えられることは何ですか。

(A) Wethersfield でギターを担当している。
(B) カナダに住んでいる。
(C) Lindarsdottir さんと結婚している。
(D) Hravn のコンサートの予定を立てている。

正解 D Arason さんとは、❸ 3〜4行目に Hravn's tour manager と紹介のある人物。彼による情報として❸ 4〜6行目で、ヨーロッパのコンサートでの前座の予定が言及されており、❹ 3〜4行目では、I am negotiating with several venues in the United States and Canada と述べ、彼自身が会場と交渉を行っていると分かる。よって、Arason さんは Hravn のコンサートの予定を立てている人物だと判断できるので、(D)が正解。

(A) ❸ 1〜2行目に、イングランドのロックバンド Wethersfield が Hravn の前座公演者となるとあるのみ。
(B) ❹ 3〜5行目に、Hravn のコンサートについて現在アメリカとカナダの会場と交渉中だとあるのみ。
(C) ❺ 2〜3行目より、Lindarsdottir さんは Hravn のリードギタリストだと分かるが、Arason さんと結婚しているといった記述はない。be married to 〜「〜と結婚している」。

---

167 In which of the positions marked [1], [2], [3], and [4] does the following sentence best belong?

"She noted that the band has many new songs to share live for the first time."

(A) [1]　　(B) [2]　　(C) [3]　　(D) [4]

[1]、[2]、[3]、[4]と記載された箇所のうち、次の文が入るのに最もふさわしいのはどれですか。

「彼女は、バンドが初めてライブで披露する新曲が多数あると述べた」

(A) [1]　　(B) [2]　　(C) [3]　　(D) [4]

正解 D 挿入文の主語 She に着目する。❺は、Hravn のリードギタリストである Lindarsdottir さんのインタビュー内容で、同 1〜2行目、4〜5行目で今度の公演に関する発言が引用されている。❶ 2〜3行目に Hravn は女性バンドとあるので、この人物は女性と分かる。(D) [4]に挿入文を入れると、主語 She が Lindarsdottir さんを指すことになり、公演に向けての発言に続けて、彼女がライブで披露する新曲があると述べた、という自然な流れになる。live「生で、ライブで」。

(A) ❶は、Hravn が英国とヨーロッパのツアーを発表したことを述べる内容で、主語 She とつながらない。
(B) ❷では、ツアーの発表を多くのファンが待っていたことが述べられている。直前の文で言及されている fans は複数形で主語 She とつながらず、ファンが発する内容としてもふさわしくない。
(C) ❸は、Hravn のツアー・マネジャーの Arason さんからの情報で、ヨーロッパでのコンサートの予定について書かれている。❹ 1行目に Mr. Arason とあり、主語 She とつながらない。

Questions 168-171 refer to the following text-message chain.

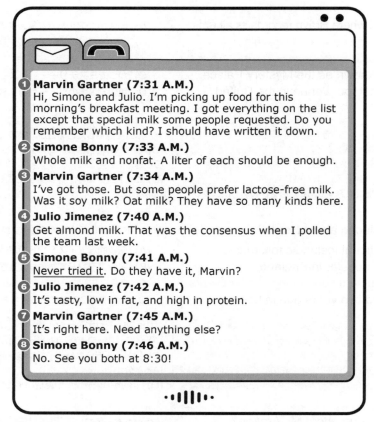

① **Marvin Gartner (7:31 A.M.)**
Hi, Simone and Julio. I'm picking up food for this morning's breakfast meeting. I got everything on the list except that special milk some people requested. Do you remember which kind? I should have written it down.

② **Simone Bonny (7:33 A.M.)**
Whole milk and nonfat. A liter of each should be enough.

③ **Marvin Gartner (7:34 A.M.)**
I've got those. But some people prefer lactose-free milk. Was it soy milk? Oat milk? They have so many kinds here.

④ **Julio Jimenez (7:40 A.M.)**
Get almond milk. That was the consensus when I polled the team last week.

⑤ **Simone Bonny (7:41 A.M.)**
Never tried it. Do they have it, Marvin?

⑥ **Julio Jimenez (7:42 A.M.)**
It's tasty, low in fat, and high in protein.

⑦ **Marvin Gartner (7:45 A.M.)**
It's right here. Need anything else?

⑧ **Simone Bonny (7:46 A.M.)**
No. See you both at 8:30!

設問168-171は次のテキストメッセージのやりとりに関するものです。

Marvin Gartner (午前7時31分)
Simone、Julio、おはようございます。今朝の朝食会議用の食べ物を買っているところです。リストにあるものは、何人かが頼んだ特別なミルク以外は全て入手しました。どの種類か覚えていますか。私が書き留めておくべきだったのですが。

Simone Bonny (午前7時33分)
全乳と無脂肪乳です。それぞれ1リットルで十分なはずです。

Marvin Gartner (午前7時34分)
それらは手に入れました。でも何人かが乳糖不使用ミルクの方がいいと言っていますよね。それは豆乳でしたか？それともオーツミルク？ここにはとてもたくさんの種類があるのです。

Julio Jimenez (午前7時40分)
アーモンドミルクを買ってください。それが、先週私がチームに聞いたときの一致した意見でした。

Simone Bonny (午前7時41分)
それは一度も試してみたことがありません。Marvin、その店にありますか。

Julio Jimenez (午前7時42分)
おいしいし、低脂肪で、高タンパク質です。

Marvin Gartner (午前7時45分)
ちょうどここにあります。他に何か必要ですか。

Simone Bonny (午前7時46分)
いいえ。お2人とも8時半にお会いしましょう！

---

❶ pick up ～ 　～を受け取る、～を買う　　except 　～を除いて、～以外は　　write down ～ 　～を書き留める
❷ whole milk 　全乳　　nonfat 　無脂肪の　　liter 　リットル　　❸ lactose-free 　乳糖不使用の　　soy milk 　豆乳
oat milk 　オーツミルク　　❹ almond milk 　アーモンドミルク　　consensus 　一致した意見、総意
poll 　～に世論調査をする、～に聞き取り調査をする　　❻ protein 　タンパク質

168 Why does Mr. Gartner begin the text-message chain?

   (A) Because he wants to share some nutritional information

   (B) Because he needs to know how many people will attend an event

   (C) Because he might be late for a breakfast meeting

   (D) Because he forgot to add an item to a list

Gartnerさんはなぜテキストメッセージのやりとりを始めていますか。

   (A) 栄養成分の情報を共有したいから

   (B) イベントに何人が参加する予定かを知る必要があるから

   (C) 朝食会議に遅れるかもしれないから

   (D) リストに1品目追加するのを忘れたから

正解 D 食べ物を買っているところだと言うGartnerさんは、❶で、リストにあるものは、特別なミルク以外は全て手に入れたと述べた後、それがどんな種類か覚えているかと尋ね、書き留めておくべきだったと後悔の言葉を続けている。頼ま｜れた特別なミルクの種類をリストに追加し忘れ、それを尋ねるためにやりとりを始めたと判断できるので、(D)が正解。
(A) アーモンドミルクの栄養について発言しているのはJimenezさん。nutritional information「栄養成分の情報」。

---

169 Where most likely is Mr. Gartner?

   (A) At a restaurant

   (B) At a dairy farm

   (C) In a grocery store

   (D) In a meeting room

Gartnerさんはどこにいると考えられますか。

   (A) レストラン

   (B) 酪農場

   (C) 食料雑貨店

   (D) 会議室

正解 C Gartnerさんは❶で「朝食会議用の食べ物を買っているところだ」と述べているので、食品を販売している場所にいると考えられる。また、リストに書き忘れたミルクの種類を尋ねるGartnerさんは❸で、They have so many kinds here.と述べ、❺でのアーモンドミルクはその店にあるかとの問｜い掛けには❼で、It's right here.と答えている。Gartnerさんはミルク類が並んでいる場所にいると分かるので、これらのThey、hereは食料雑貨店を指すと判断できる。よって、(C)が正解。
(B) さまざまな種類のミルクが話題に上っているが、会議用の食べ物を買いに行く場所として適切ではない。

---

170 What can be concluded about Mr. Jimenez?

   (A) He brought milk to the last team meeting.

   (B) He needs more time to finalize a presentation.

   (C) He asked coworkers about their milk preferences.

   (D) He is a professional nutritionist.

Jimenezさんについて何が判断できますか。

   (A) 前回のチーム会議にミルクを持ってきた。

   (B) プレゼンを仕上げるのにもっと時間が必要である。

   (C) 同僚にミルクの好みについて尋ねた。

   (D) プロの栄養士である。

正解 C 乳糖不使用ミルクの方を好む人にはどの種類のミルクを買えばよいかというGartnerさんからの問い掛けに対し、Jimenezさんは❹でアーモンドミルクを買うよう伝え、「それが、先週私がチームに聞いたときの一致した意見だった」と発言している。よって、Jimenezさんは先週チームの同僚にミルクの好みを尋ねたと判断できるので、(C)が正解。coworker「同｜僚」、preference「好み」。
(A) Jimenezさんがチーム会議にミルクを持って行ったとは述べられていない。
(D) Jimenezさんは❻で、アーモンドミルクの栄養に言及しているが、彼がプロのnutritionist「栄養士」であるという情報はない。

---

171 At 7:41 A.M., what does Ms. Bonny imply when she writes, "Never tried it"?

   (A) She drinks only nonfat milk.

   (B) She is on a lactose-free diet.

   (C) She does not think she would enjoy soy milk or oat milk.

   (D) She does not know what almond milk tastes like.

午前7時41分に、"Never tried it"という発言で、Bonnyさんは何を示唆していますか。

   (A) 彼女は無脂肪乳しか飲まない。

   (B) 彼女は乳糖不使用の食事を取っている。

   (C) 彼女は豆乳やオーツミルクをおいしく感じないだろうと思っている。

   (D) 彼女はアーモンドミルクがどのような味か知らない。

正解 D Jimenezさんが❹で、Gartnerさんにアーモンドミルクを買うよう伝えているのに対し、Bonnyさんはその直後の午前7時41分に❺で、Never tried it.と発言している。このitは直前の発言にあるalmond milkを指し、Bonnyさ｜んの発言はアーモンドミルクがどのような味か知らないことを表していると考えられる。よって(D)が正解。
(B) ❸で乳糖不使用ミルクについて言及があるが、Bonnyさんが乳糖を避ける食事をしているといった発言はない。

Questions 172-175 refer to the following advertisement.

Copytrue Parts Service

1 If using classic older machinery in your manufacturing process is an integral part of your product's style and market identity, you know how frustrating it can be to try to find parts for equipment that has been in service for 50, 100, or 200 years or more. Don't let a broken part stop your production line and cut into your profits! Call Copytrue Parts Service. We are based in northern Massachusetts, with clients throughout Connecticut, New York, and Pennsylvania.

2 **What we do**
- We can use a broken part as a pattern and create a like-new intact replacement.
- Our machinists are avid experts in out-of-production and antique industrial equipment. They offer consulting services that will help you anticipate common breakages and get the parts you need before trouble starts.
- Our team can assess your company's maintenance routines and suggest improvements that will make old machinery last longer and function more efficiently.

3 **We have worked on…**
- metal presses and forges
- grain mills, waterwheels, and windmills
- industrial looms
- equipment made in England, Scotland, Ireland, France, Germany, Sweden, the United States, and other countries

4 Visit http://www.copytruepartsservice.com or call our main office at 978-555-0188 today!

設問172-175は次の広告に関するものです。

Copytrue部品サービス社

もし貴社における製造工程で、昔ながらの古めの機械を使うことが製品スタイルや市場での独自性に不可欠であるならば、50年、100年、200年、あるいはそれ以上の期間使用されてきた機器の部品を見つけようとするのがどれほどいらいらさせられかねないことかお分かりでしょう。壊れた部品のせいで貴社の生産ラインが止まって、利益が減るなどということがないようにしてください！ Copytrue部品サービス社にお電話ください。当社はマサチューセッツ州北部に拠点を置き、コネチカット州、ニューヨーク州、ペンシルベニア州の至る所にお客さまがいます。

当社の業務内容
・当社は壊れた部品を型として用い、新品同様の完全な代替品を作ることができます。
・当社の機械修理工は、生産中止になっている年代物の工業機器の熱心な専門家です。彼らは、トラブルが起こる前によく起こる破損を予測して必要な部品を入手するのを助ける相談サービスを提供しています。
・当社のチームは貴社の保守管理の手順を査定し、古い機械がより長持ちしてより効率的に機能するような改善策を提案することができます。

当社が取り扱ってきたもの
・金属プレスと加熱炉
・製粉機、水車、風車
・業務用織機
・イングランド、スコットランド、アイルランド、フランス、ドイツ、スウェーデン、アメリカ、その他の国々で作られた機器

今すぐ、http://www.copytruepartsservice.comにアクセス、または当社の本社に978-555-0188までお電話ください！

172 Who are most likely to be clients of Copytrue Parts Service?

(A) Antiques collectors
(B) Factory owners
(C) Race car teams
(D) Aircraft designers

Copytrue部品サービス社の顧客になるのは誰だと考えられますか。

(A) 骨董品収集家
(B) 工場主
(C) レースカーのチーム
(D) 航空機設計者

正解 B この広告では、❶1〜2行目で、製造工程で古い機械を使用している事業者に呼び掛けており、続く同4行目で、「壊れた部品のせいで貴社の生産ラインが止まって、利益が減るなどということがないようにしてください」と訴えている。Copytrue部品サービス社の業務内容を示す❷の2つ目の項目に、部品の破損の予測や必要な部品の入手を助ける相談サービスを提供しているとあり、同3つ目の項目に、「貴社の保守管理の手順を査定し、古い機械がより長持ちしてより効率的に機能するような改善策を提案できる」とある。これらから、Copytrue部品サービス社の潜在顧客は工場主だと判断できるので、(B)が正解。
(A) ❷の2つ目の項目にantique industrial equipmentとあるが、広告では現在使用されている機械の部品の製造について述べられているので、骨董品収集家を対象としているとは考えにくい。

---

173 Where most likely is Copytrue Parts Service's main office?

(A) In Massachusetts
(B) In Connecticut
(C) In New York
(D) In Pennsylvania

Copytrue部品サービス社の本社はどこにあると考えられますか。

(A) マサチューセッツ州
(B) コネチカット州
(C) ニューヨーク州
(D) ペンシルベニア州

正解 A ❶5行目に、We are based in northern Massachusettsとある。このWeとは、広告主であるCopytrue部品サービス社のこと。よって、(A)が正解。
(B) (C) (D) ❶5〜6行目より、いずれもCopytrue部品サービス社の顧客の所在地。

174 What information is included in the advertisement? | どんな情報が広告に含まれていますか。

- (A) What brands are sold by the company
- (B) The number of employees the company has
- (C) The variety of services available from the company
- (D) How long ago the company was founded

- (A) どんなブランドが会社によって販売されているか
- (B) 会社の抱えている従業員数
- (C) 会社から利用できるサービスの多様さ
- (D) どのくらい前に会社が設立されたか

正解 C ❷で、Copytrue部品サービス社の業務内容が列挙されているので、広告には同社から利用できるサービスの多様さが掲載されていると分かる。よって、(C)が正解。
(A) ❸で、同社が取り扱ってきた機械の種類は示されているが、

ブランドには言及がない。
(D) 会社の設立がいつかは述べられていない。found「～を設立する」。

---

175 Why does the advertisement list several countries? | 広告はなぜ幾つかの国を列挙していますか。

- (A) To provide contact information for service representatives
- (B) To identify the location of important customers
- (C) To indicate where the staff received their training
- (D) To emphasize the staff's knowledge and experience

- (A) サービス担当者の連絡先情報を提供するため
- (B) 重要な顧客の所在地を明らかにするため
- (C) スタッフがどこで訓練を受けたか示すため
- (D) スタッフの知識と経験を強調するため

正解 D 古い機械の部品を製作するCopytrue部品サービス社は、❷で、さまざまな業務内容を宣伝し、続く❸で、同社が取り扱ってきた機械類を紹介している。その❸の最後の項目で、equipment made in England, Scotland, Ireland, …… and other countriesと機器が製造された国を列挙している。つまり、同社がさまざまな国の製品を取り扱ってきたことを示すことで、スタッフの知識と経験の幅広さを強調していると判断できる。よって、(D)が正解。emphasize「～を強調する」。
(A) ❹に同社のURLと電話番号が記載されているが、サービス

担当者の連絡先情報の記載はなく、また、国を列挙していることと関連しない。contact information「連絡先情報」、service representative「サービス担当者」。
(B) 顧客の所在地については❶の5～6行目にアメリカの州が3つ挙げられているが、国を列挙しているわけではない。identify「～が何であるかを明らかにする」。
(C) スタッフの訓練やその実施場所については言及がない。indicate「～を示す」、training「訓練」。

---

❶ classic 古典的な、昔ながらの　machinery 機械類　manufacturing 製造(の)　integral 不可欠な
identity 独自性、個性　frustrating いらいらさせるような、失望させるような　equipment 機器　in service 利用されて
production line 生産ライン　cut into ～ ～(利益など)を減らす　be based in ～ ～に本拠がある
throughout ～中の至る所に　❷ like-new 新品同様の　intact 傷ついていない、完全な　replacement 代替(品)
machinist 機械修理工　avid 熱心な　out-of-production 生産中止の　antique 骨董の、年代物の
industrial 工業の、産業の　anticipate ～を予測する、～を前もって考慮する　breakage 破損　assess ～を査定する
maintenance 保守管理、保守整備　routine 慣例、いつもの手順　last 持ちこたえる　efficiently 効率的に
❸ forge 加熱炉　grain mill 製粉機　waterwheel 水車　windmill 風車　loom 織機

Questions 176-180 refer to the following e-mail and form.

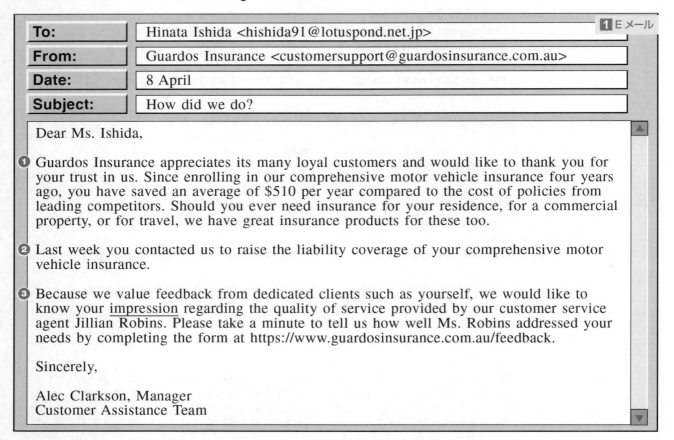

1 E メール

To:	Hinata Ishida <hishida91@lotuspond.net.jp>
From:	Guardos Insurance <customersupport@guardosinsurance.com.au>
Date:	8 April
Subject:	How did we do?

Dear Ms. Ishida,

❶ Guardos Insurance appreciates its many loyal customers and would like to thank you for your trust in us. Since enrolling in our comprehensive motor vehicle insurance four years ago, you have saved an average of $510 per year compared to the cost of policies from leading competitors. Should you ever need insurance for your residence, for a commercial property, or for travel, we have great insurance products for these too.

❷ Last week you contacted us to raise the liability coverage of your comprehensive motor vehicle insurance.

❸ Because we value feedback from dedicated clients such as yourself, we would like to know your impression regarding the quality of service provided by our customer service agent Jillian Robins. Please take a minute to tell us how well Ms. Robins addressed your needs by completing the form at https://www.guardosinsurance.com.au/feedback.

Sincerely,

Alec Clarkson, Manager
Customer Assistance Team

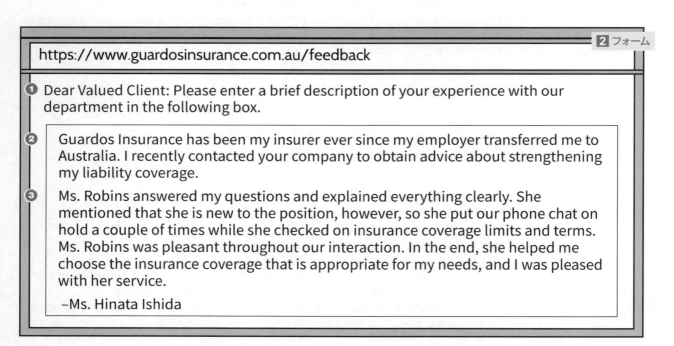

2 フォーム

https://www.guardosinsurance.com.au/feedback

❶ Dear Valued Client: Please enter a brief description of your experience with our department in the following box.

❷ Guardos Insurance has been my insurer ever since my employer transferred me to Australia. I recently contacted your company to obtain advice about strengthening my liability coverage.

❸ Ms. Robins answered my questions and explained everything clearly. She mentioned that she is new to the position, however, so she put our phone chat on hold a couple of times while she checked on insurance coverage limits and terms. Ms. Robins was pleasant throughout our interaction. In the end, she helped me choose the insurance coverage that is appropriate for my needs, and I was pleased with her service.

–Ms. Hinata Ishida

設問176-180は次のEメールとフォームに関するものです。

受信者：Hinata Ishida <hishida91@lotuspond.net.jp>
送信者：Guardos保険会社 <customersupport@guardosinsurance.com.au>
日付：4月8日
件名：当社はいかがでしたか？

Ishida様

Guardos保険会社は多くの得意客の皆さまに感謝しており、当社へのご信頼に対してお客さまにお礼申し上げます。4年前に当社の総合自動車保険にご加入いただいて以来、お客さまは大手競合他社の保険費用と比べて1年につき平均510ドル節約されてきました。もしご自宅用や商業不動産用、旅行用の保険がご入用であれば、当社はこれらにつきましても優れた保険商品をご用意しております。

先週、お客さまは総合自動車保険の賠償責任補償の引き上げに際し、当社にご連絡くださいました。

当社はお客さまのようなお得意さまからのご意見を尊重しておりますので、当社の顧客サービス担当のJillian Robinsが提供したサービスの品質に関するご感想をお聞かせいただきたいと思っております。少々お時間を取ってhttps://www.guardosinsurance.com.au/feedbackでフォームにご記入いただき、Robinsがどの程度うまくお客さまのニーズにお応えできたかお教えください。

よろしくお願いいたします。

責任者　Alec Clarkson
顧客支援チーム

---

https://www.guardosinsurance.com.au/feedback

大切なお客さまへ：以下の欄に、当部門に関するご自身の体験について簡単にご記入ください。

私がオーストラリアに転勤になって以来ずっと、Guardos保険会社が私の保険会社です。私は最近、賠償責任補償を強化することについてアドバイスを得るために貴社に連絡しました。

Robinsさんが私の質問に答え、あらゆることをはっきりと説明してくれました。しかし、彼女はこの職に就いたばかりだと述べ、そのため保険適用限度額や条件を調べる間、電話での話を何回か保留にしました。Robinsさんはやりとりの間ずっと感じが良かったです。最終的に、彼女は私がニーズに適した保険補償を選ぶのを助けてくれ、私は彼女のサービスに満足しました。

──Hinata Ishida

176 What is NOT included in the e-mail?

(A) A list of services offered
(B) An expression of gratitude
(C) A discount offer on a policy
(D) A request for customer feedback

Eメールに含まれていないのは何ですか。

(A) 提供されるサービスの列挙
(B) 感謝の表現
(C) 保険契約の割引サービス
(D) 顧客の意見の提供依頼

| 正解 C | ❶Eメールを確認する。(A)については、総合自動車保険の他に、❶4〜5行目で、Guardos保険会社が提供している商品として自宅用、商業不動産用、旅行用の保険が列挙されている。(B)については、❶1〜2行目に、謝意を伝える表現がある。(D)については、❸で、顧客サービス係の対応に関 | する意見提供を求めている。一方、❶2〜4行目で、4年前の保険加入以来、競合他社と比べて保険費用が1年につき平均510ドル節約できたと述べられているが、保険契約の割引については書かれていない。よって、(C)が正解。discount offer「割引」。
(B) gratitude「感謝」。 |

177 Who most likely is Mr. Clarkson?

(A) A corporate lawyer
(B) An advertising executive
(C) An insurance company owner
(D) A customer service supervisor

Clarksonさんは誰だと考えられますか。

(A) 顧問弁護士
(B) 広告部門の幹部
(C) 保険会社の所有者
(D) 顧客サービス監督者

| 正解 D | Clarksonさんとは、❶Eメールの送信者。本文最後の名前の横にManagerと肩書があり、その下に所属先としてCustomer Assistance Teamと記されている。またGuardos保険会社に連絡したIshidaさんに対して同❸で、顧客サービス担当者に関する意見を聞かせてほしいと述べてウェブサ | イトのフォームに記入することを依頼している。以上のことから、Clarksonさんは顧客サービスの仕事を監督する人物だと判断できるので、(D)が正解。supervisor「監督者」。
(C) ❶Eメール本文は一貫して保険に関する内容となっているが、Clarksonさんが会社の所有者であると判断できる根拠はない。 |

178 In the e-mail, the word "impression" in paragraph 3, line 2, is closest in meaning to

(A) mark
(B) image
(C) reaction
(D) imitation

Eメールの第3段落・2行目にある "impression" に最も意味が近いのは

(A) 印
(B) 画像
(C) 反応
(D) 模倣

| 正解 C | ❶Eメールを確認する。❷で、Ishidaさんが保険の相談のためにGuardos保険会社に連絡したことが書かれている。❸1〜3行目の該当の語を含む文は、「当社はあなたのような得意顧客からの意見を尊重しているので、当社の顧客サービス担当のJillian Robinsが提供したサービスの品質に関するあなたの-------を知りたいと思っている」という意味。続く同3〜4行目で、担当者の対応に関してフォームに記入することを依頼 | しているので、該当の語を含む文は、担当者のサービス内容に対してIshidaさんがどう感じたかを知りたいと伝えていると考えられる。よって、「反応、感じ方」という意味を持つ(C) reactionが正解。Ishidaさんが記入した❷フォームには、Ishidaさんが抱いた感想が書かれていることからも確認できる。
(B) imageは一般に人や物などの視覚的イメージを指すので、この文脈では適切ではない。 |

179 What can be concluded about Ms. Ishida?

    (A) She is planning to travel soon.
    (B) She relocated to Australia four years ago.
    (C) She is shopping for home insurance.
    (D) She had a different insurer during her first year in Australia.

Ishidaさんについて何が判断できますか。

    (A) 間もなく旅行する計画を立てている。
    (B) 4年前オーストラリアに転勤した。
    (C) 住宅用保険に入ろうと探している。
    (D) オーストラリアでの最初の年、別の保険会社と契約していた。

正解 B Ishidaさんとは、**1**Eメールの受信者であり、**2**フォームの記入者。**1**の**❶**2～3行目に、「(Ishidaさんが)4年前に当社の総合自動車保険に加入して以来」とある。Ishidaさんが感想を記入したフォームである**2**の**❷**1～2行目には、「私がオーストラリアに転勤になって以来ずっと、Guardos保険会社が私の保険会社である」と書かれている。以上より、IshidaさんはGuardos保険会社に加入した年である4年前にオーストラリアに転勤したと判断できる。よって、(B)が正解。relocate「転居

する、転勤する」。
(A) (C) **1**の**❶**4～5行目に、自宅用、旅行用の保険への言及はあるが、Ishidaさんが旅行の計画を立てている、もしくは住宅用保険を探しているといった記述はない。
(D) **2**の**❷**1～2行目より、Ishidaさんはオーストラリアへの転勤当初よりずっと、Guardos保険会社を利用していることが分かる。

---

180 What aspect of customer service did Ms. Robins have trouble with?

    (A) Product knowledge
    (B) Communication style
    (C) Patience with customers
    (D) Expertise with insurance software

Robinsさんは顧客サービスのどの側面に苦労しましたか。

    (A) 商品知識
    (B) コミュニケーションの取り方
    (C) 顧客に対する忍耐力
    (D) 保険ソフトウエアの専門知識

正解 A Robinsさんとは、**1**Eメールの**❸**1～3行目から、Ishidaさんに応対した顧客サービス係と分かる。Robinsさんについて記された**2**フォームの**❸**1～3行目に、Robinsさんはその仕事を始めたばかりで、電話を何回か保留にして保険適用限度額や条件を調べたことが書かれている。よって、Robinsさんは保険の商品知識の側面で苦労したことが分かるので、(A)が正解。aspect「側面」、have trouble with ～「～に苦労する」。

(B) **2**の**❸**4行目に、Robinsさんはやりとりの間ずっと感じが良かったとあるので、コミュニケーションの取り方に問題はなかったと考えられる。
(C) **2**の**❸**から、Robinsさんは電話を保留にして確認しながらも、最終的にはIshidaさんを満足させているので、顧客への忍耐力に問題はなかったと考えられる。
(D) 保険商品の専門知識で苦労したことは伺えるが、ソフトウエアの専門知識については言及がない。expertise「専門知識」。

1Eメール　insurance　保険　　**❶** appreciate　～に感謝する　　loyal customer　得意客　　trust　信頼
enroll in ～　～に入会する、～に申し込む　　comprehensive　包括的な、(保険が)総合の
compared to ～　～と比べると　　policy　保険証券、保険契約　　leading　一流の、主要な　　competitor　競合会社
Should you ～　万一～なら　★If you should ～が倒置になった形　　residence　住宅　　commercial　商業用の
property　不動産、地所　　**❷** raise　～を上げる　　liability　責任　　coverage　適用範囲、補償範囲
❸ value　～を大切にする、～を尊重する　　dedicated　献身的な、熱心な　　impression　感想、印象
regarding　～に関して　　customer service　顧客サービス　　agent　代理人、担当者
take a minute to do　～する時間を少し取る　　address　～(仕事・問題など)に対処する　　assistance　支援、援助

2フォーム　**❶** valued　大切な、貴重な　　enter　～を入力する、～を記入する　　brief　簡潔な　　description　記述、描写
❷ insurer　保険会社　　employer　雇用主　　transfer ～ to …　～を…に移す　　obtain　～を手に入れる
strengthen　～を強化する　　**❸** mention that ～　～ということに言及する　　position　職(位)
on hold　一時保留して　　check on ～　～を調べる　　limit　限度、上限　　terms　条件
pleasant　好感の持てる、感じの良い　　throughout　～の間中　　interaction　やりとり
help ～ do　～が…するのを助ける　　appropriate　適切な　　be pleased with ～　～に満足している

Questions 181-185 refer to the following form and e-mail.

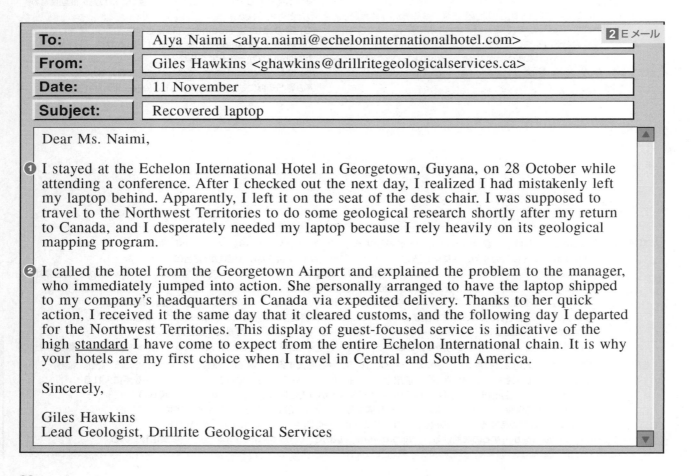

1 フォーム

	FROM	Laura Persaud Echelon International Hotel 120 East Street, Queenstown Georgetown, Guyana	**CUSTOMS DECLARATION** Origin: Georgetown, GY Shipping Date: 30 October
	TO	Giles Hawkins 886 Main Street Edmonton, Alberta T5M 3K3 Canada	*Cleared Canada Customs 2 November*

Description of Contents	**Quantity**	**Weight**	**Destination**	**Postage Fee**
Excelsior Laptop Model RT3	1	1.8 kg	Zone 2	$7,500.00

Declaration of Exporter

I certify that the information on this form is correct and that the package does not contain dangerous or prohibited items.

Exporter's Signature:

Laura Persaud

2 E メール

To:	Alya Naimi <alya.naimi@echeloninternationalhotel.com>
From:	Giles Hawkins <ghawkins@drillritegeologicalservices.ca>
Date:	11 November
Subject:	Recovered laptop

Dear Ms. Naimi,

I stayed at the Echelon International Hotel in Georgetown, Guyana, on 28 October while attending a conference. After I checked out the next day, I realized I had mistakenly left my laptop behind. Apparently, I left it on the seat of the desk chair. I was supposed to travel to the Northwest Territories to do some geological research shortly after my return to Canada, and I desperately needed my laptop because I rely heavily on its geological mapping program.

I called the hotel from the Georgetown Airport and explained the problem to the manager, who immediately jumped into action. She personally arranged to have the laptop shipped to my company's headquarters in Canada via expedited delivery. Thanks to her quick action, I received it the same day that it cleared customs, and the following day I departed for the Northwest Territories. This display of guest-focused service is indicative of the high standard I have come to expect from the entire Echelon International chain. It is why your hotels are my first choice when I travel in Central and South America.

Sincerely,

Giles Hawkins
Lead Geologist, Drillrite Geological Services

設問181-185は次のフォームとEメールに関するものです。

差出人	Laura Persaud Echelon国際ホテル イースト通り120番地、クイーンズタウン ジョージタウン、ガイアナ	税関申告 出発地：ジョージタウン、ガイアナ 発送日：10月30日	
受取人	Giles Hawkins メイン通り886番地 エドモントン、アルバータ州、T5M 3K3 カナダ	通関 カナダ税関 11月2日	

内容物詳細	数量	重量	郵送先	郵送料
Excelsior社ノートパソコン　RT3モデル	1	1.8kg	第2区域	7,500.00ドル

輸出者宣誓
このフォームの情報が正しく、荷物に危険物や禁止品目が含まれていないことを証明します。

輸出者署名：
Laura Persaud

受信者：Alya Naimi <alya.naimi@echeloninternationalhotel.com>
送信者：Giles Hawkins <ghawkins@drillritegeologicalservices.ca>
日付：11月11日
件名：ノートパソコンの回収

Naimi様

私は会議に出席した際、10月28日にガイアナのジョージタウンにあるEchelon国際ホテルに滞在しました。翌日チェックアウトした後、ノートパソコンを誤って置き忘れたことに気付きました。どうやら、デスクチェアーの座面に置き忘れたようでした。私はカナダに帰国後すぐに、地質学調査のためにノースウエストテリトリーズに移動することになっていました。そして、自分のノートパソコンの地質図作成プログラムに大きく頼っているため、どうしてもそれが必要でした。

私はジョージタウン空港からホテルに電話をして、支配人の方にこの問題を説明したところ、彼女はすぐに行動を起こしてくださいました。彼女はご自身でノートパソコンをカナダにある私の会社の本社に緊急配送で送る手配をしてくださいました。彼女の迅速な行動のおかげで、私は税関を通過したのと同じ日にそれを受け取り、翌日にノースウエストテリトリーズに出発しました。このような顧客重視型のサービスの表れは、私が全Echelon国際チェーンに期待してきた高い水準を示しています。そうした理由で貴ホテルは、私が中央・南アメリカを旅行する際の第一の選択肢となっています。

敬具

Giles Hawkins
Drillrite地質学サービス社　主任地質学者

181 What is suggested on the form?

 (A) The item exceeded a weight limit.
 (B) The item was shipped to Guyana.
 (C) The package contained a computer.
 (D) The package included a prohibited item.

フォームで何が分かりますか。

 (A) 品物は重量制限を超えた。
 (B) 品物はガイアナに発送された。
 (C) 荷物にはコンピューターが入っていた。
 (D) 荷物には禁止品目が含まれていた。

正解 **C**	**1** フォームを確認する。**2**の「内容物詳細」の欄に Excelsior Laptop Model RT3 とある。よって、荷物にはコンピューターが入っていたと判断できるので、(C)が正解。 (A) **1**の**2**に重量の記載はあるが、重量制限に関する記載はな	い。exceed「～を超える」。 (B) **1**の**1**より、ガイアナは差出人の住所および税関申告の場所であり、発送先はカナダと分かる。 (D) **1**の**3**に、禁止品目は含まれていないことが宣誓されている。

---

182 What can be concluded about Ms. Persaud?

 (A) She is the manager of a hotel.
 (B) She recently purchased a laptop computer.
 (C) She works for a company that exports electronics.
 (D) She is a customs inspector in Canada.

Persaudさんについて何が判断できますか。

 (A) ホテルの支配人である。
 (B) 最近ノートパソコンを購入した。
 (C) 電子機器を輸出する会社に勤めている。
 (D) カナダの税関検査官である。

正解 **A**	Persaudさんの名前は**1**フォームの差出人欄にあるので、ノートパソコンを送った人物と分かる。Giles Hawkinsという人物が送信した**2**Eメールの**1**から、HawkinsさんがガイアナのEchelon国際ホテルに滞在した際にノートパソコンを置き忘れたこと、**2** 1～3行目から、Hawkinsさんがホテルに電話すると支配人が自らノートパソコンを発送してくれたことが分かる。よって、Hawkinsさんにノートパソコンを送ったPersaudさんは、Hawkinsさんが宿泊していたホテルの支配人	だと判断できるので、(A)が正解。 (B) **1**の**1**より、Persaudさんがノートパソコンを発送したことは分かるが、最近購入したという情報はない。 (C) **1**の**3**の「輸出者署名」欄にPersaudさんの名前があるが、電子機器を輸出する会社に関する記述はない。export「～を輸出する」、electronics「電子機器」。 (D) customs inspector「税関検査官」についての記述はない。

---

183 Why did Mr. Hawkins write the e-mail?

 (A) To thank an employee for making travel arrangements
 (B) To offer praise for an employee's actions
 (C) To inquire about an unexpected shipping charge
 (D) To report that a hotel's computer has been damaged

HawkinsさんはなぜEメールを書きましたか。

 (A) 旅行の手配をしてくれたことに対して従業員にお礼を言うため
 (B) 従業員の行動を称賛するため
 (C) 予期せぬ送料について問い合わせるため
 (D) ホテルのコンピューターが損傷を受けていたことを報告するため

正解 **B**	Hawkinsさんは、**1**フォームの受取人欄に名前のある人物であり、**2**Eメールの送信者。件名にRecovered laptopとある**2**の**1**および**2** 1～5行目より、ホテルに置き忘れたノートパソコンを支配人のPersaudさんが迅速に発送手配してくれたおかげで、Hawkinsさんはノートパソコンを回収してから次の目的地に向かうことができたと分かる。続く同5～7行目で、こうした顧客重視型のサービスゆえにEchelon国際ホテルが第一の選択肢だと述べてEメールを締めくくっていることから、Hawkinsさんはホテルの支配人の対応を称賛するためにEメールを書いたと判断できる。よって、(B)が正解。なお、このEメールの受信者はEchelon国際ホテルのオーナーや経営者など	と考えられる。praise「称賛」。 (A) Eメールは対応してくれた従業員に直接謝意を伝える内容ではなく、また感謝している対応も、travel arrangement「旅行の手配」についてではない。 (C) **1**の**2**に7,500ドルという送料の記載はあるが、これについて問い合わせてはいない。なお、こちらは米ドルやカナダドルではなくガイアナドルと考えられる。 (D) **2**の**1** 3・5行目でHawkinsさんがmy laptopと書いているので、パソコンはホテルのものではなくHawkinsさんのものと分かる。また、損傷に関する言及もない。

184 When did Mr. Hawkins leave for the Northwest Territories?

(A) On October 28
(B) On October 29
(C) On November 2
(D) On November 3

Hawkinsさんはいつノースウエストテリトリーズに出発しましたか。

(A) 10月28日
(B) 10月29日
(C) 11月2日
(D) 11月3日

正解 D Persaudさんにノートパソコンを発送してもらったHawkinsさんは、**2**Eメールの**❷** 4〜5行目で、I received it the same day that it cleared customs, and the following day I departed for the Northwest Territoriesと書いており、ここでのitはthe laptopを指す。Hawkinsさんのノートパソコンを発送した際の書類である**1**フォームの**❶**にあるスタンプにはCleared Canada Customs 2 Novemberとある。よってHawkinsさんはノートパソコンが税関を通過した当日で

ある11月2日にそれを受け取り、翌日の11月3日にノースウエストテリトリーズに出発したと分かるので、(D)が正解。
(A) **2**の**❶** 1〜2行目より、HawkinsさんがEchelon国際ホテルに宿泊した日。
(B) **2**の**❶** 1〜2行目より、HawkinsさんがEchelon国際ホテルをチェックアウトした日。
(C) **1**の**❶**より、ノートパソコンがカナダの税関を通過した日。

---

185 In the e-mail, the word "standard" in paragraph 2, line 6, is closest in meaning to

(A) rule
(B) structure
(C) quality
(D) measure

Eメールの第2段落・6行目にある "standard" に最も意味が近いのは

(A) 規則
(B) 構造
(C) 品質
(D) 手段

正解 C **2**Eメールを確認する。**❷** 1〜5行目で、ホテルの支配人が迅速に対応してくれたおかげで、Hawkinsさんは予定通りノースウエストテリトリーズに出発できたことが述べられている。同 5〜6行目の該当の語を含む文は、「このような顧客重視型のサービスの表れは、私が全Echelon国際チェー

ンに期待してきた高い-------を示している」という意味。つまりこの文では、支配人がHawkinsさんのために取った迅速な行動は同ホテルのサービスの品質の高さを表すものだ、と述べていると判断できる。よって、(C) quality「品質、特性」が正解。

---

1 フォーム　**❶** customs　税関　　declaration　申告(書)、宣言　　origin　起点、出所
clear　〜(荷物など)に許可を与える、(荷物が)〜(税関)を通過する　**❷** description　明細、説明　　quantity　数量
destination　目的地、送付先　　postage fee　郵送料　　laptop　ノートパソコン　**❸** exporter　輸出者
certify that 〜　〜ということを証明する　　contain　〜を含む　　prohibited　禁止された　　signature　署名

2 Eメール　recover　〜を取り戻す、〜を回収する　**❶** conference　会議　　realize (that) 〜　〜ということが分かる
mistakenly　誤って　　leave 〜 behind　〜を置き忘れる　　apparently　どうやら〜らしい
be supposed to do　〜することになっている　　geological　地質学の　　shortly　すぐに
desperately　どうしても　　rely on 〜　〜に頼る、〜に依存する　　heavily　非常に　**❷** immediately　即座に
jump into action　急いで行動する　　personally　自分自身で　　arrange to do　〜するよう手配する
have 〜 done　〜を…してもらう　　ship　〜を発送する　　headquarters　本社　　via　〜によって
expedited delivery　緊急配送　　thanks to 〜　〜のおかげで　　depart　出発する　　display　表現、発揮
guest-focused　顧客中心の　　be indicative of 〜　〜を示している　　standard　水準　　entire　全ての
geologist　地質学者

Questions 186-190 refer to the following e-mail, schedule, and form.

E-mail

1 E メール

To:	anchetagrill@worldmail.com
From:	maria.skrobol@granbyfilmfestival.com
Date:	February 15
Subject:	RE: Film festival dinner

Dear Mr. Ancheta,

❶ Thank you for confirming that you can accommodate a party of 30 for the dinner on April 8. Before we can confirm the booking, I have a question about the sample menu you provided: Do you offer vegetarian dishes? We cannot book Ancheta Grill unless there are dining options for festival attendees who are vegetarians.

Many thanks,

Maria Skrobol

---

2 予定表

Granby Film Festival (April 6–9)
All events take place at Granby Cinema unless otherwise specified.

❶ Thursday, April 6

Morning: Film screening of *Here, Now* (partly filmed in Granby)

Afternoon: Walking tour of filming locations in Granby, led by Brandon Wang, the director of *Here, Now*

Evening: Welcome party

❷ Friday, April 7

Morning: Film screening of *La Vie* (in French with English subtitles)

Afternoon: Panel discussion on films in translation

Evening: Film screening: *Circles of Light*

❸ Saturday, April 8

Afternoon: Screening of finalists in the short-film competition; announcement of winners

Evening: Festival dinner (location to be announced later)

❹ Sunday, April 9

Afternoon: Film screening of *Majesty* (followed by a question-and-answer session with *Majesty*'s director, Leticia Papineau)

Evening: Farewell party

---

3 フォーム

Granby Film Festival Registration Form

❶ First name: Marco

Last name: Tai

E-mail: marcotai@jademail.com

Journalists: Check box to apply for free press pass. ☒

❷ Days you will attend:

Thursday	$ 6	☐
Friday	$ 8	☒
Saturday	$10	☒
Sunday	$ 6	☐
Entire festival	$25	☐

Festival dinner at Ristorante Italia. Please note: only 30 spaces available, so book now.

Nonvegetarian	$12	☒
Vegetarian	$12	☐

Total cost: $30.00

設問186-190は次のEメール、予定表、フォームに関するものです。

受信者：anchetagrill@worldmail.com
送信者：maria.skrobol@granbyfilmfestival.com
日付：2月15日
件名：RE：映画祭夕食会

Ancheta様

4月8日の夕食会に関して貴店が30名の団体の受け入れが可能であることをご確認くださり、ありがとうございます。当方が予約を確定できる前に、頂いたメニューの見本について質問があります。貴店ではベジタリアン向けの食事を提供していらっしゃいますか。ベジタリアンの映画祭参加者のための食事の選択肢がない限り、Anchetaグリル料理店を予約することができないのです。

どうぞよろしくお願いします。

Maria Skrobol

グランビー映画祭（4月6日～9日）
特に指定がない限り、全てのイベントはグランビー映画館で行われます。

4月6日　木曜日	4月7日　金曜日
午前：『今、ここで』の映画上映（グランビーで一部撮影） 午後：『今、ここで』の監督Brandon Wangが先導するグランビーでの撮影場所のウォーキングツアー 夜：歓迎パーティー	午前：『人生』の映画上映（フランス語、英語字幕付き） 午後：翻訳映画についてのパネルディスカッション 夜：映画上映：『光の輪』
4月8日　土曜日	**4月9日　日曜日**
午後：短編映画コンテストの決勝進出作の審査、受賞作の発表 夜：映画祭夕食会（会場は追って発表）	午後：『威厳』の映画上映（その後、『威厳』の監督Leticia Papineauとの質疑応答） 夜：お別れパーティー

グランビー映画祭登録フォーム

名：　　　Marco
姓：　　　Tai
Eメール：marcotai@jademail.com

参加日程：
木曜日	6ドル	☐
金曜日	8ドル	☒
土曜日	10ドル	☒
日曜日	6ドル	☐
映画祭全日	25ドル	☐

ジャーナリスト：報道関係者用無料通行証を申請するにはボックスにチェックしてください。　☒

Ristorante Italia店での映画祭夕食会。
ご注意：**30席しかありません**ので、すぐにご予約ください。
非ベジタリアン	12ドル	☒
ベジタリアン	12ドル	☐

合計金額：　30ドル

186 Based on the e-mail, who most likely is Ms. Skrobol?

(A) The head chef at a restaurant
(B) A restaurant supply vendor
(C) The organizer of a festival
(D) A famous film critic

Eメールによると、Skrobolさんは誰だと考えられますか。

(A) レストランの料理長
(B) レストランの供給業者
(C) 催しの主催者
(D) 有名な映画評論家

正解 **C** ❶Eメールを確認する。署名より、SkrobolさんとはこのEメールの送信者と分かる。❶の件名に、RE: Film festival dinnerとあり、本文冒頭の❶1～2行目で、4月8日の夕食会に30名の団体の受け入れが可能だと確認してくれたことへの礼を述べてから、同2～3行目で、ベジタリアン向けの食事を提供しているか尋ねている。また、同3～4行目で、「ベジタリアンの映画祭参加者のための食事の選択肢がない限り、私たちはAnchetaグリル料理店を予約できない」と書いている。映

画祭夕食会の会場を選定する立場にあることから、Skrobolさんは映画祭を主催する側の人物だと判断できるので、(C)が正解。organizer「主催者」。
(A) (B) Eメールの受信者はレストランの関係者と考えられるが、送信者であるSkrobolさんがレストランの料理長や供給業者であることを示す記述はない。
(D) 件名にFilm festivalとあるが、critic「批評家、評論家」に関することは話題にされていない。

187 What can be concluded about Ancheta Grill?

(A) It was not available on April 8.
(B) It is located near Ristorante Italia.
(C) It cannot accommodate 30 people.
(D) It does not serve vegetarian options.

Anchetaグリル料理店について何が判断できますか。

(A) 4月8日は利用可能ではなかった。
(B) Ristorante Italia店の近くに位置している。
(C) 30人を収容できない。
(D) ベジタリアン向けの選択肢を提供していない。

正解 **D** Anchetaグリル料理店とは、❶Eメールの受信者。送信者のSkrobolさんは❶の❶1～2行目で、同店に4月8日の夕食会の受け入れが可能だと確認してくれたことについて礼を述べた後、同3～4行目で、Anchetaグリル料理店ではベジタリアン向け料理を提供しているかと確認し、そうでない限り予約はできないと述べている。❸フォームを確認すると、同❷に、Festival dinner at Ristorante Italiaと別の料理店の名前

があり、ベジタリアン向け料理を選択できるチェックボックスが設けられている。これらから、Anchetaグリル料理店はベジタリアン向けの選択肢を提供していないために、会場として選定されなかったと判断できるので、(D)が正解。
(A) (C) ❶の❶1～2行目より、Anchetaグリル料理店は4月8日に30人を収容することができると分かる。
(B) 店の立地については記載がない。be located「位置する」。

188 What is indicated on the schedule about all the films shown at the festival?

(A) They will be followed by panel discussions.
(B) They are French-language films.
(C) They will be shown at the same movie theater.
(D) They were directed by the same person.

映画祭で上映される全ての映画について何が予定表に記載されていますか。

(A) パネルディスカッションが続いて行われる。
(B) フランス語の映画である。
(C) 同じ映画館で上映される。

(D) 同じ人によって監督された。

正解 **C** ❷予定表を確認する。見出し部分に、All events take place at Granby Cinema unless otherwise specified.とあり、特に指定がなければ全てのイベントがグランビー映画館で行われると分かる。❷の❶～❹に、『今、ここで』、『人生』、『光の輪』、短編映画、『威厳』という映画についてそれぞれ記載があるが、上映場所についてはいずれも特に指定されていない

ため、(C)が正解。
(A) パネルディスカッションが続く映画は❷の❷の『人生』のみ。
(B) フランス語の映画は❷の❷の『人生』のみ。
(D) ❷の❷・❸の映画については監督名の記載がなく、❶・❹には、それぞれ別の監督名が記載されている。direct「～を監督する」。

189 What is indicated about Mr. Tai on the form?

    (A) He works as a journalist.
    (B) He will attend the entire festival.
    (C) He is an experienced translator.
    (D) He was unable to book a reservation for the festival dinner.

フォームで、Taiさんについて何が示されていますか。

    (A) ジャーナリストとして働いている。
    (B) 映画祭全体に参加する予定である。
    (C) 経験豊かな翻訳家である。
    (D) 映画祭夕食会の予約ができなかった。

| 正解 **A** | **3** フォームを確認する。**❶**より、Taiさんとは、登録フォームに記入した人物。**❶**の右側を確認すると、Journalists: Check box to apply for free press pass. と記載のあるボックスにチェックが入っている。よって、Taiさんはジャーナリストだと判断できるので、(A)が正解。 | (B) **3**の**❷**より、Taiさんが参加するのは金曜日と土曜日のみと分かる。
(C) Taiさんがtranslator「翻訳家」であるといった記載はない。
(D) **3**の**❷**で、Taiさんは夕食会の予約にチェックを入れている。 |

---

190 What event will Mr. Tai be able to attend?

    (A) A tour of filming locations
    (B) A short-film competition
    (C) A farewell party
    (D) A question-and-answer session with a director

Taiさんが参加することができるイベントは何ですか。

    (A) 撮影場所のツアー
    (B) 短編映画のコンテスト
    (C) お別れパーティー
    (D) 監督との質疑応答

| 正解 **B** | **3** フォームの**❷**より、Taiさんは金曜日と土曜日に映画祭に参加する予定と分かる。**2** 予定表の金曜日と土曜日についての説明である**❷**・**❸**を確認すると、選択肢の中でTaiさんが参加できるイベントは土曜日の午後に行われる短 | 編映画のコンテストだと分かるので、(B)が正解。
(A) **2**の**❶**より、撮影場所のツアーがあるのは木曜日の午後。
(C) **2**の**❹**より、お別れパーティーがあるのは日曜日の夜。
(D) **2**の**❹**より、監督との質疑応答があるのは日曜日の午後。 |

---

1 Eメール	**❶** confirm that 〜　〜ということを確認する、〜ということを確定する　　accommodate　〜を収容する
	party　一行、団体　　booking　予約　　vegetarian　ベジタリアン(の)　　book　〜を予約する
	unless　もし〜でなければ、〜でない限り　　dining　食事　　option　選択肢　　attendee　参加者
2 予定表	take place　行われる　　unless otherwise specified　他に指定がない限り、特に規定がない限り
	❶ screening　上映　　partly　部分的に　　film　〜(映画など)を撮影する　　lead　〜を主導する　　director　監督
	❷ subtitle　字幕　　panel discussion　パネルディスカッション、公開討論会　　translation　翻訳
	❸ screening　審査、選別　　finalist　決勝進出者　　short-film　短編映画の　　competition　競技会、コンテスト
	announcement　発表　　**❹** majesty　威厳　　(be) followed by 〜　〜が続く
3 フォーム	registration　登録　　**❶** apply for 〜　〜を申請する　　press　記者団、報道関係者　　pass　通行証
	❷ entire　全体の、全部の

Questions 191-195 refer to the following e-mails and Web site.

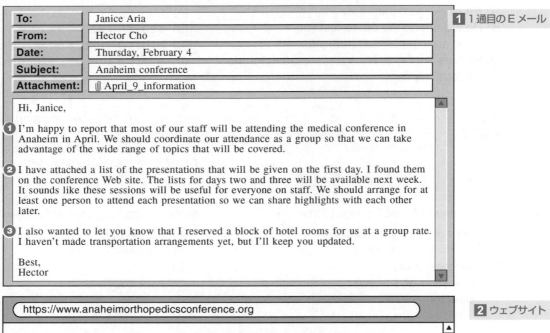

To: Janice Aria
From: Hector Cho
Date: Thursday, February 4
Subject: Anaheim conference
Attachment: 📎 April_9_information

Hi, Janice,

❶ I'm happy to report that most of our staff will be attending the medical conference in Anaheim in April. We should coordinate our attendance as a group so that we can take advantage of the wide range of topics that will be covered.

❷ I have attached a list of the presentations that will be given on the first day. I found them on the conference Web site. The lists for days two and three will be available next week. It sounds like these sessions will be useful for everyone on staff. We should arrange for at least one person to attend each presentation so we can share highlights with each other later.

❸ I also wanted to let you know that I reserved a block of hotel rooms for us at a group rate. I haven't made transportation arrangements yet, but I'll keep you updated.

Best,
Hector

1 通目のE メール

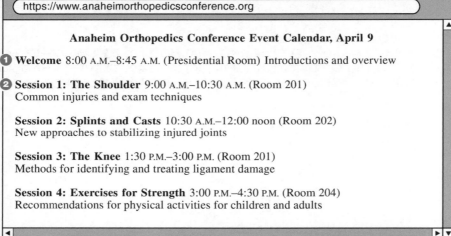

https://www.anaheimorthopedicsconference.org

Anaheim Orthopedics Conference Event Calendar, April 9

❶ **Welcome** 8:00 A.M.–8:45 A.M. (Presidential Room) Introductions and overview

❷ **Session 1: The Shoulder** 9:00 A.M.–10:30 A.M. (Room 201)
Common injuries and exam techniques

Session 2: Splints and Casts 10:30 A.M.–12:00 noon (Room 202)
New approaches to stabilizing injured joints

Session 3: The Knee 1:30 P.M.–3:00 P.M. (Room 201)
Methods for identifying and treating ligament damage

Session 4: Exercises for Strength 3:00 P.M.–4:30 P.M. (Room 204)
Recommendations for physical activities for children and adults

ウェブサイト

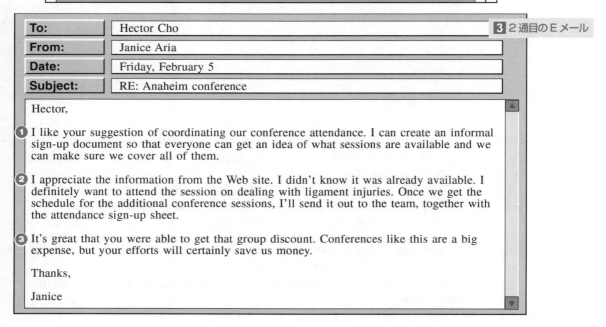

To: Hector Cho
From: Janice Aria
Date: Friday, February 5
Subject: RE: Anaheim conference

Hector,

❶ I like your suggestion of coordinating our conference attendance. I can create an informal sign-up document so that everyone can get an idea of what sessions are available and we can make sure we cover all of them.

❷ I appreciate the information from the Web site. I didn't know it was already available. I definitely want to attend the session on dealing with ligament injuries. Once we get the schedule for the additional conference sessions, I'll send it out to the team, together with the attendance sign-up sheet.

❸ It's great that you were able to get that group discount. Conferences like this are a big expense, but your efforts will certainly save us money.

Thanks,

Janice

2 通目のE メール

設問191-195は次の2通のＥメールとウェブサイトに関するものです。

受信者：Janice Aria
送信者：Hector Cho
日付：2月4日　木曜日
件名：アナハイムでの会議
添付ファイル：April_9_information

Janiceさん

私たちのスタッフのほとんどが4月のアナハイムでの医学会議に出席する予定であるとご報告でき、うれしく思います。扱われる幅広い話題を活用するため、私たちはグループとして出席を調整するといいでしょう。

1日目に行われる発表の一覧を添付しました。会議のウェブサイトで見つけたものです。2日目と3日目の一覧は来週公開されます。これらのセッションはスタッフ全員に役立ちそうです。後で最重要点を互いに共有できるように、少なくとも1人が各発表に出席するように手はずを整えるのがいいと思います。

また、団体料金でホテルの部屋を1区画分予約したことをお知らせしたいと思っていました。交通手段の手配はまだ行っていませんが、随時最新情報をお知らせします。

よろしくお願いします。
Hector

---

https://www.anaheimorthopedicsconference.org

アナハイム整形外科会議イベント日程表、4月9日

歓迎　午前8時～午前8時45分（プレジデンシャルルーム）　紹介と概要

セッション1：肩　午前9時～午前10時30分（201号室）
一般的なけがや検査技術

セッション2：副木とギプス　午前10時30分～正午12時（202号室）
傷めた関節を固定する新しい手法

セッション3：膝　午後1時30分～午後3時（201号室）
靭帯の損傷を特定して治療するための方法

セッション4：体力向上のための運動　午後3時～午後4時30分（204号室）
子どもおよび大人向けの身体活動の勧め

受信者：Hector Cho
送信者：Janice Aria
日付：2月5日　金曜日
件名：RE:アナハイムでの会議

Hectorさん

私たちの会議の出席を調整するというご提案は良いですね。全員がどのようなセッションがあるのかを把握し、私たちがそれら全てを確実に網羅できるように、私が略式の出席登録書類を作りますよ。

ウェブサイトからの情報に感謝します。すでにそれが見られるとは知りませんでした。私はぜひとも靭帯の損傷に関するセッションに出席したいです。さらなる会議セッションの日程表を手に入れ次第、それを出席登録用紙と一緒にチームに送ります。

その団体割引を獲得できたのは素晴らしいですね。このような会議は多額の費用がかかるものですが、あなたの努力のおかげできっと節約できるでしょう。

よろしくお願いします。

Janice

191 In the first e-mail, what information does Mr. Cho provide in the attachment?

(A) A list of employees invited to a conference

(B) An agenda showing some presentation topics

(C) Recommendations for restaurants in Anaheim

(D) Suggestions to increase conference attendance

1通目のEメールで、Choさんは添付ファイルでどんな情報を提供していますか。

(A) 会議に招待された従業員の一覧

(B) 発表のテーマを示している予定表

(C) アナハイムのお薦めのレストラン

(D) 会議の出席者数を増やす提案

正解 B 1通目のEメールを確認する。ヘッダーより、Choさんとはこのメールの送信者と分かる。添付ファイルについて、2 1～2行目にI have attached a list of the presentations that will be given on the first day.とある。よって、a list of the presentationsをan agenda showing some presentation topicsと言い換えた(B)が正解。agenda

「議事日程、予定表」。
(A) 1の2 1行目で、添付ファイルをlistと表現しているが、会議に招待された従業員が記載されたものではない。
(D) 1の1・2で、グループとして各セッションへの出席を調整する提案が書かれているが、添付ファイルは会議の出席者数を増やす提案に関するものではない。

---

192 What field do Ms. Aria and Mr. Cho most likely work in?

(A) Health care
(B) Human resources
(C) Travel
(D) Law

AriaさんとChoさんはどんな分野で働いていると考えられますか。

(A) 医療
(B) 人事
(C) 旅行
(D) 法律

正解 A Ariaさんとは、Choさんが送付した1 1通目のEメールの受信者で、3 2通目のEメールの送信者。1の1 1～2行目に、「私たちのスタッフのほとんどが4月のアナハイムでの医学会議に出席する予定であると報告できてうれしい」とある。また、会議のセッションを記した2 ウェブサイトの内容は、医療に関するものであり、3の2 1～2行目では、Ariaさんが靭

帯の損傷に関するセッションへの出席希望を述べている。これらから、2人は医療分野で働いていると判断できる。よって、(A)が正解。field「分野」。
(C) 1の3でホテルの予約について言及されているが、会議に伴う宿泊のためであり、2人が旅行業界で働いているわけではない。

---

193 In the second e-mail, what does Ms. Aria offer to do?

(A) Sign a contract with a conference organizer
(B) Consult a specialist for advice
(C) Ask employees for their opinions
(D) Create a document to organize attendance

2通目のEメールで、Ariaさんは何をすることを申し出ていますか。

(A) 会議主催者との契約書に署名する
(B) 専門家に助言を求める
(C) 従業員に意見を求める
(D) 出席を取りまとめるための書類を作る

正解 D Ariaさんによる3 2通目のEメールを確認する。1 1行目で、会議の出席を調整すべきというChoさんの提案に触れ、同1～3行目でI can create an informal sign-up document so that everyone can get an idea of what sessions are available and we can make sure we cover all of them.と申し出ており、全員がどんなセッションがあるかを把握して全セッションを分担して網羅できるように調整しようとしていることが分かる。この内容を、organize attendance「出

席を取りまとめる」を使って表している(D)が正解。offer to do「～することを申し出る」。
(A) (B) sign a contract「契約書に署名する」といった内容や、consult a specialist「専門家に相談する」といった内容については記述がない。
(C) 3の1で、Ariaさんは全員がどんなセッションがあるかを把握できるように出席登録書類を作ることを申し出ているが、従業員に意見を求めることは申し出ていない。

194 What session is Ms. Aria most interested in attending?

    (A) Session 1
    (B) Session 2
    (C) Session 3
    (D) Session 4

Ariaさんはどのセッションに出席することに最も関心がありますか。

    (A) セッション1
    (B) セッション2
    (C) セッション3
    (D) セッション4

正解 C Ariaさんは**3**2通目のEメールの**❷** 1〜2行目で、セッションの一覧であるウェブサイトからの情報についてChoさんに礼を述べ、I definitely want to attend the session on dealing with ligament injuries.と書いている。ligament injuriesについては、**2**ウェブサイトの**❷**のSession 3: The Kneeの項目に、Methods for identifying and treating ligament damageとある。よって、(C)が正解。

---

195 In the second e-mail, what discounted cost does Ms. Aria refer to?

    (A) Rental cars
    (B) Hotel rates
    (C) Plane tickets
    (D) Conference fees

2通目のEメールで、Ariaさんは割引された何の費用に言及していますか。

    (A) レンタカー
    (B) ホテルの料金
    (C) 飛行機のチケット
    (D) 会議の参加費

正解 B **3**2通目のEメールを確認する。送信者のAriaさんは**❸** 1行目で、It's great that you were able to get that group discount.と述べている。that group discountとは、**1**1通目のEメールの**❸** 1行目でChoさんがI reserved a block of hotel rooms for us at a group rateと知らせたものを指す。よって、Ariaさんは、Choさんがホテルを団体料金で予約できたことについて述べていると分かるので、(B)が正解。(A) (C) **1**の**❸** 2行目で、Choさんは交通手段の手配はまだ行っていないと述べている。(D) **3**の**❸** 1〜2行目に、このような会議は多額の費用がかかるとあるが、参加費の割引については言及されていない。fee「料金」。

---

1 Eメール
attachment 付属物、（Eメールの）添付ファイル　**❶** report that 〜　〜ということを報告する
coordinate 〜を調整する、〜を取りまとめる　attendance 出席、出席者(数)　so (that) 〜　〜するために
take advantage of 〜　〜を利用する　a wide range of 〜　幅広い〜　cover 〜（話題・対象など）を扱う
❷ attach 〜を添付する　sound like 〜　〜のようだ、〜のように聞こえる
arrange for 〜 to *do*　〜が…するよう手配する　highlight 最重要点、主要部分　**❸** reserve 〜を予約する
rate 料金　transportation 交通手段　arrangement 手配　update 〜に最新情報を提供する

2 ウェブサイト
orthopedics 整形外科　**❶** presidential 大統領の、社長の　overview 概要　**❷** injury けが
exam 検査　splint 副木、添え木　cast ギプス　approach 手法、取り組み方　stabilize 〜を固定する
joint 関節　method 方法　identify 〜を特定する　treat 〜を手当てする、〜を治療する
ligament 靭帯　strength 体力　recommendation 推薦、勧め　physical 身体の

3 Eメール
❶ suggestion 提案　create 〜を作成する　informal 非公式の、略式の　sign-up 登録の
make sure (that) 〜　必ず〜であるようにする　**❷** appreciate 〜を感謝する　definitely 絶対に
deal with 〜　〜を扱う、〜を論じる　once ひとたび〜したら　**❸** expense 費用、経費　effort 努力
save 〜 …　〜の…（金・時間）を節約する

TEST 1 PART 7

99

Questions 196-200 refer to the following reviews of a book.

1 1つ目のレビュー

An Unexpected Plot Twist for a Seasoned Mystery Novelist

1 Fans of Delia Ramiro's mystery novels may be surprised when opening her new book. While Ms. Ramiro's novels usually feature crafty detectives and suspenseful plots interwoven with lengthy descriptions of mouthwatering meals, *The Vanishing Plate* is all about the recipes.

2 This attractive cookbook gives detailed instructions for making the many dishes featured in Ms. Ramiro's fiction, such as the lentil soup served by Derek Donne at the end of *The Alpine Enigma*, the debut novel that was published while Ms. Ramiro was still a university student.

3 "My literary agent, Bernice Holm, wanted me to write another international thriller," Ms. Ramiro said recently in an interview. "But readers kept asking me about the cuisine in my novels. They wanted to know how they could make it themselves!"

4 For Ms. Ramiro, the new book is not as big a departure as it may seem.

5 "As a child, I read cookbooks like they were novels," she said. "For me back then, *The Saffron Table* was as exciting as any adventure story."

6 When asked whether she expects the new book to be as successful as her previous one, *The Garnet Butterfly*, Ms. Ramiro had a quick answer.

7 "It may not sell as many copies, but people will want to keep it for years," she said. "The images in the book are works of art all on their own. Even if you don't make my version of chocolate soufflé, you'll be enchanted by the photograph of it."

8 *The Vanishing Plate* by Delia Ramiro. 300 pages. Sand Street Publishing. $50.

2 2つ目のレビュー

https://www.thebooknews.com/reviews/20sept/vanishing_plate

Hudson Keita Reviews *The Vanishing Plate*

1 It would seem that everyone is a chef these days. So far this year no fewer than 20 cookbooks by celebrities—actors, writers, and athletes—have hit bookstore shelves. Fortunately, Delia Ramiro's *The Vanishing Plate* is one of those rare celebrity cookbooks that can hold its own alongside those by professional chefs. This handsomely produced volume, featuring photographs by Selda Solberg and a foreword by award-winning chef Lukas Fogt, features over 100 creative and tantalizing recipes. Despite the puzzling title, the recipes themselves are clearly written and generously detailed. If only the book were not priced so exorbitantly ($50 for a cookbook?), I would say that it should become a staple in the kitchen of every home cook.

3 3つ目のレビュー

THE SOUTHWESTERNER MONTHLY

Book Review: Delia Ramiro's *The Vanishing Plate*

1 Delia Ramiro's *The Vanishing Plate* is not for the faint of heart. Inspired by scenes in the novelist's acclaimed mysteries and thrillers, the recipes are significantly more complicated than those in your typical gourmet cookbook. Most of Ramiro's recipes assume the reader is proficient in mid-level cooking techniques, and a few recipes would likely be attempted only by cooks with professional experience. If you are the ideal reader who is up to the challenge, however, the book will not disappoint you. All the recipes are innovative—not one failed to surprise me in one way or another—and they produce dishes that I believe would impress even the most discriminating diner. That said, the book is not without its faults. In addition to a hefty price tag, it devotes too much space to the history of the ingredients. While such information can be interesting, I would have preferred a trimmer, more concise book that showcases the recipes themselves and is easier to handle in the kitchen.

—Paulina Yu

設問196-200は次の3つのレビューに関するものです。

ベテランミステリー小説家の予期せぬストーリー展開

Delia Ramiroのミステリー小説のファンは、彼女の新刊を開いて驚くかもしれない。Ramiro氏の小説は通常、食欲をそそる食事の長々とした描写を織り交ぜた、悪賢い刑事たちとサスペンスあふれる筋書きを売りにしているが、『消える料理』は全てがレシピなのだ。

この魅力的な料理本には、Ramiro氏の小説に登場する多くの料理を作るための詳細な手順が載っている。例えば、Ramiro氏がまだ大学生だったときに出版されたデビュー作である『アルプスの謎』の最後でDerek Donneによって出されるレンズマメのスープなどである。

「私の著作権代理人であるBernice Holmは、私に新たな国際スリラー小説を書いてほしいと言っていました」と、Ramiro氏は最近インタビューで言った。「しかし読者の皆さんは、私に小説の中の料理について繰り返し尋ねてきました。皆さんはどうすれば自分たちでそれを作ることができるのか知りたがったのです！」

Ramiro氏にとっては、この新刊は見かけほどの新機軸ではない。

「子どもの頃、私は小説であるかのように料理本を読みました」と彼女は言った。「その頃の私にとって、『サフラン色のテーブル』はどの冒険物語にも劣らずわくわくさせてくれるものでした」。

この新刊が前作の『深紅のチョウ』と同じくらい成功することを予期しているか尋ねられると、Ramiro氏は即答した。

「あれほど多くの部数は売れないかもしれませんが、皆さんは長い間それを持っておきたいと思うでしょう」と彼女は言った。「本の中の画像はそれ自体が芸術作品です。たとえ私風のチョコレートスフレを作らなくても、皆さんはその写真に魅了されることでしょう」。

Delia Ramiro著『消える料理』。300ページ。Sand Street出版社。50ドル。

---

https://www.thebooknews.com/reviews/20sept/vanishing_plate

Hudson Keitaが『消える料理』を批評

最近では誰もが料理人のようだ。今年はこれまでに、有名人たち──俳優、作家、スポーツ選手──による20冊もの料理本が発売されている。幸いなことに、Delia Ramiroの『消える料理』はプロの料理人の本にも引けを取らない、稀有な有名人料理本の一つである。美しく作られたこの本は、Selda Solbergによる写真と、受賞歴のある料理人Lukas Fogtによる序文をあしらい、100を超える創造的で食欲をそそるレシピを取り上げている。謎めいた書名にもかかわらず、レシピ自体は明瞭に書かれており、極めて詳細だ。この本がこれほど法外な値段でさえなければ（料理本に50ドル？）、あらゆる家庭料理人のキッチンにおける定番となるはずだと言ってもよいだろう。

『月刊　南西部人』

書評：Delia Ramiro著『消える料理』

Delia Ramiroの『消える料理』は気弱な人には向かない。レシピはこの小説家の定評あるミステリー小説やスリラー小説の場面から着想を得たもので、典型的なグルメ料理本のものよりも著しく複雑だ。Ramiroのレシピの大半は読者が中級レベルの料理技術に熟達していることを前提としていて、幾つかのレシピはおそらくプロとしての経験のある料理人によってのみ試されるだろう。しかし、もしあなたが難題に立ち向かう理想的な読者なら、この本はあなたを失望させることはない。全てのレシピは革新的で──何らかの形で私を驚かせないものは一つもなかった──非常に舌の肥えた食通でさえも感動させるに違いない料理を生み出す。そうは言っても、この本に欠点がないわけではない。高い値札に加えて、材料の歴史にあまりにも多くのスペースを割いているのだ。そのような情報は興味深いかもしれないが、レシピそのものを紹介した、キッチンでもっと扱いやすい、よりさっぱりした簡潔な本の方が私はよかった。

──Paulina Yu

196 According to the first review, how does Ms. Ramiro's new book differ from her previous ones?

    (A) It is significantly longer.
    (B) It is a different type of book.
    (C) It is in a different language.
    (D) It was written with a coauthor.

1つ目のレビューによると、Ramiroさんの新刊は以前のものとどのように異なりますか。

    (A) 著しく長くなっている。
    (B) 異なる種類の本である。
    (C) 異なる言語で書かれている。
    (D) 共著者と共に書かれた。

正解 B 🔳1つ目のレビューを確認する。❶ 1～2行目に、Ramiroさんのミステリー小説のファンは彼女の新刊に驚くかもしれないとあり、同3～7行目に、「Ramiro氏の小説は通常、食欲をそそる食事の長々とした描写を織り交ぜた、悪賢い刑事たちとサスペンスあふれる筋書きを売りにしているが、『消える料理』は全てがレシピだ」とある。よって、新刊の『消える料理』は、以前の作品とジャンルが異なると分かるので、(B)が正解。

(A) 🔳の❶ 3～7行目に、Ramiroさんの小説の特徴として、食事の長い描写が挙げられているが、新刊自体が以前のものより長いとは述べられていない。
(D) 🔳の❸ 1～3行目にBernice Holmという人物への言及はあるが、著作権代理人であり、coauthor「共著者」ではない。

---

197 In the first review, what book is mentioned as the first novel written by Ms. Ramiro?

    (A) *The Vanishing Plate*
    (B) *The Alpine Enigma*
    (C) *The Saffron Table*
    (D) *The Garnet Butterfly*

1つ目のレビューで、どの本がRamiroさんによって書かれた最初の小説として述べられていますか。

    (A) 『消える料理』
    (B) 『アルプスの謎』
    (C) 『サフラン色のテーブル』
    (D) 『深紅のチョウ』

正解 B 🔳1つ目のレビューを確認する。❷ 5行目に、*The Alpine Enigma*, the debut novelとあり、直後のthat以下では、この小説はRamiroさんがまだ大学生の頃に出版されたと説明されている。(B)が正解。

(A) 🔳の❶ 3～7行目より、Ramiroさんの新刊。
(C) 🔳の❺より、Ramiroさんが子どもの頃に読んだ本。
(D) 🔳の❻より、Ramiroさんの前作。

---

198 Whose work does Ms. Ramiro praise in an interview?

    (A) Derek Donne's
    (B) Bernice Holm's
    (C) Selda Solberg's
    (D) Lukas Fogt's

Ramiroさんはインタビューで誰のした仕事を称賛していますか。

    (A) Derek Donne
    (B) Bernice Holm
    (C) Selda Solberg
    (D) Lukas Fogt

正解 C Ramiroさんの発言は🔳1つ目のレビューにあるので🔳を確認する。❼ 3～4行目で、Ramiroさんの発言としてThe images in the book are works of art all on their own. と本の中の画像を称賛している。さらに続けて同4～6行目で、たとえレシピに倣って料理しなくてもその写真に魅了されるだろうと、写真の素晴らしさを付け加えている。🔳2つ目のレビューの❶ 5行目より、この写真はSelda Solbergによる

ものであると分かる。したがって、RamiroさんはSelda Solbergが撮った写真を称賛していると分かるので、(C)が正解。praise「～を称賛する」。
(A) 🔳の❷より、Ramiroさんの『アルプスの謎』の登場人物。
(B) 🔳の❸ 1～4行目より、Ramiroさんの著作権代理人。
(D) 🔳の❶ 5～7行目より、Ramiroさんの『消える料理』の序文を書いた料理人。

199 According to the third review, who are the ideal readers for Ms. Ramiro's new book?

(A) People who are professional writers themselves
(B) People who have read Ms. Ramiro's previous books
(C) People who read books to find creative inspiration
(D) People who have mastered a specific set of skills

3つ目のレビューによると、Ramiroさんの新刊の理想的な読者は誰ですか。

(A) 自身がプロの作家である人々
(B) Ramiroさんの以前の本を読んだことがある人々
(C) 創造的なひらめきを得るために本を読む人々
(D) 一連の特定技術を習得した人々

正解 D ❸3つ目のレビューを確認する。Ramiroさんの新刊について❶ 2～3 行目で、「レシピは典型的なグルメ料理本のものよりも著しく複雑だ」と述べられている。さらに続く同 3～5 行目に、「Ramiroのレシピの大半は読者が中級レベルの料理技術に熟達していることを前提としていて、幾つかのレシピはおそらくプロとしての経験のある料理人によってのみ試されるだろう」と述べられている。よって、Ramiroさんの新刊の理想的な読者は、ある程度の料理技術を習得した人々だと判断できるので、(D)が正解。a set of ～「一連の～」、specific「特定の」。
(A) ❸の❶ 3～5 行目に、プロとしての経験のある料理人への言及があるが、プロの作家に関する記述はない。
(B) ❸の❶ 1～2 行目で、新刊に含まれるレシピが以前の本の場面から着想を得ていると述べられているが、以前の本を読んだことがある人々を理想的な読者だとは述べられていない。

200 What do Mr. Keita and Ms. Yu both consider to be a problem with Ms. Ramiro's new book?

(A) Its high price
(B) Its confusing title
(C) Its focus on ingredients
(D) Its factual errors

KeitaさんとYuさんの両者はRamiroさんの新刊について何が問題であると考えていますか。

(A) 高い価格
(B) 混乱させるような書名
(C) 材料に重点を置いていること
(D) 事実誤認

正解 A Keitaさんとは、❷2つ目のレビューを書いた人物で、Yuさんとは、❸3つ目のレビューを書いた人物なので、❷と❸で共通して述べられている問題点を考える。❷の❶ 8～9 行目で、If only the book were not priced so exorbitantly ($50 for a cookbook?) と、高過ぎる値段に言及しており、❸の❶ 9～10 行目では、この本に欠点がないわけではないとしてIn addition to a hefty price tagと、やはり値段が高いことを指摘している。よって、両者は共に新刊の問題点は高い価格だと考えていると分かるので、(A)が正解。
(B) ❷の❶ 7～8 行目に、当惑させるような書名への言及があるが、❸では言及されていない。confusing「混乱させるような」。
(C) ❸の❶ 9～10 行目に、材料の歴史に重点を置き過ぎていることへの言及があるが、❷では言及されていない。focus「重点」。
(D) 事実誤認に関する言及はない。

---

1 レビュー
unexpected 予期しない　　plot （物語・映画などの）筋　　twist ねじれ、意外な展開
seasoned 経験豊富な、ベテランの　　❶ feature ～を特色とする、～を取り上げる　　crafty 悪賢い
detective 刑事、探偵　　suspenseful サスペンスに満ちた　　interweave ～を織り交ぜる　　lengthy 長く続く
mouthwatering おいしそうな　　vanish 消える　　❷ lentil レンズマメ　　Alpine アルプス山脈の、高山の
enigma 謎　　❸ literary agent 著作権代理人　　thriller スリラーもの　★謎や不安に満ちた推理小説などの作品
cuisine 料理　　❹ departure 逸脱、新展開　　❺ saffron サフラン色の、濃い黄色の　　❻ garnet 深紅色の
❼ work of art 芸術作品　　(all) on one's own それ自体で、単独で
soufflé スフレ　★チーズやフルーツに泡立てた卵白を加えた焼き菓子　　enchant ～を魅了する、～をうっとりさせる

2 レビュー
❶ so far 今までのところ　　no fewer than ～ ～もの（多くの）　　celebrity 有名人
hit store shelves 店の棚に並ぶ、発売される　　fortunately 幸運にも
hold one's own 自分の立場を守る、引けを取らない　　alongside ～と一緒に、～と肩を並べて
handsomely 見た目よく、立派に　　foreword 序文、端書き　　award-winning 受賞した
tantalizing 人の欲望をかき立てる　　puzzling 当惑させるような、不可解な　　generously 寛大に、豊富に
if only ～ ～でありさえすれば　　exorbitantly 法外に　　staple 主要品、必需品

3 レビュー
❶ faint of heart 臆病な人、気弱な人　　acclaimed 称賛された　　complicated 複雑な　　gourmet 食通（の）
assume (that) ～ ～ということを(当然のものと)想定する　　proficient 熟達した　　attempt ～を試みる
up to ～ ～に耐えて、～をしようとして　　disappoint ～をがっかりさせる　　innovative 革新的な
fail to do ～しない、～し損なう　　in one way or another どうにかして、何らかの形で
discriminating 識別力のある、目の肥えた　　diner 食事をする人　　that said そうは言っても　　fault 欠点、短所
hefty 大きくて重い、高額の　　devote ～ to … ～(紙面・時間など)を…に割く　　ingredient 材料
trim さっぱりと整った　　concise 簡潔な　　showcase ～を展示する、～を紹介する　　handle ～を扱う

TEST 2

TEST 2 の正解一覧

リスニングセクション

設問番号	正解	設問番号	正解
Part 1		51	D
1	D	52	A
2	A	53	A
3	B	54	C
4	B	55	D
5	A	56	C
6	C	57	C
Part 2		58	D
7	C	59	C
8	B	60	B
9	A	61	A
10	C	62	C
11	A	63	B
12	B	64	D
13	A	65	A
14	A	66	D
15	C	67	A
16	C	68	A
17	C	69	C
18	A	70	D
19	B	**Part 4**	
20	A	71	C
21	B	72	B
22	B	73	B
23	A	74	A
24	C	75	C
25	A	76	B
26	B	77	C
27	B	78	A
28	C	79	B
29	A	80	C
30	A	81	D
31	A	82	A
Part 3		83	D
32	B	84	C
33	D	85	B
34	A	86	B
35	C	87	D
36	A	88	C
37	D	89	B
38	D	90	D
39	C	91	D
40	C	92	B
41	B	93	C
42	C	94	D
43	C	95	B
44	B	96	A
45	B	97	C
46	D	98	C
47	D	99	B
48	C	100	C
49	A		
50	A		

リーディングセクション

設問番号	正解	設問番号	正解
Part 5		151	C
101	D	152	D
102	B	153	C
103	C	154	C
104	B	155	D
105	A	156	B
106	C	157	C
107	D	158	D
108	A	159	B
109	A	160	D
110	B	161	D
111	B	162	D
112	D	163	B
113	B	164	B
114	C	165	C
115	C	166	B
116	A	167	D
117	D	168	C
118	B	169	C
119	C	170	B
120	B	171	D
121	A	172	A
122	D	173	B
123	B	174	D
124	D	175	A
125	A	176	B
126	C	177	C
127	C	178	B
128	D	179	A
129	D	180	C
130	B	181	A
Part 6		182	B
131	C	183	D
132	B	184	C
133	D	185	D
134	D	186	D
135	A	187	B
136	A	188	C
137	D	189	C
138	B	190	B
139	D	191	B
140	B	192	C
141	C	193	A
142	A	194	A
143	D	195	C
144	A	196	A
145	C	197	A
146	A	198	C
Part 7		199	B
147	A	200	D
148	B		
149	A		
150	D		

1

2

3

---

1 🇬🇧 W

(A) He's taking off some gloves.
(B) He's carrying some boots.
(C) He's sweeping a walkway.
(D) He's using a shovel.

(A) 彼は手袋を外しているところである。
(B) 彼は長靴を持ち歩いている。
(C) 彼は歩道の掃き掃除をしている。
(D) 彼はシャベルを使っている。

| 正解 **D** | 男性はshovel「シャベル」を使って雪かきをしている。 |

(A) 男性はgloves「手袋」をはめた状態で作業しており、外しているところではない。take off ～「～を脱ぐ」。
(B) 男性はboots「長靴」を履いているが、それらを持ち歩いてはいない。carry「～を運ぶ、～を持ち歩く」。
(C) 男性はwalkway「歩行者専用通路、歩道」の掃き掃除はしていない。sweep「～を掃く、～の掃き掃除をする」。

---

2 🇺🇸 W

(A) An airplane is flying overhead.
(B) A woman is riding a bike.
(C) A car is driving on a road.
(D) A woman is boarding an airplane.

(A) 飛行機が上空を飛んでいる。
(B) 女性が自転車に乗っている。
(C) 車が道を走っている。
(D) 女性が飛行機に搭乗しているところである。

| 正解 **A** | 上空を1機の飛行機が飛んでいる。airplane「飛行機」、overhead「頭上で、上空で」。 |

(B) 自転車は写っているが、女性はその脇に立っており、乗ってはいない。
(C) 自動車は確認できない。drive「(車が)走る」。
(D) 飛行機は女性の頭上を飛行中であり、女性がそれに搭乗しているところではない。board「～に乗り込む」。

---

3 🇦🇺 M

(A) The building is covered with snow.
(B) There are trees in front of the building.
(C) The walking path is lined with rocks.
(D) There are flags flying from a post.

(A) 建物は雪で覆われている。
(B) 建物の前には木々がある。
(C) 歩道の縁には石が並んでいる。
(D) 支柱から翻っている旗がある。

| 正解 **B** | 複数の木が建物の前に立っている。in front of ～「～の前に」。 |

(A) 建物は写っているが、雪は見当たらない。be covered with ～「～で覆われている」。
(C) 歩道は確認できるが、それに沿って石は並んでいない。path「小道」、line ～ with …「～に沿って…を並べる」。
(D) post「柱、支柱」にflag「旗」は見当たらない。fly「(旗が)翻る」。

4 **5** **6**

---

4 🇺🇸 W

(A) Some bookshelves are being assembled.
(B) There are some light fixtures on the ceiling.
(C) A carpet is being vacuumed.
(D) Some books have been stacked on a chair.

(A) 本棚が組み立てられているところである。
(B) 天井に備え付けの照明器具がある。
(C) カーペットに掃除機がかけられているところである。
(D) 本が椅子の上に積まれている。

| 正解 **B** | 部屋のceiling「天井」には、light fixture「(壁や天井に取り付けられた)照明器具」が幾つか見える。 |

(A) 本棚は写っているが、それらは組み立てられているところではない。bookshelvesはbookshelf「本棚」の複数形。assemble「～を組み立てる」。
(C) 掃除機は写っていない。vacuum「～を掃除機で掃除する」。
(D) 本は机の上や棚に置かれており、椅子の上には積まれていない。stack「～を積み上げる」。

---

5 🇨🇦 M

(A) Some windows overlook a fountain.
(B) Some people are sweeping around a fountain.
(C) Some people are laying bricks in a city square.
(D) Some umbrellas are being taken down.

(A) 幾つかの窓が噴水を見下ろしている。
(B) 何人かの人が噴水の周りで掃き掃除をしている。
(C) 何人かの人が市の広場でれんがを積んでいる。
(D) 幾つかのパラソルが降ろされているところである。

| 正解 **A** | 複数の窓がfountain「噴水」を見下ろす位置にある。overlook「～を見渡す、～を見下ろす」。 |

(B) 噴水の周囲で掃除をしている人々は写っていない。sweep「掃き掃除をする」。
(C) square「広場」らしき場所が写っているが、れんがを積んでいる人々は見当たらない。lay bricks「れんがを積む」。
(D) umbrella「パラソル」は写っているが、それらは設置されたままで、降ろされてはいない。take down ～「～を降ろす、～を解体する」。

---

6 🇦🇺 M

(A) Some workers are stocking the shelves of a storage closet.
(B) Some customers are pushing shopping carts.
(C) Some customers are standing in front of a checkout counter.
(D) Some workers are hanging up some shopping bags.

(A) 何人かの従業員が保管用戸棚に在庫を補充している。
(B) 何人かの客がショッピングカートを押している。
(C) 何人かの客がレジの前に立っている。
(D) 何人かの従業員が買い物袋を掛けている。

| 正解 **C** | 複数のcustomer「客」が、checkout counter「レジ」の前に並んで立っている。 |

(A) 在庫を補充している従業員は確認できない。shelvesはshelf「棚」の複数形。stock「～に在庫を補充する」、storage「保管」、closet「戸棚」。
(B) ショッピングカートは写っていない。
(D) 買い物袋らしきものは写っているが、すでに掛けられた状態であり、従業員はそれらに触れていない。hang up ～「～を掛ける」。

7 🇺🇸 W When is Ms. Phillips going to pick up her computer?

🇨🇦 M (A) Yes, I had some.

(B) That's a new clock, isn't it?

(C) Not until next week.

Phillipsさんはいつ、自分のコンピューターを受け取る予定ですか。

(A) はい、私は幾らか食べました。

(B) それは新しい時計ですよね？

(C) 来週になってからです。

正解 **C** When 〜?でPhillipsさんがいつコンピューターを受け取るのかと尋ねているのに対し、来週になってからと時期を伝えている(C)が正解。not until next weekは「来週になるまではそうしない」、つまり「来週になってから(受け取る)」という意味。pick up 〜「〜を受け取る」。

(A) 時が尋ねられているので、Yes/Noでは応答にならない。また、代名詞someが何を指すかも不明。

(B) 時と関連する時計に言及しているが、時を答えていないので応答にならない。

---

8 🇬🇧 W Would you like me to help you hang the wallpaper?

🇦🇺 M (A) It's a striped pattern.

(B) Yes, I'd appreciate it.

(C) I'll print it out now.

壁紙を貼るのをお手伝いしましょうか。

(A) それはしま模様です。

(B) はい、そうしていただけるとありがたいです。

(C) 今、それをプリントアウトします。

正解 **B** Would you like me to do 〜?は「〜しましょうか」と相手に申し出る表現。壁紙を貼る手伝いの申し出に対し、Yesと答え、「そうしてくれるとありがたい」と申し出を受け入れている(B)が正解。itは、壁紙を貼る手伝いを指す。I'dはI wouldの短縮形。hang wallpaper「壁紙を貼る」。appreciate「〜をありがたく思う」。

(A) Itがthe wallpaperを指すとしても、柄を答える発言は申し出に対する応答にならない。striped「しま模様の、ストライプの」、pattern「模様、柄」。

(C) print out 〜「〜をプリントアウトする」。

---

9 🇨🇦 M Can you help me revise this budget report?

🇬🇧 W (A) Sure, I'm free this afternoon.

(B) A pair of sunglasses.

(C) That was a great book.

この予算報告書を修正するのを手伝ってくれませんか。

(A) いいですよ、今日の午後は手が空いています。

(B) サングラス1つです。

(C) それは素晴らしい本でした。

正解 **A** Can you 〜?で、予算報告書の修正の手伝いを依頼しているのに対し、Sureと快諾し、「今日の午後は手が空いている」と、手伝える時間帯を知らせている(A)が正解。revise「〜を修正する」、budget「予算」、report「報告書」。

(B) サングラスに関することは話題にされていない。a pair of 〜「(2つの部分から成っている)1個の〜」。

(C) Thatがthis budget reportを指すとは考えにくく、何を指すか不明。また、本の感想は尋ねられていない。

---

10 🇺🇸 W Where will the sales staff be waiting for you?

🇨🇦 M (A) That's my favorite shop.

(B) I'll make the dinner reservations.

(C) In the lobby.

販売員はどこであなたを待つことになっていますか。

(A) それは私のお気に入りの店です。

(B) 夕食の予約を取っておきます。

(C) ロビーです。

正解 **C** Where 〜?で販売員が待つ予定の場所を尋ねているのに対し、位置を表す前置詞inを用いて「ロビーだ」と場所を答えている(C)が正解。sales staff「販売員」。

(A) Thatが何を指すか不明であり、好きな店を伝える発言は応答にならない。

(B) 夕食や予約に関することは話題にされていない。make a reservation「予約をする」。

---

11 🇨🇦 M When did Mr. Hang deliver the shipment?

🇬🇧 W (A) Yesterday afternoon.

(B) These boxes are heavy.

(C) No, it's over there.

Hangさんはいつ発送品を配達しましたか。

(A) 昨日の午後です。

(B) これらの箱は重いです。

(C) いいえ、それは向こうにあります。

正解 **A** When 〜?でHangさんが発送品を配達した時を尋ねているのに対し、「昨日の午後だ」と、時間帯を答えている(A)が正解。deliver「〜を配達する」、shipment「発送品」。

(B) 質問にあるshipmentに関連し得るboxesに惑わされないよう注意。

(C) Noで何を否定しているか不明。また、itがthe shipmentを指すとしても、その位置を伝える発言は応答にならない。

TEST 2 PART 2

12 🇺🇸 W Why do you want to go to the Japanese garden?

🇦🇺 M (A) Yes, there's a map in here.
(B) Because it's quite famous.
(C) Around eleven o'clock.

あなたはなぜ、その日本庭園に行きたいのですか。
(A) はい、ここに地図がありますよ。
(B) そこはとても有名だからです。
(C) 11時ごろです。

正解 **B** Why 〜?で日本庭園に行きたい理由を尋ねているのに対し、Because 〜を用いて「そこはとても有名だから」と、訪れたいと思う理由を伝えている(B)が正解。quite「かなり、随分」。
(A) 理由が尋ねられているので、Yes/Noでは応答にならない。in here「(何かの中を指して)ここに」。
(C) 時刻は尋ねられていない。

---

13 🇬🇧 W Who'll buy the tickets for the performance?

🇦🇺 M (A) I can take care of that.
(B) No, Farida is a marketing specialist.
(C) Thanks, it'll be 30 dollars.

誰がその公演のチケットを購入するのですか。
(A) 私がそれを引き受けてもいいですよ。
(B) いいえ、Faridaはマーケティングの専門家です。
(C) ありがとうございます、30ドルになります。

正解 **A** Who 〜?で公演のチケットを購入する人物を尋ねているのに対し、「私がそれを引き受けられる」と、自分が買うことを申し出ている(A)が正解。thatは、公演のチケットを購入することを指す。Who'llはWho willの短縮形。take care of 〜「〜を引き受ける」。
(B) Noで何を否定しているか不明。Faridaという人物名を挙げているが、職業は尋ねられていない。
(C) 購入するのは誰かという質問なので、金額を伝える発言は応答にならない。

---

14 🇦🇺 M The presentations will be in the afternoon, won't they?

🇺🇸 W (A) No, they've been postponed.
(B) The flowers on the table look beautiful.
(C) The back entrance is open.

プレゼンは午後の予定ですよね？
(A) いいえ、それは延期されました。
(B) 卓上の花はきれいですね。
(C) 裏口は開いています。

正解 **A** 肯定文の文末に 〜, won't they?を付けて「〜ですよね」と、プレゼンが午後に実施予定であることを確認している。これに対し、Noと否定し、「それは延期された」と、午後には行われないことを伝えている(A)が正解。theyは質問にあるThe presentationsを指す。postpone「〜を延期する」。
(B) プレゼンの実施予定時期の確認に対し、花の感想を伝える発言は応答にならない。
(C) back entrance「裏口」が開いているかどうかは関係がない。

---

15 🇬🇧 W Should we take the bus or the train downtown?

🇦🇺 M (A) Yes, they should.
(B) About every half an hour.
(C) The train seats are very comfortable.

私たちは中心街までバスを利用すべきですか、それとも電車を利用すべきですか。
(A) はい、彼らはそうすべきです。
(B) およそ30分おきに。
(C) 電車の座席はとても快適ですよ。

正解 **C** A or B?の形で、中心街までの移動手段としてバスと電車のどちらにすべきかと尋ねている。これに対し、「電車の座席はとても快適だ」と、後者の移動手段を間接的に提案している(C)が正解。downtown「中心街へ」。seat「座席」、comfortable「快適な」。
(A) 二者択一の質問に対し、Yesで何を肯定しているか不明。また、theyが誰を指すかも不明。
(B) バスや電車の運行間隔は尋ねられていない。

---

16 🇨🇦 M How soon will my lunch order be ready?

🇬🇧 W (A) A large assortment.
(B) I'm feeling well, thanks.
(C) The chef just started preparing it.

注文した私の昼食はあとどれくらいでできますか。
(A) 盛りだくさんの詰め合わせです。
(B) 体調はいいです、ありがとう。
(C) シェフはちょうど、それを調理し始めたところです。

正解 **C** How soon 〜?で注文した昼食があとどれくらいでできるかと尋ねている。これに対し、具体的な時間には言及せず、「シェフはちょうど、それを調理し始めたところだ」と伝えて用意ができるまでもう少し時間がかかることを示唆している(C)が正解。prepare「〜を調理する」。
(A) assortment「詰め合わせ」。
(B) 体調や気分は尋ねられていない。

17 🏴󠁧󠁢󠁥󠁮󠁧󠁿 W　When is your daughter leaving for university?

🇦🇺 M　(A) No, but thank you for offering.
　　(B) The Engineering Department.
　　(C) I'm driving her there on Friday.

娘さんはいつ大学に出発しますか。
(A) いいえ、でも申し出をありがとうございます。
(B) 工学部です。
(C) 私は金曜日に彼女をそこへ車で送ります。

正解 **C**　When 〜?で会話の相手の娘が大学に向かって出発する時を尋ねているのに対し、「私は金曜日に彼女をそこへ車で送る」と、娘が大学に行く具体的な曜日を答えている(C)が正解。herは質問にあるyour (= my) daughterを指す。drive「〜を車で送る」。
(A) Noで何を否定しているか不明。また、申し出に対する感謝では応答にならない。offer「(助けなどを)申し出る」。
(B) 質問にあるuniversityと関連するDepartment「学部」を含むが、学部は尋ねられていない。

---

18 🇦🇺 M　Aren't you looking forward to visiting Dubai?

🇺🇸 W　(A) My trip was canceled.
　　(B) The international airport.
　　(C) That shirt does look nice.

ドバイを訪れるのを楽しみにしているのではないのですか。
(A) 私の旅行は中止になりました。
(B) 国際空港です。
(C) そのシャツは本当にすてきですね。

正解 **A**　否定疑問文で、ドバイを訪れるのを楽しみにしているのではないのかと尋ねているのに対し、Yes/Noでは答えずに旅行自体が中止になったことを伝えている(A)が正解。look forward to doing「〜することを心待ちにする」。cancel「〜を中止する」。
(B) 空港については尋ねられていない。international「国際的な」。
(C) シャツは話題にされておらず、その感想を伝える発言は応答にならない。

---

19 🏴󠁧󠁢󠁥󠁮󠁧󠁿 W　Where is the history museum that Sandrine recommended?

🇨🇦 M　(A) In the storage closet.
　　(B) Let's check online.
　　(C) Yes, at eleven thirty.

Sandrineが薦めてくれた歴史博物館はどこにあるのですか。
(A) 物置の中です。
(B) オンラインで確認しましょう。
(C) はい、11時30分に。

正解 **B**　歴史博物館の場所を尋ねているのに対し、Let's 〜を用いて「オンラインで確認しよう」と、インターネットで調べることを提案している(B)が正解。recommend「〜を推奨する、〜を薦める」。online「オンラインで」。
(A) 場所を答えているが、博物館の場所が尋ねられているので、storage closet「物置」の中という返答はつじつまが合わない。
(C) Yesで何を肯定しているか不明であり、また時刻は尋ねられていない。

---

20 🇦🇺 M　How much longer will the flight be delayed?

🏴󠁧󠁢󠁥󠁮󠁧󠁿 W　(A) The information desk is over there.
　　(B) I have a new monitor.
　　(C) No, it's quite far.

飛行機はあとどれくらい遅れそうですか。
(A) 案内所はあそこにありますよ。
(B) 私は新しいモニターを持っています。
(C) いいえ、そこはかなり遠いです。

正解 **A**　How much longer 〜?で飛行機があとどれくらい遅れそうかと尋ねている。これに対し、予測される遅延時間を答えるのではなく、案内所の場所を伝えることで、そこで遅延時間を確認するよう示唆している(A)が正解。flight「飛行機の便」、delay「〜を遅らせる」。information desk「案内所」。
(B) モニターに関することは話題にされていない。
(C) 遅延時間が尋ねられているので、Yes/Noでは応答にならない。

---

21 🇦🇺 M　Is the lumber delivery arriving at the warehouse today?

🇺🇸 W　(A) Smith's Marketing and Sales.
　　(B) The driver is out sick today.
　　(C) A multiyear contract.

木材の配達物は今日、倉庫に到着しますか。
(A) Smith'sマーケティング販売社です。
(B) 担当ドライバーは今日、病欠です。
(C) 複数年契約です。

正解 **B**　木材の配達物が今日、倉庫に到着するかと尋ねているのに対し、担当ドライバーが病欠であることを知らせ、今日中に配達物が倉庫に到着しないことを示唆している(B)が正解。lumber「木材」、delivery「配達(物)」、warehouse「倉庫」。out sick「病気で休んで」。
(A) 会社については尋ねられていない。
(C) contract「契約」は話題にされていない。multiyear「複数年に及ぶ」。

22 🇬🇧 W Our department needs to place an order for office supplies this week.

🇦🇺 M (A) My apartment's on the fifth floor.
(B) Do you need help making a list?
(C) A surprise party next week.

うちの部署は今週、オフィス用品を注文する必要があります。

(A) マンションの私の部屋は5階にあります。
(B) リストを作成する手伝いが必要ですか。
(C) 来週のサプライズパーティーです。

> **正解 B** 今週オフィス用品を注文する必要があるという発言に対し、リスト作成の手伝いが必要かと尋ねている(B)が正解。department「部署」、place an order for 〜「〜を注文する」、supplies「用品」。
> (A) 発言にあるdepartmentと似た音を含むapartment「共同住宅の住戸、マンションの一室」に惑わされないよう注意。
> (C) 発言にあるthis weekから連想され得るnext weekを含むが、応答になっていない。また、発言にあるsuppliesと(C)にあるsurpriseの音の類似性に注意。

23 🇦🇺 M Doesn't this train go all the way to Springdale?

🇺🇸 W (A) No, we have to transfer at the next stop.
(B) I'm going to the cafeteria too.
(C) The ticket counter on the left.

この電車はスプリングデールまで行くのではないのですか。

(A) いいえ、私たちは次の停車駅で乗り換えないといけません。
(B) 私もカフェテリアに行きます。
(C) 左手にある切符売り場です。

> **正解 A** 否定疑問文で、電車がスプリングデールまで行くのではないのかと尋ねているのに対し、Noと否定し、次の停車駅で乗り換えなければならないと伝えている(A)が正解。all the way「はるばる、最後までずっと」。transfer「乗り換える」。
> (B) カフェテリアは話題にされていない。
> (C) 質問にあるtrainと関連するticket counter「切符売り場」を含むが、電車の行き先についての質問への応答にならない。

24 🇨🇦 M How soon will the new sales staff be arriving?

🇺🇸 W (A) There's a bus stop out front.
(B) At the fitness center.
(C) In a few minutes.

新しい販売員はあとどれくらいで到着しますか。

(A) 表にバス停があります。
(B) フィットネスセンターで。
(C) 数分後です。

> **正解 C** How soon 〜?で、あとどれくらいで新しい販売員が到着するかと尋ねているのに対し、「数分後だ」と到着までの時間を伝えている(C)が正解。
> (A) 質問にあるarrivingから連想され得るbus stop「バス停」が含まれるが、応答になっていない。out front「表に、(建物の)前に」。
> (B) 場所は尋ねられていない。

25 🇦🇺 M What will you be presenting on at the conference?

🇺🇸 W (A) Some of our recent engineering innovations.
(B) I've already bought a present.
(C) The conference center on Maple Street.

あなたは会議で何についてプレゼンする予定ですか。

(A) 当社の最近の工学技術革新です。
(B) 私はすでに贈り物を購入しました。
(C) メープル通りの会議場です。

> **正解 A** 何についてプレゼンする予定かと尋ねているのに対し、「当社の最近の工学技術革新だ」と、発表のテーマを答えている(A)が正解。present「プレゼンテーションをする」、on 〜「〜に関して」、conference「会議」。recent「最近の」、engineering「工学技術」、innovation「革新」。
> (B) ここでのpresentは「贈り物」という意味の名詞。
> (C) 質問にあるconferenceを含むが、会議場の場所は尋ねられていない。

26 🇺🇸 W Do you have time to participate in a group interview tomorrow?

🇬🇧 W (A) I really enjoyed them, thanks.
(B) My calendar is open all week.
(C) I've heard we received another delivery.

明日の集団面接に参加する時間はありますか。

(A) それらを大いに満喫しました、ありがとう。
(B) 私の予定は今週ずっと空いています。
(C) 私たちはもう一つ配達物を受け取ったと私は聞いています。

> **正解 B** 明日の集団面接に参加する時間があるかと尋ねているのに対し、「私の予定は今週ずっと空いている」と答え、明日の都合がつくことを暗に伝えている(B)が正解。participate in 〜「〜に参加する」、group interview「集団面接」。open「空いた、予定が入っていない」。
> (A) themが何を指すか不明。また、未来について尋ねられているので、過去の感想を伝える発言は応答にならない。
> (C) 配達物は話題にされていない。

27 🇺🇸 W We should hire another salesperson.

🇨🇦 M (A) Several applications.
(B) The store has had a lot of customers lately.
(C) Yes, I'd like some coffee.

当店は販売員をもう1人雇うべきです。
(A) 複数の応募です。
(B) 店には最近、たくさんの客が入っていますね。
(C) はい、コーヒーが飲みたいです。

正解 **B** 販売員をもう1人雇うべきだという発言に対し、近頃の店の盛況ぶりを述べ、追加の雇用に婉曲的に賛成している(B)が正解。hire「～を雇う」。lately「最近」。
(A) 発言にあるhireと関連し得るapplication「応募（書類）」を含むが、応募状況は尋ねられていない。
(C) Yesで新規従業員の雇用に賛意を表しているとしても、コーヒーを希望する発言は応答にならない。

28 🇦🇺 M Will replacing the windows take more than a month or less than a month to do?

🇬🇧 W (A) That clock is quite impressive.
(B) A monthly budget.
(C) I'll need to check with the installers.

窓を交換するのに1カ月以上かかりますか、それとも1カ月未満ですか。
(A) その時計はとても印象的ですね。
(B) 月単位の予算です。
(C) 取り付け業者に確認する必要があるでしょうね。

正解 **C** A or B?の形で、窓の交換作業にかかるのは1カ月以上か1カ月未満かと尋ねている。これに対し、どちらとも答えずに「取り付け業者に確認する必要があるだろう」と述べ、所要期間は聞かないと分からないことを示唆している(C)が正解。replace「～を交換する」。check with ～「～に確認する」、installer「取り付け作業員」。
(A) 時計には言及されていない。impressive「印象的な」。
(B) 質問にあるmonthと関連するmonthly「毎月の」に惑わされないよう注意。budget「予算」。

29 🇺🇸 W Can you come and fix the printer?

🇦🇺 M (A) I'm just about to set up some teleconferencing equipment.
(B) It was only about 30 copies.
(C) It's very bright in here.

プリンターを修理しに来てもらえますか。
(A) 私はちょうど今、テレビ会議用の機器をセッティングしようとしているところなのです。
(B) それはわずか30部ほどでした。
(C) ここはとても明るいですね。

正解 **A** Can you ～?でプリンターを修理しに来るよう依頼しているのに対し、「私はちょうど今、テレビ会議用の機器をセッティングしようとしているところだ」と答え、今は別の用件のため対応できないことを示唆している(A)が正解。come and do「～しに来る」、fix「～を修理する」、be about to do「～しようとするところである」、teleconferencing「テレビ会議」、equipment「機器」。
(B) 質問にあるprinterと関連するcopiesを含むが、書類などの部数は尋ねられていない。
(C) 依頼に対し明るさを述べる発言は応答にならない。bright「明るい」。

30 🇨🇦 M We spend almost half of the workday in meetings!

🇬🇧 W (A) I wish we had fewer of them.
(B) Sure, I'll send you the file beforehand.
(C) From nine to ten o'clock.

私たちは一日の勤務時間の半分近くを会議に費やしていますね！
(A) それらがもっと少ないといいのですが。
(B) はい、事前にそのファイルをお送りしますね。
(C) 9時から10時までです。

正解 **A** 勤務時間の半分近くを会議に費やしているという発言に対し、「それらがもっと少ないといいのに」と、願望を述べて応答している(A)が正解。〈I wish＋過去形の節〉は「～ならいいのに」と、現在に反する願望を述べる仮定法過去の表現。themは発言にあるmeetingsを指す。workday「就業日、一日の勤務時間」。
(B) Sureが共感を示すとしても、ファイルを送るという発言は応答にならない。beforehand「事前に」。
(C) 時間帯は尋ねられていない。

31 🇺🇸 W Would you like to look at the slides now or later?

🇨🇦 M (A) This is a very busy time of day.
(B) Yes, I'm still looking for a new one.
(C) No, they're in the conference center.

スライドを今見たいですか、それとも後で見たいですか。
(A) 今は一日のうちでとても多忙な時間帯なのです。
(B) はい、私は今も新しいものを探しています。
(C) いいえ、それらは会議場にあります。

正解 **A** Would you like to do ～?「～したいですか」は丁寧に意向を尋ねる表現であり、A or Bの形で、今か後のどちらにスライドを見たいかと尋ねている。これに対し、「今は一日のうちでとても多忙な時間帯だ」と答え、後者の選択を示唆している(A)が正解。
(B) 二者択一の質問なので、Yes/Noでは答えず、また、代名詞oneがslideを指すとしても応答にならない。look for ～「～を探す」。
(C) theyがthe slidesを指すとしても、会議場にあるという発言は応答にならない。

Questions 32 through 34 refer to the following conversation.

設問32-34は次の会話に関するものです。

🇨🇦 M ❶The new hotel looks incredible, Sarai. ❷You did an excellent job working with the general contractor during the construction process. ❸Now let's discuss the complimentary shuttle service we'd like to offer between the hotel and the airport.

🇬🇧 W Right. ❹I think guests will really like a free shuttle given how expensive cab rides to the airport are. ❺Taking our shuttle will save them quite a bit of money. And it'll draw more guests to our hotel.

🇨🇦 M Agreed. ❻Could you look into how many drivers and vehicles we'd need in order to provide this service?

新しいホテルはとても素晴らしいですね、Sarai。建設工程において、あなたは総合建設業者と連携して見事な仕事をしましたね。さて、私たちが提供したいと思っている、ホテル・空港間の無料シャトルサービスについて話し合いましょう。

そうですね。空港までのタクシー乗車がいかに高くつくかを考えると、宿泊客は無料のシャトル便を非常に気に入るだろうと思います。当ホテルのシャトル便に乗れば、かなりのお金を節約できます。そしてそれは、当ホテルにより多くの宿泊客を引き寄せることになるでしょう。

同意見です。このサービスを提供するために運転手と車両がどのくらい必要になるか調べていただけますか。

---

32 What was recently built?

(A) A restaurant
(B) A hotel
(C) An airport
(D) A parking area

何が最近建てられましたか。

(A) レストラン
(B) ホテル
(C) 空港
(D) 駐車場

正解 B 男性は❶「新しいホテルはとても素晴らしい」とホテルの感想を伝えた後、❷で、その建設工程における女性の仕事ぶりを称賛している。よって、新しいホテルが最近建てられたと分かるので、(B)が正解。(C) airportに言及されているが、ホテルと空港の間を運行するシャトル便について述べられているだけ。

---

33 According to the woman, what will customers like about a service?

(A) It will be environmentally friendly.
(B) It will be available 24 hours a day.
(C) It will not require reservations.
(D) It will be free of charge.

女性によると、客はサービスについて何を気に入るでしょうか。

(A) それは環境に優しいものとなる。
(B) それは24時間利用可能となる。
(C) それは予約不要となる。
(D) それは無料となる。

正解 D 男性が❸で、ホテル・空港間の無料シャトルサービスについて話し合おうと提案しているのに対し、女性は❹「空港までのタクシー乗車がいかに高くつくかを考えると、宿泊客は無料のシャトル便を非常に気に入るだろうと思う」と意見を述べている。続く❺でも、シャトル便の利用で宿泊客はお金を節約できるので、宿泊客獲得につながるだろうと述べており、女性は客がシャトルサービスが無料であることを気に入るだろうと考えていることが分かる。よって、これを free of charge「無料で」を使って表現している(D)が正解。(A) (B) (C) 環境への優しさ、利用可能な時間帯、予約の要・不要には言及されていない。

---

34 What does the man ask the woman to do?

(A) Gather some information
(B) Train some staff
(C) Clean some vehicles
(D) Apply for a permit

男性は女性に何をするよう頼んでいますか。

(A) 情報を収集する
(B) スタッフを教育する
(C) 車両を掃除する
(D) 許可証を申請する

正解 A 男性は、新しいサービスのメリットについての女性の意見にAgreedと同意した後、❻で、サービスの提供に必要な運転手と車両の数を調べるよう女性に依頼している。よって、(A)が正解。❻の how many drivers and vehicles we'd need を(A)では some information と表している。gather「～を収集する」。(B) train「～を教育する」。(C) 会話に vehicles が登場するが、サービス提供に必要な車両の台数という話題で言及されているだけ。(D) apply for ～「～を申請する」、permit「許可証」。

---

incredible 信じられないほど素晴らしい　　excellent 非常に優れた　　general contractor 総合建設業者、ゼネコン
construction 建設　　process 過程　　complimentary 無料の　　shuttle シャトル便　　given ～ ～を考慮に入れると
cab タクシー　　ride （乗り物に）乗ること　　save ～ … ～の…(金・時間)を節約する　　quite a bit of ～ かなりの～
draw ～を引き寄せる　　Agreed. 同意見です。　　look into ～ ～を調べる　　vehicle 車両　　in order to do ～するために
provide ～を提供する

Questions 35 through 37 refer to the following conversation.

M I'm Ivan Pavlov—owner of Bounce Toy Shop. ❶You left a message that you'd like to meet because you plan to write a news article about my store?

W ❷Yes—given that your shop is a local business, we want to include it in a future issue of the paper.

M I'm grateful for the opportunity. ❸Our grand opening is next week, but ❹you can interview me and tour the store before that. Maybe tomorrow at noon?

W That works! ❺Is it OK if I bring a camera?

M Yes, of course! ❻There's just one area of the store I'd ask you to avoid taking pictures of. It's still being set up.

設問35-37は次の会話に関するものです。

Ivan Pavlovと申します——Bounce玩具店のオーナーです。あなたは、当店についてのニュース記事を書く予定なので面会を希望するという伝言を残してくださいましたね?

はい——貴店が地元商店であるということを考え、当新聞の今後の号で取り上げたいと思っております。

その機会をありがたく思います。当店のグランドオープンは来週ですが、それよりも前に、私に取材をして店内を見て回っていただいて構いません。明日の正午などはいかがでしょう?

それで結構です!カメラを持参してもよろしいでしょうか。

はい、もちろんです!写真撮影を控えていただくようお願いしたい店の区画が1カ所だけあります。そこはまだ準備中でして。

---

35 Why does the man contact the woman?
(A) To get directions to her office
(B) To offer her a job
(C) To arrange for a meeting
(D) To purchase a newspaper subscription

男性はなぜ女性に連絡していますか。
(A) 彼女のオフィスへの道順を知るため
(B) 彼女に仕事を提供するため
(C) 面会を取り決めるため
(D) 新聞を定期購読するため

正解 C　❶で、店の記事を書くために面会したいという伝言について女性に確認する男性に対し、女性は❷で肯定した後、新聞で男性の店を取り上げたいと述べている。これを聞いた男性は謝意を伝え、❹では、面会の日時を提案している。よって、男性は女性が希望する面会を取り決めるために連絡していると判断できるので、(C)が正解。arrange for ～「～の手はずを整える、～を取り決める」。
(A) directions「道順」については言及がない。
(B) 女性からの面会希望に応じるために電話をしているが、女性に仕事を提供しているわけではない。offer ～ …「～に…を提供する」。
(D) 会話にnewspaperと同じ意味のpaperは登場するが、subscription「定期購読」への言及はない。

36 What does the man say will take place next week?
(A) A grand-opening event
(B) A product launch
(C) A retirement party
(D) A career fair

男性は来週に何が行われると言っていますか。
(A) グランドオープンイベント
(B) 商品の発売開始
(C) 退職記念パーティー
(D) 就職説明会

正解 A　男性は、女性の申し出に礼を述べてから、❸「当店のグランドオープンは来週だ」と、店の開店時期を伝えているので、(A)が正解。
(B) launch「発売開始」。
(C) retirement「退職」。

37 What does the woman ask permission to do?
(A) Postpone a subscription
(B) Park in a certain area
(C) Call some references
(D) Take pictures

女性は何をする許可を求めていますか。
(A) 定期購読を先送りにする
(B) 特定のエリアに駐車する
(C) 照会先に電話する
(D) 写真を撮る

正解 D　女性は、男性が提案する面会日時で問題ないことを伝えた後、❺「カメラを持参してもいいか」と許可を求めているので(D)が正解。男性がこれを承諾してから、❻で写真撮影を控えてほしい区画があることを伝えていることもヒントになる。permission「許可」。
(A) postpone「～を延期する、～を後回しにする」。
(B) 会話に登場するareaを含むが、駐車については述べられていない。park「駐車する」。
(C) reference「照会先」。

---

business 会社、店　include ～を含める　future 今後の　issue (新聞や雑誌などの)号　paper 新聞　be grateful for ～ ～をありがたく思う　opportunity 機会　interview ～を取材訪問する、～にインタビューする　tour ～を見て回る　work 都合がつく　avoid doing ～することを避ける　set up ～ ～を準備する

TEST 2 PART 3

113

Questions 38 through 40 refer to the following conversation.

設問38-40は次の会話に関するものです。

🇨🇦 M Hi, Sung-Hee. Thanks for meeting with me. ❶Since the state teachers conference is the largest one I've planned so far, I want to make sure I'm not missing anything.

こんにちは、Sung-Hee。打ち合わせをありがとうございます。州教員会議は私がこれまで計画してきた中で最も大規模なものなので、一つも抜かりがないようにしたいと思っています。

🇺🇸 W Well, I looked over the materials you sent me, and ❷you've done a nice job preparing for the conference. ❸I especially liked the idea of including optional group activities in the city.

ええと、送ってくれた資料に目を通しましたが、あなたは会議の準備で良い仕事をしていますね。特に、市内での自由参加のグループ活動を取り入れるという考えが良いと思いました。

🇨🇦 M Yes, I'm still considering which activities to go with.

はい、どの活動にするかまだ検討中です。

🇺🇸 W ❹Why not call the city's tourism office? They'll have some good suggestions. And they can probably arrange for group rates.

市の観光局に電話してはどうでしょうか。彼らには何か良い案があるでしょう。それに、団体料金を設定してくれるかもしれません。

🇨🇦 M ❺Good idea. I'll do that right now.

名案ですね。今すぐそれをします。

38 What is the man organizing?

(A) A fund-raising event
(B) A community festival
(C) A company retreat
(D) A professional conference

男性は何を準備していますか。

(A) 資金集めのイベント
(B) 地域の祭り
(C) 社員旅行
(D) 専門家会議

正解 D 男性は、❶「州教員会議は私がこれまで計画してきた中で最も大規模なものなので、一つも抜かりがないようにしたい」と述べ、女性は❷で、会議の準備における男性の仕事ぶりを褒めている。よって、(D)が正解。❶のthe state teachers conferenceを(D)ではa professional conferenceと表している。organize「～を準備する」。professional「専門職の」。
(A) fund-raising「資金集めの」。
(B) (C) 市の観光局への連絡が提案されているのは会議における活動に関してであり、祭りやcompany retreat「社員旅行、研修旅行」への言及はない。

39 What idea does the woman say she likes?

(A) Giving away free samples
(B) Providing a shuttle service
(C) Offering group activities
(D) Inviting a guest speaker

女性はどんな考えが気に入っていると言っていますか。

(A) 試供品の配布
(B) シャトル便の用意
(C) グループ活動の提供
(D) ゲストスピーカーの招待

正解 C 女性は資料に目を通したことを述べ、❸「特に、市内での自由参加のグループ活動を取り入れるという考えが良いと思った」と伝えているので、(C)が正解。
(A) (B) (D) いずれも会議のための案としてあり得る内容だが、これらについては話題に上がっていない。
(A) give away ～「～を配る」。

40 What does the man decide to do next?

(A) Plan a menu
(B) Make a payment
(C) Call a city office
(D) Hire a cleaning service

男性は次に何をすると決めていますか。

(A) メニューを立案する
(B) 支払いをする
(C) 市役所に電話する
(D) 清掃サービス業者を雇う

正解 C グループ活動の内容についてまだ検討中だと述べる男性に対し、女性は❹「市の観光局に電話してはどうか」と提案し、その理由を続けている。それに対して男性は、❺で、名案だと述べて今すぐそうすると伝えている。よって、男性は提案に従い、これから市の観光局に電話するつもりだと分かるので、(C)が正解。❺のdo thatとはcall the city's tourism officeを表す。
(A) 会話に登場するplanを含むが、メニューは話題にされていない。
(B) 団体料金に言及されているが、支払いをするとは述べられていない。
(D) hire「～を雇う」。

state 州　so far 今までのところ　make sure (that) ～ ～であることを確実にする　miss ～を欠いている、～を見落とす　look over ～ ～に目を通す　material 資料　especially 特に　optional 任意の、自由選択の　consider ～を検討する　go with ～ ～を選ぶ、～に決める　arrange for ～ ～の取り決めをする　rate 料金

Questions 41 through 43 refer to the following conversation.

M Lola, ❶could you inventory and restock the beverage aisle? ❷I want to make sure our full range of beverages is on display.

W Sure, but ❸I can tell you offhand that I checked the stockroom yesterday, and we're out of Refresh Limited's flavored ice teas.

M I saw the truck leave about an hour ago.

W ❹Oh—OK. By the way, ❺any word on my request for time off?

M ❻Did you put in a request?

W ❼Yeah. I e-mailed you yesterday.

設問41-43は次の会話に関するものです。

Lola、飲料売り場の在庫確認と補充をしていただけますか。当店で扱っている飲料が全種類確実に陳列されるようにしたいのです。

もちろんです。ただ、今ここでお伝えできるのですが、昨日倉庫を確認したところ、Refresh社のフレーバー・アイスティーが在庫切れになっています。

1時間ほど前にそのトラックが出ていくのを見ましたよ。

ああ――そうなのですね。ところで、私の休暇願については何かありますか。

願いを出したのですか。

はい。昨日、あなたにEメールをお送りしました。

41 Where is the conversation most likely taking place?

(A) At a textile factory
(B) At a grocery store
(C) At a bakery
(D) At a food manufacturing plant

会話はどこで行われていると考えられますか。

(A) 織物工場
(B) 食料雑貨店
(C) パン屋
(D) 食品製造工場

正解 **B**　男性は❶で、飲料売り場の在庫確認と補充を頼み、続けて❷で、飲料が全種類並んだ状態にしたいと伝えている。このことから、会話は飲料を販売する店で行われていると判断できるので、(B)が正解。女性が❸で、在庫切れの状態になっている飲料商品について知らせている点もヒントになる。
(A) textile「織物」。
(C) (D) 飲料の売り場や在庫・陳列、倉庫について話しているので、パン屋や製造工場での会話とは考えにくい。

42 What does the man mean when he says, "I saw the truck leave about an hour ago"?

(A) A delivery was not made.
(B) A truck driver left without the woman.
(C) A product should now be available.
(D) A supplier filled an order incorrectly.

"I saw the truck leave about an hour ago"という発言で、男性は何を意図していますか。

(A) 配達が行われなかった。
(B) トラックの運転手が女性を乗せずに出発した。
(C) ある商品は、今は在庫があるはずだ。
(D) 仕入れ業者が誤った内容で注文に応じた。

正解 **C**　❸で、昨日倉庫を確認して、1つの飲料商品が在庫切れになっていると知らせる女性に対し、男性は下線部の発言で「1時間ほど前にそのトラックが出ていくのを見た」と伝えている。これを聞いた女性は❹でOhと驚きを示してから納得している。この流れから、男性は、昨日の時点では在庫切れだった飲料が今はもう補充されていると推測していると分かるので、(C)が正解。❸のRefresh Limited's flavored ice teasを(C)ではa productと表現し、shouldで推量を示している。available「利用可能な、在庫のある」。
(A) 男性は、商品の配達が行われなかったのではなく、完了されたのだと推測している。
(D) supplier「仕入れ業者」、fill an order「注文に応じる」。

43 Why did the woman e-mail the man yesterday?

(A) To invite him to a training event
(B) To apply for a new position
(C) To ask for vacation time
(D) To make a complaint

女性は昨日、なぜ男性にEメールを送ったのですか。

(A) 彼を研修イベントに招待するため
(B) 新しい職位に志願するため
(C) 休暇を願い出るため
(D) 不平を言うため

正解 **C**　女性は❺「私の休暇願については何かあるか」と尋ね、男性は❻で願いを出したのかと聞き返している。これに対し、女性は❼で肯定し、昨日男性にEメールを送ったと伝えているので、女性は休暇願を男性にEメールで送信したのだと分かる。よって、(C)が正解。ask for ～「～を求める」。
(B) apply for ～「～に申し込む、～に志願する」、position「職位」。
(D) make a complaint「不平を言う」。

inventory ～の在庫目録を作成する、～の棚卸しをする　restock ～に補充する　beverage 飲料
aisle （スーパーなどの売り場の）通路　a full range of ～ あらゆる種類の～　on display 陳列されて
offhand 即座に、事前準備なしに　stockroom 貯蔵室、倉庫　be out of ～ ～を切らしている
Limited （会社が）有限責任の　word 知らせ　request 依頼(書)　time off 休暇　put in ～ ～を提出する

TEST 2 PART 3

115

Questions 44 through 46 refer to the following conversation.

M　Michiko, I just got here, and already it looks like we're going to have a busy night of work. ❶My guess is, people are coming in to have dinner here before they go to the concert across the street?

W　That's right. ❷In fact, a party of 10 just called and asked if they could come for dinner in fifteen minutes.

M　Ten people? Where will you seat them?

W　❸I checked with the manager. ❹He said to push two tables together in the back of the restaurant. ❺Would you be willing to serve that group?

M　❻Sure, I can do that.

設問44-46は次の会話に関するものです。

Michiko、私は今来たばかりですが、すでに、今夜の仕事は忙しくなりそうな様子ですね。私が思うに、皆さん通りの向かいのコンサートに行く前に夕食を食べにこちらに来店しているのですね?

その通りです。実際、10 名の団体客から電話があったところで、15分後に夕食のために来店してよいかと尋ねてきました。

10名? どこに座ってもらうつもりですか。

店長に相談しました。彼は、レストランの奥で2 卓のテーブルを押してくっつけるようにと言いました。その団体客への応対を引き受けてもらえませんか。

もちろん、できますよ。

---

44 Where is the conversation taking place?

(A) At a hotel
(B) At a restaurant
(C) At an art gallery
(D) At a concert hall

会話はどこで行われていますか。

(A) ホテル
(B) レストラン
(C) 画廊
(D) コンサートホール

正解 B　男性は、今夜は忙しくなりそうだと言ってから、❶「私が思うに、皆は通りの向かいのコンサートに行く前に夕食を食べにこちらに来店しているのですね?」と述べている。女性はそれを肯定した後、❷で、10 名の団体客から 15 分後に夕食のために来店してよいか電話があったところだと知らせている。よって、会話は飲食店で行われていると分かるので、(B)が正解。
(D) コンサートは、たくさんの客が退店後に行くと思われる場所として言及されているのであり、話し手たちがいる場所ではない。

---

45 Who does the woman say gave her some instructions?

(A) Her client
(B) Her manager
(C) An event planner
(D) An interior designer

女性は、誰が自分に指示を与えたと言っていますか。

(A) 顧客
(B) 店長
(C) イベントプランナー
(D) 室内装飾家

正解 B　10 名の団体客をどこに座らせるつもりかと尋ねられた女性は、❸「店長に相談した」と述べ、続けて❹で、店長からの指示内容を具体的に伝えている。よって、(B)が正解。instructions「指示」。
(C) (D) 2 卓のテーブルを押してくっつけるという指示内容から連想され得るが、イベントプランナーや室内装飾家への言及はない。

---

46 What does the man agree to do?

(A) Sell some tickets
(B) Take an extra work shift
(C) Cancel a reservation
(D) Take care of a group of people

男性は何をすることに同意していますか。

(A) チケットを販売する
(B) 追加の勤務シフトを入れる
(C) 予約をキャンセルする
(D) 団体客の対応をする

正解 D　女性は店長からの指示内容を伝えてから、❺「その団体客への応対を引き受けてもらえないか」と男性に頼んでいる。これに対し、男性は❻で快諾してそうすることができると言っているので、(D)が正解。❺のserveを(D)ではtake care of「~の対応をする」と言い換えている。❻のdo thatは❺にあるserve that groupを表す。
(B) 男性が引き受けている団体客の応対は 15 分後に予定されており、勤務シフトを追加して行う業務ではない。
(C) 団体客から電話があったという内容から連想され得るが、予約のキャンセルについては述べられていない。

---

it looks like ~　~のようである　　my guess is, ~　私の推測では~　　in fact　実際　　party　(行動を共にする)一行
seat　~を座らせる、~を席へ案内する　　check with ~　~に確認する、~に相談する　　manager　店長、支配人
say to do　~するように命じる　　push ~ together　~を押してくっつける　　back　奥
be willing to do　~することを進んで引き受ける　　serve　~に応対する

Questions 47 through 49 refer to the following conversation.

設問47-49は次の会話に関するものです。

🇬🇧 W Well, ❶it appears that we won't be going to the trade show in New York next week after all.

ええと、当社は結局、来週のニューヨークでの展示会には参加しないことになりそうです。

🇨🇦 M Oh no! But ❷we've been preparing to launch the new digital advertising software there. ❸Has something happened?

えっ、そんな! でも、私たちはそこで新しいデジタル広告ソフトウエアを売り出すために準備してきました。何かあったのですか。

🇬🇧 W I just got off the phone with the manager of the development team. ❹They found a serious defect in the software. It's going to take them at least a month to fix it.

ちょうど開発チームのマネジャーとの電話を終えたところです。彼らはソフトウエアに重大な欠陥を発見しました。それを直すのに最低でも1カ月かかりそうなのです。

🇨🇦 M Well, I'm glad they discovered the issue in advance.

なるほど、彼らが事前にその問題点を発見してくれてよかったです。

🇬🇧 W Me, too. Anyway, ❺I guess I'll go and let the travel agent know to cancel all our trip reservations.

同感です。とにかく、私たちの出張の予約全てをキャンセルすると旅行代理店に伝えに行こうと思います。

---

47 Where do the speakers most likely work?

(A) At an automobile manufacturer
(B) At a cosmetics developer
(C) At a construction firm
(D) At a technology company

話し手たちはどこで働いていると考えられますか。

(A) 自動車メーカー
(B) 化粧品開発業者
(C) 建設会社
(D) テクノロジー企業

正解 D ❶の、自分たちの会社が展示会に参加しないことになりそうだと伝える女性の発言に対し、男性は驚きを表した後、❷「私たちはそこで新しいデジタル広告ソフトウエアを売り出すために準備してきた」と述べている。以降でも、開発チームやそのソフトウエアについての話が出ているので、(D)が正解。
(A) automobile「自動車」。
(B) cosmetics「化粧品」。
(C) firm「会社、企業」。

---

48 Why was a business trip canceled?

(A) A client ended a contract.
(B) A supplier will be replaced.
(C) A flaw in a product was discovered.
(D) A flight was canceled.

出張はなぜ中止されたのですか。

(A) 顧客が契約を打ち切った。
(B) 納入業者が切り替えられる予定である。
(C) 製品の欠陥が発見された。
(D) 飛行機の便が欠航になった。

正解 C 自社が展示会には参加しないことになりそうだと聞いた男性は、❸で何かあったのかと尋ねている。これに対し女性は、開発チームのマネジャーとの電話を終えたところだと述べた後、❹「彼らはソフトウエアに重大な欠陥を発見した」と問題点を知らせ、修正に最低でも1カ月を要すると伝えている。その後、❺で出張の予約のキャンセルに言及しているので、❹の問題点によって出張が中止されたと分かる。❹のa serious defect in the softwareを、a flaw in a productと表している(C)が正解。flaw「欠陥」。
(B) replace「～に取って代わる、～を取り替える」。

---

49 What does the woman say she will do?

(A) Contact a travel agent
(B) Review some presentation slides
(C) Apply for more funding
(D) Revise an instruction manual

女性は何をすると言っていますか。

(A) 旅行代理店に連絡する
(B) プレゼン用のスライドを見直す
(C) 追加の資金提供を申請する
(D) 使用説明書を修正する

正解 A 女性は、事前に問題点が見つかってよかったという男性の発言に同意した後、❺「私たちの出張の予約全てをキャンセルすると旅行代理店に伝えに行こうと思う」と述べている。よって、(A)が正解。❺のlet the travel agent knowを(A)ではcontact a travel agentと言い換えている。
(B) review「～を見直す」。
(C) apply for ～「～を申請する」、funding「資金提供」。
(D) revise「～を修正する」、instruction manual「使用説明書」。

---

it appears that ～ ～ということのようである trade show 展示会 prepare to do ～する準備をする
launch ～（新製品）を売り出す advertising 広告（の） get off the phone with ～ ～との電話を切る
development 開発 serious 重大な defect 欠陥 at least 少なくとも fix ～を直す discover ～を発見する
issue 問題点 in advance 事前に travel agent 旅行代理店

Questions 50 through 52 refer to the following conversation with three speakers.

設問50-52は3人の話し手による次の会話に関するものです。

W Malik and Roberto, I have bad news—❶Larson Incorporated decided not to sponsor our music festival this year.

MalikとRoberto、悪い知らせがあります——Larson社が、今年は当音楽祭に協賛しないことを決定しました。

M Oh no—❷we were really counting on their contribution.

ああ、何てことだ——私たちはすっかり同社の寄付金を当てにしていました。

W I've already started asking other local businesses to consider sponsoring the event. ❸I stopped by Roger's Bookstore this morning, and they donated $500!

私はすでに、他の地元企業にイベントへの協賛を検討してもらうよう依頼し始めています。今朝、Roger's書店に立ち寄ったら、500ドル寄付してくれましたよ!

M That's good news. You know, we could also ask the new pharmacy on First Street. ❹Roberto, would you mind giving them a call today?

それは朗報ですね。ほら、一番街の新しい薬局にお願いしてみてもいいかもしれませんよ。Roberto、今日、彼らに電話をしていただけませんか。

M ❺Sure—and actually, my brother's one of the pharmacists there, so maybe he can help us out.

はい——実は、私の兄弟がそこの薬剤師の一人なので、彼が私たちの力になってくれるかもしれません。

---

50 What problem does the woman mention?

(A) A source of funding has been lost.
(B) An entertainer is not available.
(C) Bad weather is predicted.
(D) A permit has not been approved.

女性はどんな問題について述べていますか。

(A) 1つの資金源が失われた。
(B) 演者の都合がつかない。
(C) 悪天候が予報されている。
(D) 許可証が承認されていない。

正解 A 女性は悪い知らせがあるとして、❶「Larson社が、今年は当音楽祭に協賛しないことを決定した」と男性たちに知らせている。これを聞いた1人目の男性は❷で、自分たちは同社からの寄付金を当てにしていたと述べている。よって、Larson社がイベントに協賛しない運びになったことを、a source of funding has been lostと表している(A)が正解。source「源」。
(B) entertainer「演者」。
(C) predict「～を予報する、～を予測する」。
(D) permit「許可(証)」、approve「～を承認する」。

---

51 Where did the woman go this morning?

(A) To a community center
(B) To a bank
(C) To a music shop
(D) To a bookstore

女性は今朝、どこへ行きましたか。

(A) コミュニティーセンター
(B) 銀行
(C) 楽器店
(D) 書店

正解 D 女性は、他の地元企業にイベントに協賛してもらうよう依頼し始めたことを2人に伝え、❸「今朝、Roger's書店に立ち寄った」と述べている。よって、(D)が正解。
(A) 会話に登場するlocalから連想され得る点に注意。
(B) 資金面を中心に話題が展開していることから連想され得るが、銀行への言及はない。
(C) 話題に上がっているmusic festivalから連想され得る点に注意。

---

52 What will Roberto most likely do after the meeting?

(A) Call his brother
(B) Check his e-mail
(C) Visit a Web site
(D) Adjust a budget

Robertoは会議の後、何をすると考えられますか。

(A) 兄弟に電話する
(B) Eメールを確認する
(C) ウェブサイトにアクセスする
(D) 予算を調整する

正解 A 1人目の男性は、新しい薬局への協賛の依頼を提案した後、❹「Roberto、今日、彼らに電話をしてもらえないか」と、2人目の男性であるRobertoに頼んでいる。これに対し、Robertoは、❺で快諾し、実は兄弟がその薬局で薬剤師として働いているので力になってくれるかもしれないと述べている。よって、Robertoはこの後、話題にされている薬局で働く兄弟に電話すると考えられるので、(A)が正解。
(D) 資金面が話題にされているが、budget「予算」への言及はない。adjust「～を調整する」。

Incorporated　法人組織の、有限責任の　　sponsor　～を(金銭的に)支援する　　count on ～　～を当てにする
contribution　貢献、寄付金　　consider *doing*　～することを検討する　　stop by ～　～に立ち寄る　　donate　～を寄付する
pharmacy　薬局　　Would you mind *doing*?　～していただけませんか。　　pharmacist　薬剤師　　help out ～　～を助ける

Questions 53 through 55 refer to the following conversation with three speakers.

設問53-55は3人の話し手による次の会話に関するものです。

M So-Hyoon, welcome to the cast of *Into the Dusk*.

So-Hyoon、『夕闇の中へ』の出演陣へようこそ。

W ❶I'm thrilled but also nervous—❷I haven't performed in a musical of this scale before.

わくわくしていますが、緊張もしています——私は今まで、この規模のミュージカルに出演したことはありませんから。

M Don't worry. ❸Even though it's a big production, you'll find a wonderful sense of community here.

ご心配なく。これは大作ですが、あなたはここで素晴らしい連帯感を感じることでしょう。

W That's good to hear. Oh, and ❹is next month's rehearsal schedule available yet? I only have the one for this month.

それを聞いてうれしいです。ああ、ところで、来月分のリハーサルの予定表はもうありますか。今月分のものしか持っていないので。

M ❺We just finalized it—let me get you a copy.

ちょうどそれを最終確定したところです——1部お渡ししましょう。

W ❻Sorry to interrupt, but can I take So-Hyoon's measurements?

お話し中に申し訳ありませんが、So-Hyoonの採寸をしてもよろしいですか。

M ❼So-Hyoon, this is Shreya, our costume designer.

So-Hyoon、こちらはShreyaで、私たちの衣装デザイナーです。

W It's nice to meet you, Shreya. ❽Would you like to take the measurements here or somewhere else?

初めまして、Shreya。こちらで採寸されますか、それともどこか他の場所がよいですか。

---

53 Why is So-Hyoon nervous?

(A) She has participated only in smaller productions.
(B) She has a lot of lines to remember.
(C) She has to sing a solo.
(D) She has not yet met the other cast members.

So-Hyoonはなぜ緊張していますか。

(A) 彼女はもっと小規模な作品にしか参加したことがない。
(B) 彼女には覚えるべきせりふがたくさんある。
(C) 彼女は独唱しなければならない。
(D) 彼女はまだ他の出演者と顔を合わせていない。

正解 **A** So-Hyoonと呼び掛けて、作品の出演陣に女性を歓迎する男性に対し、So-Hyoonは❶「わくわくしているが、緊張もしている」と伝え、❷「私は今まで、この規模のミュージカルに出演したことはない」と述べている。これに対し、男性は❸で、ミュージカルが大作であることを認めている。よって、So-Hyoonが大作に出演した経験がないことを表している(A)が正解。
participate in ~「~に参加する」。
(B) lines「せりふ」。

---

54 What does the man say he will give to So-Hyoon?

(A) A parking pass
(B) A notebook
(C) A schedule
(D) A room number

男性はSo-Hyoonに何を渡すと言っていますか。

(A) 駐車許可証
(B) ノート
(C) 予定表
(D) 部屋番号

正解 **C** 1人目の女性であるSo-Hyoonは❹「来月分のリハーサルの予定表はもうあるか」と尋ね、今月分のものしか持っていないと続けている。これに対し、男性は❺「ちょうどそれを最終確定したところだ——1部渡そう」と答えているので、(C)が正解。❺のitは、❹にあるnext month's rehearsal scheduleを指す。

---

55 Why does Shreya interrupt the conversation?

(A) To start a rehearsal
(B) To provide a backstage tour
(C) To arrange for a photoshoot
(D) To take costume measurements

Shreyaはなぜ、会話に割って入っていますか。

(A) リハーサルを開始するため
(B) 舞台裏の案内を行うため
(C) 写真撮影の準備をするため
(D) 衣装の採寸をするため

正解 **D** 2人目の女性が❻「話し中に申し訳ないが、So-Hyoonの採寸をしてもいいか」と会話に割り込んでいる。それに対して男性は❼で、彼女の名がShreyaであり、衣装デザイナーであるとSo-Hyoonに紹介している。よって、ShreyaはSo-Hyoonの衣装の採寸をするために会話に入ったと分かるので、(D)が正解。Shreyaを紹介されたSo-Hyoonが、❽で、採寸する場所について尋ねていることもヒントになる。
(C) photoshoot「写真撮影」。

---

cast 〈集合的に〉出演者　dusk たそがれ、夕闇　thrilled （喜びで）興奮して　nervous 緊張して　scale 規模
production 作品　sense of community 共同体意識、連帯感　interrupt 口を挟む、話を遮る　measurements 寸法

TEST 2 PART 3

Questions 56 through 58 refer to the following conversation.

🇬🇧 W Hi. I just talked to our advertising consultant. ❶He recommended that we start promoting our legal services with videos on social media—to build a presence there.

🇨🇦 M ❷One of my hobbies is creating and editing videos, so I'd be happy to lead this project.

🇬🇧 W Great! It's your project, then! ❸The consultant suggested focusing on content that is useful, like general legal guidance.

🇨🇦 M OK. ❹I'll start out by looking into the topics for existing legal videos, and we can decide on the content for our videos based on that.

設問56-58は次の会話に関するものです。

こんにちは。先ほど広告コンサルタントと話をしました。彼は、ソーシャルメディア上の動画で当社の法務サービスの宣伝を始めることを勧めてくれました——そこでの存在感を打ち立てるためです。

私の趣味の一つは動画の制作と編集なので、喜んでこのプロジェクトを主導しますよ。

素晴らしい! それでは、これはあなたの担当プロジェクトですね! コンサルタントは、一般的な法務案内のような役に立つコンテンツに焦点を当てることを提案しました。

なるほど。私が既存の法務動画のテーマを調べることから始めますので、それに基づいて動画用のコンテンツを決めればいいですね。

---

56 Where do the speakers most likely work?

(A) At an advertising agency
(B) At a training consultancy
(C) At a law firm
(D) At a social media company

話し手たちはどこで働いていると考えられますか。

(A) 広告代理店
(B) 研修コンサルタント会社
(C) 法律事務所
(D) ソーシャルメディア運営会社

正解 C 女性は❶で、ソーシャルメディア上で法務サービスを宣伝するというコンサルタントの提案について話し、自社の広告に載せる動画の内容として❸で、一般的な法務案内のような内容に焦点を当てるべきという提言に触れているので、話し手たちは法律関連の仕事をしていると考えられる。よって、(C)が正解。
(A) 広告コンサルタントは女性が提言を受けた人物。
(B) 女性が話をした相手としてconsultantに言及しているが、話し手たちがconsultancy「コンサルタント会社」で働いているわけではない。
(D) ソーシャルメディアへの言及はあるが、コンサルタントが提言した手法として述べられているだけ。

---

57 What does the man offer to do?

(A) Review a contract
(B) Purchase some advertising space
(C) Lead a project
(D) Contact Human Resources

男性は何をすることを申し出ていますか。

(A) 契約書を見直す
(B) 広告用スペースを購入する
(C) プロジェクトを主導する
(D) 人事部に連絡する

正解 C ソーシャルメディア上の動画で法務サービスを宣伝するというコンサルタントの提言を聞いた男性は、❷「私の趣味の一つは動画の制作と編集なので、喜んでこのプロジェクトを主導する」と、自分が中心となって動画制作を行うことを申し出ている。よって、(C)が正解。
(A) contract「契約(書)」。
(B) 会話に登場するadvertisingを含むが、広告用スペースの購入に関する話はしていない。
(D) human resources「人事(部)」。

---

58 What will the man do next?

(A) Assemble a team
(B) Write an online review
(C) Negotiate a higher salary
(D) Conduct some research

男性は次に何をしますか。

(A) チームを編成する
(B) オンライン上のレビューを書く
(C) 昇給を交渉する
(D) 調査を実施する

正解 D ❸で、広告コンサルタントの具体的な提言内容を伝える女性に対し、男性は❹「私が既存の法務動画のテーマを調べることから始める」と述べ、それに基づいて動画用のコンテンツを決めることを提案している。よって、男性は次に動画制作のための調査をすると判断できるので、(D)が正解。conduct「～を実施する」。
(A) 男性はプロジェクトを任されているが、チームの編成は話に上がっていない。assemble「～を集める」。
(B) オンライン上のレビューへの言及はない。
(C) negotiate「～を交渉する」、salary「給料」。

---

promote ～を宣伝して売り込む　　legal 法律に関する、法務の　　build ～を築き上げる　　presence 存在感
edit ～を編集する　　suggest doing ～することを提案する　　content （ネットを含む情報サービス上の）内容、コンテンツ
general 一般的な　　guidance 案内、支援　　start out by doing ～することから始める　　existing 既存の
decide on ～ ～を選んで決める　　based on ～ ～に基づいて

Questions 59 through 61 refer to the following conversation.

🇺🇸 W Hi. ❶I'm looking for a used car, preferably an electric model.

🇦🇺 M Well, ❷we have only one electric vehicle at the moment. It's right here in front.

🇺🇸 W Oh, that's perfect for my family. But ❸I'm concerned about the dents in the driver-side door.

🇦🇺 M Don't worry—this car just came in. ❹We'll fix up and repaint the damaged areas and then clean up the interior. ❺It could be ready for you to take home by Thursday.

🇺🇸 W Thursday is two days from now.

🇦🇺 M ❻Our team works quickly. Do you want to take it for a test drive?

🇺🇸 W Sure. I'd love to.

設問59-61は次の会話に関するものです。

こんにちは。中古車を探していまして、できれば電気式のモデルがいいのですが。

そうですね、ただ今、当店には電気自動車は1台しかございません。ちょうどこの正面にあるものです。

ああ、それは私の家族にぴったりですね。ですが、運転席側のドアのへこみが気になります。

ご心配なく──こちらの車は入荷したばかりです。当店が損傷のある部分を修理して再塗装し、それから車内の清掃を行います。木曜日までにお引き取りいただける状態になっているでしょう。

木曜日は今から2日後ですよ。

当店のチームは迅速に作業いたしますので。試乗は希望されますか。

はい。ぜひとも。

TEST 2 PART 3

---

59 Where is the conversation most likely taking place?

(A) At an art supply store
(B) At a furniture outlet
(C) At a car dealership
(D) At a sporting goods shop

会話はどこで行われていると考えられますか。

(A) 美術用品店
(B) 家具販売店
(C) 自動車の販売代理店
(D) スポーツ用品店

正解 C ❶「中古車を探していて、できれば電気式のモデルがいい」と用件を切り出す女性に対し、男性は❷で、店にある電気自動車は正面の1台だけだと伝えている。その後も車に関する話題が続いているので、(C)が正解。
(B) furniture「家具」、outlet「小売販売店」。

---

60 Why is the woman concerned?

(A) She lost her wallet.
(B) A product is damaged.
(C) A color is not available.
(D) A warranty is not included.

女性はなぜ心配していますか。

(A) 彼女は財布を紛失した。
(B) 製品が損傷している。
(C) ある色が入手可能ではない。
(D) 保証が含まれていない。

正解 B 女性は、男性が示す電気自動車に対して肯定的な感想を述べてから、Butと続け、❸「運転席側のドアのへこみが気になる」と懸念を伝えているので、(B)が正解。これに対して男性が❹で、損傷のある部分は修理作業を行うと説明して女性を安心させていることもヒントになる。女性が興味を持った店頭の1台の電気自動車を(B)ではa productと表している。
(C) 男性は塗装に言及しているが、色は話題にしていない。
(D) warranty「保証」。

---

61 Why does the woman say, "Thursday is two days from now"?

(A) To express surprise
(B) To make a correction
(C) To offer reassurance
(D) To show disappointment

女性はなぜ "Thursday is two days from now" と言っていますか。

(A) 驚きを表すため
(B) 訂正するため
(C) 安心感を与えるため
(D) 失望感を表すため

正解 A 男性は❹・❺で、木曜日までに電気自動車の修理・再塗装・清掃といった作業が済み、納車できる状態になるだろうと述べている。これに対し女性は下線部の発言で、木曜日は今から2日後であると言い、男性は❻「当店のチームは迅速に作業する」と説明している。これらの流れから、女性は納車までの早さに驚いていると判断できるので、(A)が正解。
(C) 会話でreassurance「安心感」を与えているのは、女性ではなく男性。
(D) 女性の発言の後に男性が自分たちの仕事の迅速さを誇る発言をしているので、女性は失望感を表したのではないと判断できる。

---

preferably できれば	electric 電気の、電動の	at the moment 目下、現在のところ	dent へこみ
come in （商品が）入荷する	fix up ~ ~を修理する	repaint ~を再塗装する	interior 内部、室内

Questions 62 through 64 refer to the following conversation and schedule.

設問62-64は次の会話と予定表に関するものです。

M Hi. ❶I mentioned to my neighbor that I'd like to take a cooking class, and he recommended your cooking school. I'd like to sign up for a class.

W Sure, here's the schedule. Bread Making for Beginners is a good beginner course. It's being offered on Wednesdays in October.

M Unfortunately, I work late on Wednesdays, so I couldn't do that.

W Well, ❷the class on Tuesdays is very popular. It still has a few spots available.

M Seems interesting— ❸yes, I'll try that.

W And we're always interested in learning more about who takes our classes. ❹Would you mind completing a survey? It'll only take a few minutes.

こんにちは。料理講座を受講したいと隣人に話したところ、彼はこちらの料理学校を薦めてくれました。講座に申し込みたいと思っています。

かしこまりました、こちらが予定表です。「初心者向けパン作り」は、初心者の方に適したコースです。こちらは、10月は水曜日に開講されます。

あいにく、水曜日は遅くまで働いているため、それは受講できなそうです。

では、火曜日の講座はとても好評ですよ。そちらはまだ幾つか空きがございます。

面白そうですね――はい、それをやってみます。

ところで、私どもは常々、どんな方々が私どもの講座を受講されているかについて知りたいと思っております。アンケートにご記入いただけないでしょうか。数分しかかかりませんので。

October Class Schedule		
Mon.	5:00 P.M.	Vegetarian Delights
Tues.	6:30 P.M.	Intro to Pasta Making
Wed.	7:00 P.M.	Bread Making for Beginners
Thurs.	4:30 P.M.	Advanced Bread Making
Fri.	5:30 P.M.	Classic French Cuisine

10月の講座予定表		
月曜日	午後5時	ベジタリアンの楽しみ
火曜日	午後6時30分	パスタ作り入門
水曜日	午後7時	初心者向けパン作り
木曜日	午後4時30分	パン作り上級
金曜日	午後5時30分	伝統的なフランス料理

62 How did the man first learn about a program?

(A) From the radio
(B) From a newspaper
(C) From a neighbor
(D) From a Web site

男性は最初、どのようにしてプログラムについて知りましたか。

(A) ラジオから
(B) 新聞から
(C) 隣人から
(D) ウェブサイトから

63 Look at the graphic. What course will the man sign up for?

(A) Vegetarian Delights
(B) Intro to Pasta Making
(C) Bread Making for Beginners
(D) Advanced Bread Making

図を見てください。男性はどのコースに申し込みますか。

(A) ベジタリアンの楽しみ
(B) パスタ作り入門
(C) 初心者向けパン作り
(D) パン作り上級

64 What does the woman want the man to do?

(A) Speak to an instructor
(B) Purchase class materials
(C) Pay with a credit card
(D) Fill out a survey

女性は男性に何をしてほしいと思っていますか。

(A) 講師と話をする
(B) 講座用の教材を購入する
(C) クレジットカードで支払う
(D) アンケートに記入する

---

mention to ～ that … ～に…と述べる　　recommend ～を薦める　　sign up for ～ ～に申し込む　　offer ～を提供する
unfortunately あいにく　　spot 場所、枠　　complete ～に漏れなく記入する　　survey 調査、アンケート
予定表　vegetarian ベジタリアン(の)　　delight 喜び、楽しみとなるもの　　intro 入門　★introductionの略
　　　　advanced 上級の　　classic 古典的な、伝統的な　　cuisine 料理

Questions 65 through 67 refer to the following conversation and purchase order.

設問65-67は次の会話と購入注文書に関するものです。

W ❶The promotional materials for next month's art show just arrived. **And they all look great!**

来月の美術展用の宣伝資材がちょうど届きました。そして、どれも皆すてきですよ!

M ❷Now we can start advertising the event at the gallery.

これで、私たちは美術館でのイベントの宣伝を開始できますね。

W Wait. ❸Didn't we request 50 of these? I just see 20 here.

ちょっと待ってください。私たちはこれを50部頼みませんでしたか? ここには20部しか見当たりません。

M ❹Let me check the order we sent to the printing company. Hmm. ❺Yep, we ordered 50. Looks like they made a mistake.

印刷会社に送った注文書を確認します。うーん。ええ、私たちは50部注文しました。先方が間違えたようですね。

W I'll call the printing company about the order and request that they send us the missing items. I'll see if they can rush the batch since the error was their fault.

注文について印刷会社に電話して、足りない品をこちらに送るよう要望します。手違いは向こうの責任なので、その分を急いで送ってもらえないか打診してみます。

M OK. ❻We are only a month away from the show. I hope the items will be delivered in time.

分かりました。展覧会までは1カ月しかありません。品物が間に合うように納入されることを願います。

Item	Quantity
Business cards	100
Exhibit banners	10
Brochures	75
Posters	50

品目	数量
名刺	100
展覧会の垂れ幕	10
パンフレット	75
ポスター	50

65 What industry do the speakers most likely work in?

    (A) Art
    (B) Entertainment
    (C) Catering
    (D) Technology

話し手たちはどんな業界で働いていると考えられますか。

    (A) 美術
    (B) エンターテインメント
    (C) 仕出し
    (D) テクノロジー

正解 **A** ❶「来月の美術展用の宣伝資材がちょうど届いた」と知らせる女性に対し、男性は❷で、これで美術館でのイベントの宣伝を開始できると述べている。よって、2人は美術関連の業界で働いていると考えられるので、(A)が正解。industry「業界」。
(B) show や event といった語から連想され得るが、エンターテインメント業界への言及はない。

---

66 Look at the graphic. Which item arrived in the wrong quantity?

    (A) Business cards
    (B) Exhibit banners
    (C) Brochures
    (D) Posters

図を見てください。どの品目が間違った数量で届きましたか。

    (A) 名刺
    (B) 展覧会の垂れ幕
    (C) パンフレット
    (D) ポスター

正解 **D** 女性は届いたばかりの美術展用の宣伝資材について、❸で、50部頼んだはずのものが20部しか見当たらないと指摘している。これに対し、男性は❹で、印刷会社に送った注文書の確認を申し出て、❺「ええ、私たちは50部注文した。先方が間違えたようだ」と、印刷会社が数を間違えたと述べている。購入注文書を見ると、数量欄に50とあるのはポスターなので、(D)が正解。

---

67 What is the man concerned about?

    (A) A deadline
    (B) Paper quality
    (C) A venue
    (D) An extra expense

男性は何について心配していますか。

    (A) 納期
    (B) 紙の品質
    (C) 会場
    (D) 追加の費用

正解 **A** 印刷会社に不足分を急いで送ってもらうよう頼んでみると述べる女性に対し、男性はOKと言ってから、❻「展覧会までは1カ月しかない。品物が間に合うように納入されることを願う」と、再送分の納期について懸念を伝えている。よって、(A)が正解。deadline「最終期限、納期」。

---

purchase order　購入注文書　　promotional　販売促進の、宣伝の　　material　材料、資材　　art show　美術展
advertise　～を宣伝する　　gallery　美術館、画廊　　printing company　印刷会社　　make a mistake　間違える
missing　欠けている　　rush　～を急いで送る　　batch　（生産・製造などの）1回の分量　　error　誤り
fault　（誤り・落ち度の）責任、過失　　in time　間に合って

購入注文書　quantity　数量　　business card　名刺　　exhibit　展覧会　　banner　垂れ幕、横断幕　　brochure　パンフレット

Questions 68 through 70 refer to the following conversation and table.

設問68-70は次の会話と表に関するものです。

W Hi, Artem. ❶Have you figured out why the water in the hotel pool looks cloudy? Some guests have complained.

こんにちは、Artem。ホテルのプールの水がなぜ濁って見えるか分かりましたか。何名かの宿泊客から苦情が出ています。

M I tested the water, and the chemicals are OK. The problem is with the filtration system. ❷We need to replace the filter cartridge.

水質検査をしたところ、化学物質は問題ありません。問題は、ろ過装置にあります。フィルター・カートリッジを交換する必要があります。

W OK. ❸What model do we need?

そうですか。どのモデルが必要ですか。

M ❹It's the X7.

X7です。

W OK. I'll call now to make sure the pool supply store has the part in stock. ❺Can you drop by the store later today to pick it up?

分かりました。今から電話をして、プール用品店にその部品の在庫があるか確かめます。本日後ほど店に立ち寄って、それを受け取ってもらえますか。

M ❻Sure. That way I can install the new filter tomorrow morning.

もちろんです。そうすれば、私が明朝新しいフィルターを取り付けられますから。

Filter Model	Price
J3	$26
T5	$32
X7	$55
Y12	$70

フィルターモデル	価格
J3	26ドル
T5	32ドル
X7	55ドル
Y12	70ドル

68 According to the woman, what is wrong with the water in the pool?

(A) It is cloudy.
(B) It is too cold.
(C) It has a bad smell.
(D) It contains too many chemicals.

女性によると、プールの水について何が問題ですか。

(A) それは濁っている。
(B) それは冷た過ぎる。
(C) それは悪臭がする。
(D) それはあまりに多くの化学物質を含有している。

正解 **A** 女性は❶「ホテルのプールの水がなぜ濁って見えるか分かったか」と、水の問題の原因について男性に尋ね、続けて宿泊客から苦情が出ていることを伝えている。よって、(A)が正解。
(C) smell「におい」。
(D) 男性がchemicalsに言及し、水の化学物質は問題ないと述べている。contain「～を含む」。

69 Look at the graphic. How much will a replacement part cost?

(A) $26
(B) $32
(C) $55
(D) $70

図を見てください。交換用部品には幾らかかりますか。

(A) 26ドル
(B) 32ドル
(C) 55ドル
(D) 70ドル

正解 **C** 男性が❷で、フィルター・カートリッジを交換する必要性を伝えているのに対し、女性は❸で、必要なモデルを尋ねている。これに対して男性は❹「X7だ」とフィルターモデルを答えている。図を見ると、X7の価格は55ドルなので、(C)が正解。replacement「交換」。

70 What will the man most likely do later today?

(A) Submit an invoice
(B) Clean some equipment
(C) Post an announcement
(D) Visit a store

男性は今日後ほど、何をすると考えられますか。

(A) 請求書を提出する
(B) 装置を掃除する
(C) 案内を掲示する
(D) 店を訪れる

正解 **D** 女性は、今から電話で必要なフィルター・カートリッジがプール用品店にあるか確かめてみると伝え、❺「本日後ほど店に立ち寄って、それを受け取ってもらえるか」と、男性に店に行くことを依頼している。これに対し、男性は❻「もちろんだ」と引き受けているので、(D)が正解。❺のdrop byを(D)ではvisitと言い換えている。
(A) submit「～を提出する」、invoice「請求書」。
(B) ろ過装置などのequipment「機器、装置」は話題にされているが、清掃の必要性には言及されていない。
(C) post「～を掲示する」、announcement「発表、案内」。

---

table 表　　figure out ～　～を解決する、～を理解する　　cloudy　濁った　　complain　不平を言う、クレームをつける
chemical　化学物質　　filtration system　ろ過装置　　replace　～を交換する
filter cartridge　フィルター・カートリッジ　★水などのろ過に必要な部品　　make sure (that) ～　～ということを確かめる
supply store　用品店　　in stock　在庫のある　　drop by ～　～に立ち寄る　　pick up ～　～を受け取る
install　～を取り付ける

Questions 71 through 73 refer to the following excerpt from a meeting.

設問71-73は次の会議の抜粋に関するものです。

🇨🇦 M

Good afternoon, everyone. I hope all of you have read the product report I e-mailed yesterday. ❶I'm very proud to announce that our refrigerator won last year's industry award for energy efficiency. ❷I've also looked at the customer reviews. ❸They were largely positive, with most users commenting on the large capacity of the refrigerator. ❹One thing we could improve on is the selection of colors. ❺Our marketing team thinks we'd sell more units if we made our refrigerator available in brighter colors.

こんにちは、皆さん。私が昨日Eメールでお送りした製品報告書に、皆さん全員が目を通してくださったことと思います。当社の冷蔵庫が昨年の業界賞をエネルギー効率部門で受賞したことをお知らせできて、大変誇りに思います。私は顧客レビューも見ました。大部分が好意的なもので、ほとんどの利用者が冷蔵庫の容量の大きさについてコメントしていました。1つ改善できそうな点は色の品ぞろえです。当社のマーケティングチームは、冷蔵庫をもっと明るい色で販売したなら、より多くの台数が売れるだろうと考えています。

---

71 What does the speaker feel proud about?

(A) A hiring decision
(B) A company's expansion
(C) An industry award
(D) A project's completion

話し手は何について誇りに思っていますか。

(A) 雇用に関する決定
(B) 会社の拡大
(C) 業界の賞
(D) プロジェクトの完了

正解 C 話し手は、昨日送信したという製品報告書に言及した後、❶「当社の冷蔵庫が昨年の業界賞をエネルギー効率部門で受賞したことをお知らせできて、大変誇りに思う」と、製品が業界の賞を受けたことについて述べている。よって、(C)が正解。
(A)(B)(D) 雇用、会社の拡大、プロジェクトの完了については述べられていない。
(A) hiring「雇用」。
(B) expansion「拡大」。
(D) completion「完了」。

---

72 According to product reviews, what did customers like most about a product?

(A) The affordable price
(B) The storage capability
(C) The stylish design
(D) The ease of operation

製品レビューによると、顧客は製品について何を最も気に入りましたか。

(A) 手頃な価格
(B) 貯蔵容量
(C) 洗練されたデザイン
(D) 操作の簡便さ

正解 B 受賞した自社の冷蔵庫について、話し手は❷で顧客レビューを見たと述べ、続けて❸「大部分が好意的なもので、ほとんどの利用者が冷蔵庫の容量の大きさについてコメントしていた」と、容量の大きさが好意的にコメントされたことを報告している。よって、❸のthe large capacityをthe storage capabilityと言い換えている(B)が正解。設問文のa productは❸のthe refrigeratorを指す。capability「能力、性能」。
(A)(C)(D) 価格、デザイン、操作性への言及はない。
(D) ease「容易さ」、operation「操作」。

---

73 How will a product most likely change?

(A) Digital controls will be added.
(B) More colors will be offered.
(C) Stronger materials will be used.
(D) Adjustable shelves will be installed.

製品はどのように変更されると考えられますか。

(A) デジタル制御装置が追加される。
(B) もっと多くの色が提供される。
(C) より丈夫な材料が使用される。
(D) 調節可能な棚が取り付けられる。

正解 B 話し手は、冷蔵庫の顧客レビューについて話した後、❹「1つ改善できそうな点は色の品ぞろえだ」と、同製品に改善の余地があることを伝え、❺では、もっと明るい色で販売したならより多く売れるだろうというマーケティングチームの見解を紹介している。よって、改善のための変更としてこの冷蔵庫は色の選択肢が増えると考えられるので、(B)が正解。
(C) material「材料、素材」。
(D) adjustable「調節可能な」。

---

be proud to *do*　～できることを誇りに思う　refrigerator　冷蔵庫　energy efficiency　エネルギー効率、省エネ
largely　大部分が　positive　肯定的な　comment on ～　～について意見を述べる　capacity　容量
improve on ～　～に改良を加える　selection　品ぞろえ　unit　（製品の）1単位

Questions 74 through 76 refer to the following announcement.

🇬🇧 w

設問74-76は次のお知らせに関するものです。

Attention, passengers. ❶The ten o'clock ferry to Backshire Island is delayed one hour because of unexpected construction at the destination port. We apologize for any inconvenience this delay might cause you. ❷Passengers who show their boarding pass to the ticket agent will receive a complimentary food voucher to be used at any of the restaurants in the food court. And, ❸just a reminder to all passengers: please follow all posted safety procedures while on the dock and aboard the boat. Failure to do so will result in a fine.

乗客の皆さまにお知らせします。バックシャー島行きの10時発のフェリーは、到着港での不測の工事のため1時間遅延しております。この遅延によって皆さまにお掛けし得るご不便につきましておわび申し上げます。切符係に乗船券をご提示いただいた乗客の皆さまは、当フードコート内のどのレストランでもご使用いただける無料の料理引換券をお受け取りになれます。それから、乗客の皆さまに念のためお伝えします。波止場にいらっしゃる間およびご乗船中は、掲示されている全ての安全手順に従ってください。そうしていただけない場合には罰金が科せられます。

---

74 Where is the announcement most likely taking place?

(A) At a ferry station
(B) At an airport
(C) At a train depot
(D) At a taxi stand

お知らせはどこで行われていると考えられますか。

(A) フェリー乗り場
(B) 空港
(C) 電車の駅
(D) タクシー乗り場

正解 A　話し手は、乗客の注意を引いてから、❶「バックシャー島行きの10時発のフェリーは、到着港での不測の工事のため1時間遅延している」と知らせているので、(A)が正解。❸で、波止場にいる間と乗船中に安全手順を守るよう念押ししている点もヒントになる。
(B) boarding passは「乗船券、搭乗券、乗車券」など、乗り物に乗るための券を示すが、ここでは航空機に関する話題ではない。
(C) depot「駅、バス発着所」。
(D) stand「(タクシーなどの)乗り場」。

---

75 What will some of the listeners receive?

(A) A schedule
(B) A refund
(C) A food voucher
(D) An identification badge

聞き手の一部は何を受け取りますか。

(A) 予定表
(B) 返金
(C) 料理引換券
(D) 身元確認用バッジ

正解 C　話し手は、10時発のフェリーの遅延について謝罪した後、❷「切符係に乗船券を提示した乗客の皆さんは、当フードコート内のどのレストランでも使用できる無料の料理引換券を受け取れる」と案内している。よって、(C)が正解。
(A) (B) フェリーの遅延についての案内から連想され得るが、予定表や返金への言及はない。
(D) identification「身元を確認する物」。

---

76 What does the speaker remind the listeners about?

(A) Luggage restrictions
(B) Safety procedures
(C) Entertainment options
(D) Building hours

話し手は何について聞き手に念押ししていますか。

(A) 手荷物の制限
(B) 安全手順
(C) 娯楽の選択肢
(D) 建物の営業時間

正解 B　話し手は、❸「乗客の皆さんに念のため伝えます。波止場にいる間および乗船中は、掲示されている全ての安全手順に従ってください」と、安全手順を守るよう聞き手に念押ししている。よって、(B)が正解。remind ～ about …「～に…について念押しする」。
(A) luggage「手荷物」、restriction「制限」。
(D) hours「(営業などの)時間」。

TEST 2 PART 4

Attention, ～.	～にお知らせします。	unexpected	予期せぬ	destination	到着地、目的地
apologize for ～	～のことで謝る	inconvenience	不便	cause ～ …	～に…をもたらす	boarding pass	乗船券、搭乗券
ticket agent	切符係	complimentary	無料の	voucher	引換券、クーポン券	reminder	思い出させるもの、注意
post	～を掲示する	safety	安全	procedure	手順、手続き	dock	波止場	aboard	～に乗って
failure to do	～しないこと	result in ～	～という結果になる	fine	罰金

Questions 77 through 79 refer to the following telephone message.

🇺🇸 W

Hi, Sahng-Hwan. It's Gabriela. ❶I saw you sent the draft of your article for next month's magazine issue, and I had planned to give you my comments by this afternoon. Well, there's an error message when I try to download the files. We're scheduled to talk tomorrow afternoon, so let's assume the technical glitch will be fixed by then. Oh, and ❷when we talk, I'd like to get an update about your research for your next article scheduled for the winter publication.

設問77-79は次の電話のメッセージに関するものです。

こんにちは、Sahng-Hwan。Gabrielaです。あなたが雑誌の来月号用の記事の草稿を送ってくれたことを確認したので、今日の午後までに私の意見をお伝えしようと思っていました。ええと、そのファイルをダウンロードしようとするとエラーメッセージが出るのです。私たちは明日の午後に話し合う予定なので、その時までに技術上の不具合が修正されるという前提で考えましょう。ああ、それから話し合いの際に、冬の号に予定されているあなたの次の記事の調査について最新情報を知りたいと思っています。

---

77 Where does the speaker most likely work?

(A) At a university
(B) At a technology firm
(C) At a magazine publisher
(D) At a public library

話し手はどこで働いていると考えられますか。

(A) 大学
(B) テクノロジー企業
(C) 雑誌社
(D) 公共図書館

正解 C 話し手は❶「あなたが雑誌の来月号用の記事の草稿を送ってくれたことを確認したので、今日の午後までに私の意見を伝えようと思っていた」と述べている。また、❷では冬の号の記事について触れているので、話し手は雑誌の制作関連の仕事をしていると考えられる。よって、(C)が正解。

---

78 Why does the speaker say, "there's an error message when I try to download the files"?

(A) To give an excuse
(B) To request assistance
(C) To express caution
(D) To correct a misunderstanding

話し手はなぜ "there's an error message when I try to download the files" と言っていますか。

(A) 弁解をするため
(B) 手助けを求めるため
(C) 警告を示すため
(D) 誤解を正すため

正解 A 話し手は❶で、草稿についての意見を今日の午後までに伝えようと思っていたと述べ、続けて下線部の発言で「そのファイルをダウンロードしようとするとエラーメッセージが出る」と不具合が生じていることを伝えている。よって、話し手は草稿のファイルをダウンロードしようとしたが、それが技術上の問題のためできていないと、草稿をまだ確認できていないことを弁解するために下線部の発言をしていると判断できる。excuse「弁解、理由」。
(B) (C) 技術上の不具合に触れているが、assistance「支援、手助け」は求めておらず、警告をしているわけでもない。
(D) 聞き手が誤解をしているという内容は話されていない。

---

79 What does the speaker tell the listener to do?

(A) Prepare for a discussion
(B) Contact a computer store
(C) Reprint some articles
(D) Stop some research

話し手は聞き手に何をするよう伝えていますか。

(A) 話し合いに向けて準備をする
(B) コンピューター販売店に連絡する
(C) 記事を再度印刷する
(D) 調査を中断する

正解 A 話し手は、❷「話し合いの際に、冬の号に予定されているあなたの次の記事の調査について最新情報を知りたいと思っている」と伝えている。この発言は、話し合いまでに最新情報を準備しておくよう聞き手に求めているものだと判断できるため、(A)が正解。
(B) 技術上の不具合への言及はあるが、聞き手はコンピューター販売店への連絡を依頼されてはいない。
(C) 記事は話題にされているが、それを再度印刷するよう伝えてはいない。reprint「〜を再び印刷する、〜を再版する」。
(D) 聞き手に求めているのは調査の最新情報であり、調査の中断ではない。

---

draft 草稿、下書き　　issue 発行物、（雑誌などの）号　　be scheduled to do 〜する予定である
assume (that) 〜 〜という前提で考える、〜と想定する　　technical 技術上の
glitch （技術上の）小さな問題、（機械などの）突然の故障

Questions 80 through 82 refer to the following excerpt from a meeting.

設問80-82は次の会議の抜粋に関するものです。

 M

Thank you for coming to today's all-staff meeting. ❶As the chief production officer, I recently led an audit of our production strategy to ensure that our company stays competitive. ❷After looking at the results, we are going to be cutting back on the manufacturing of our small electronics so that we can focus on more high-demand goods, like laptops. ❸This is going to cause a change in our factory operations. ❹Asako here is going to tell you what your job tasks and responsibilities will be going forward.

本日の全従業員会議へのご出席をありがとうございます。最高生産責任者として、私は最近、当社が確実に競争力を維持できるよう生産戦略の監査を主導しました。その結果を鑑みて、当社はノートパソコンなどの、より需要の高い製品を重点的に取り扱えるよう、小型電子機器の製造を減らすつもりです。これは、当工場の操業に変更をもたらすことになります。ここにいるAsakoが、皆さんの業務と職責がこの先どのようになるかをお伝えします。

80 Who is the speaker?

(A) A sales representative
(B) A store manager
(C) A company executive
(D) A news reporter

話し手は誰ですか。

(A) 販売員
(B) 店舗マネジャー
(C) 会社の重役
(D) 報道記者

正解 C 話し手は、全従業員会議への出席に対して礼を述べてから、❶「最高生産責任者として、私は最近、当社が確実に競争力を維持できるよう生産戦略の監査を主導した」と、自分の職位と、自らが行ったことに言及している。よって、❶のthe chief production officerをa company executiveと表している(C)が正解。
(A) representative「(販売)代理人」。

81 What type of product does the company make?

(A) Vehicles
(B) Furniture
(C) Dishware
(D) Electronics

会社はどんな種類の製品を製造していますか。

(A) 車両
(B) 家具
(C) 食器類
(D) 電子機器

正解 D 話し手は、生産戦略の監査を実施したと述べてから、❷「その結果を鑑みて、当社はノートパソコンなどの、より需要の高い製品を重点的に取り扱えるよう、小型電子機器の製造を減らすつもりだ」と、電子機器の生産戦略について伝えている。よって、(D)が正解。
(A) (B) (C) いずれも工場で生産され得るものだが、車両、家具、食器類への言及はない。

82 What will happen next?

(A) Some instructions will be given.
(B) Some uniforms will be distributed.
(C) Some questions will be collected.
(D) Some materials will be unpacked.

次に何が起こりますか。

(A) 説明が行われる。
(B) 制服が配られる。
(C) 質問が集められる。
(D) 資材の梱包が解かれる。

正解 A 話し手は❸で、工場の操業に変更が加わることを伝えた後、❹「ここにいるAsakoが、皆さんの業務と職責がこの先どのようになるかを伝える」と、次の流れを説明している。よって、Asakoという人物が今後の工場での従業員の業務について説明すると分かるので、(A)が正解。
(B) distribute「〜を分配する、〜を配布する」。
(D) material「資材」、unpack「〜を(箱や包みなどから)取り出す」。

---

chief production officer 最高生産責任者　audit 監査　strategy 戦略　ensure that 〜　〜であることを確実にする
competitive 競争力のある　cut back on 〜　〜を減らす　high-demand 需要の高い　laptop ノートパソコン
cause 〜を引き起こす、〜をもたらす　operation 操業、運営　go forward 前進する、先に進む

Questions 83 through 85 refer to the following telephone message.

🇨🇦 M

Hi, Pauline. ❶I'm calling to let you know that we finished working on the walkway at your new place. There are no more broken stones, and we replaced the filler between all the stones. ❷I know you wanted your backyard deck done by the end of the week before you move in, but we have several new crew members on the project. ❸I think you'll be very pleased with how everything looks so far, though. ❹I'll send you some photographs this afternoon so you can see for yourself.

設問83-85は次の電話のメッセージに関するものです。

こんにちは、Pauline。ご新居の通路の作業が完了したことをお知らせするためにお電話しています。割れた石はもう一つもありませんし、石と石の間の詰め物も全て交換しました。ご入居前の週末までに裏庭のテラスの作業を終えてほしいとのご要望があったことについては承知しているのですが、このプロジェクトには新人の作業員が数名います。とはいえ、ここまでの全ての見た目には大変ご満足されることと思います。ご自身でご覧いただけるよう、今日の午後写真を何枚かお送りします。

83 What is the speaker calling about?

(A) Car maintenance
(B) Boat renovations
(C) Park development
(D) Home repairs

話し手は何について電話をしていますか。

(A) 自動車の整備
(B) ボートの修理
(C) 公園の開発
(D) 住宅の修繕

正解 D　話し手は❶「新居の通路の作業が完了したことを知らせるために電話している」と電話の目的を伝えているので、(D)が正解。❷で、聞き手が引っ越して来ようとしていることや裏庭のテラスの作業に言及している点もヒントになる。
(B) deckなどの語から連想され得る点に注意。renovation「修理、改装」。
(C) walkwayやstonesなどの語から連想され得るが、公園ではなく住宅について述べられている。

84 What does the speaker imply when he says, "we have several new crew members on the project"?

(A) The payroll needs to be updated.
(B) The crew's work is impressive.
(C) A requested due date cannot be met.
(D) Some colleagues will need driving directions.

"we have several new crew members on the project" という発言で、話し手は何を示唆していますか。

(A) 従業員名簿が更新される必要がある。
(B) 作業班の仕事ぶりが素晴らしい。
(C) 要望されている期日に間に合わせられない。
(D) 何人かの同僚が車での道順を必要とするだろう。

正解 C　話し手は、通路の作業について報告した後、❷「入居前の週末までに裏庭のテラスの作業を終えてほしいとの要望があったことについては承知している」と述べてから、反意を示すbutを続けて下線部の発言で、今回の作業には新人が複数名いることを伝えている。よって、下線部の発言は、テラスの作業完了が要望されている期日に間に合わないことを示唆したものだと判断できる。due date「期日」。
(A) payroll「従業員名簿」、update「〜を更新する」。
(B) 話し手は❸で、現状までの作業には満足してもらえるだろうと伝えてはいるが、下線部の発言における「新人が複数いること」がその根拠とは考えにくい。impressive「印象的な、素晴らしい」。

85 What will the listener receive this afternoon?

(A) An inspection report
(B) Some photographs
(C) An invoice
(D) A delivery

聞き手は今日の午後、何を受け取りますか。

(A) 点検報告書
(B) 写真
(C) 請求書
(D) 配達物

正解 B　話し手は、現在の作業状況を一通り説明した後、❹「自身で見られるよう、今日の午後写真を何枚か送る」と伝えている。よって、(B)が正解。
(A) 話し手は作業状況を聞き手に報告しているが、点検報告書への言及はない。

---

work on 〜　〜に取り組む　　walkway　歩道、玄関から道路までの通路　　filler　詰め物　　backyard　裏庭
deck　（住宅の裏手などに位置する）テラス　　move in　引っ越して来る　　be pleased with 〜　〜に満足する
so far　ここまでは、今までのところでは　　for oneself　自分で

Questions 86 through 88 refer to the following advertisement.　設問86-88は次の広告に関するものです。

🇬🇧 w

❶At Chime Environmental, we are passionate about keeping waste out of landfills. We are deeply concerned that too many electronic devices, such as smartphones and personal computers, are being thrown away. That's why we've been working to find new ways to solve this environmental problem. ❷Through our TechRecycle program, we collect and dismantle your old phones and laptops and recycle the parts. You'd be surprised at how many parts can be reused! ❸To participate, visit our Web site and request a free shipping label. Then just package your old device and mail it to us. We'll take care of the rest.

Chime環境社は、埋め立てごみに廃棄物を入れないようにすることに熱意を持っています。当社は、スマートフォンやパソコンといった電子機器があまりにも多く捨てられていることを深く憂慮しています。そういう理由で、当社は、この環境問題を解決するための新たな方法を見つけようと努力してきました。当社は、TechRecycleプログラムを通じて、皆さまの古い電話やノートパソコンを回収および分解した上で、その部品をリサイクルしています。皆さまは、いかに多くの部品が再利用可能であるかに驚かれることでしょう! 参加するには、当社のウェブサイトにアクセスして、無料発送用ラベルをご依頼ください。その後、お手持ちの古い機器を梱包して、当社にそれを郵送するだけです。後のことは当社にお任せください。

86 What does the speaker say the company is passionate about?

(A) Keeping the oceans clean
(B) Reducing waste in landfills
(C) Stopping air pollution
(D) Preserving forests

話し手は、会社が何に熱意を持っていると言っていますか。

(A) 海洋をきれいに保つこと
(B) 埋め立てごみの中の廃棄物を減らすこと
(C) 大気汚染を食い止めること
(D) 森林を保全すること

正解 B 話し手は❶「Chime環境社は、埋め立てごみに廃棄物を入れないようにすることに熱意を持っている」と述べている。よって、❶のkeeping waste out of landfillsをreducing waste in landfillsと表している(B)が正解。また、多数の電子機器が捨てられていることに触れ、❷以降では、廃棄物を減らすためのプログラムを紹介している点もヒントになる。
(A) (C) (D) 環境問題への言及はあるが、海、空気、森林については述べられていない。

87 According to the speaker, what does the company collect?

(A) Plastic packaging
(B) Soil samples
(C) Cash donations
(D) Electronic devices

話し手によると、会社は何を集めていますか。

(A) プラスチックの包装容器
(B) 土壌のサンプル
(C) 現金による寄付
(D) 電子機器

正解 D 話し手は、会社が環境問題に取り組んでいることを述べた後、❷「当社は、TechRecycleプログラムを通じて、皆さんの古い電話やノートパソコンを回収および分解した上で、その部品をリサイクルしている」と、自社のプログラムで電子機器を集めていることを説明している。よって、❷のphones and laptopsをelectronic devicesと表している(D)が正解。
(B) soil「土、土壌」。
(C) donation「寄付」。

88 What does the speaker say the listeners can request?

(A) A receipt
(B) A tour of a site
(C) A shipping label
(D) A free guidebook

話し手は、聞き手が何を依頼できると言っていますか。

(A) 領収書
(B) 用地の見学
(C) 発送用ラベル
(D) 無料のガイドブック

正解 C 話し手は、TechRecycleプログラムについて説明した後、❸「参加するには、当社のウェブサイトにアクセスして、無料発送用ラベルを依頼してください」と聞き手に呼び掛けている。よって、(C)が正解。
(D) 依頼できるのは無料発送用ラベルであり、無料のガイドブックではない。

be passionate about ~　~に熱心である　　keep ~ out of …　~を…に入れないようにする　　waste　廃棄物
landfill　埋め立て地、埋め立てられるごみ　　deeply　深く　　device　機器　　throw away ~　~を捨てる、~を廃棄する
solve　~を解決する　　dismantle　~を分解する　　reuse　~を再利用する　　shipping label　発送用ラベル
package　~を梱包する　　mail　~を郵送する　　the rest　残り

Questions 89 through 91 refer to the following talk.

設問89-91は次の話に関するものです。

🇬🇧 W

Good evening, everyone, and ❶welcome to the Montreal Theater. My name is Marie Clement. ❷On behalf of our local Young Performing Artists Coalition, it is an honor to host the performance of the original play titled *The Three Doors*. First, ❸congratulations to the students performing tonight. ❹They have worked long hours rehearsing to master their roles for you. ❺I ask that you now put any devices into silent mode so that there will be no interruptions during the show. You are in for a wonderful evening watching stars in the making.

こんばんは、皆さま、モントリオール劇場へようこそ。私はMarie Clementと申します。当地域の若手舞台芸術家連盟を代表し、『3つの扉』という題名のオリジナル劇の公演を主催できて光栄に存じます。まず、今夜舞台に上がる生徒の皆さんにお祝いを申し上げます。彼らは長時間リハーサルに取り組み、皆さまのために自分たちの役を習得しました。上演中に邪魔が入らないよう、今から全ての機器をサイレントモードにしていただくようお願いいたします。皆さまは、スターの卵たちを鑑賞する素晴らしき夕べに参加しようとしているのです。

---

89 Where are the listeners?

(A) In a sports arena
(B) In a theater
(C) In a classroom
(D) In a bookstore

聞き手はどこにいますか。

(A) 競技場
(B) 劇場
(C) 教室
(D) 書店

正解 B 話し手は❶「モントリオール劇場へようこそ」と来場を歓迎し、❷「当地域の若手舞台芸術家連盟を代表し、『3つの扉』という題名のオリジナル劇の公演を主催できて光栄だ」と、劇の公演を案内している。よって、聞き手は劇場にいると分かるので、(B)が正解。
(C) studentsなどの語から連想され得る点に注意。
(D) ❷のtitledは書物の題名ではなく、劇の題名。

---

90 Why does the speaker praise some students?

(A) Their financial goals were met.
(B) Their project received many positive reviews.
(C) They solved a problem quickly.
(D) They dedicated a lot of time to a project.

話し手はなぜ生徒たちを称賛していますか。

(A) 彼らの金銭的な目標が達成された。
(B) 彼らの企画が多数の好意的なレビューを受けた。
(C) 彼らが問題を迅速に解決した。
(D) 彼らが企画に多くの時間を捧げた。

正解 D 話し手は❸で今夜舞台に上がる生徒に祝意を述べ、続けて❹「彼らは長時間リハーサルに取り組み、皆さんのために自分たちの役を習得した」と、聞き手に向かって生徒たちの努力をたたえている。よって、生徒たちが長時間劇のリハーサルに取り組んだことをthey dedicated a lot of time to a projectと表している(D)が正解。dedicate「～を捧げる」。
(A) (B) (C) 金銭的な目標、好意的なレビュー、問題の解決といったことは話されていない。

---

91 What does the speaker ask the listeners to do?

(A) Take their seats
(B) Gather in the lobby
(C) Enjoy some refreshments
(D) Silence electronic devices

話し手は聞き手に何をするよう求めていますか。

(A) 自分の席に着く
(B) ロビーに集まる
(C) 軽食を楽しむ
(D) 電子機器を消音にする

正解 D 話し手は、❺「上演中に邪魔が入らないよう、今から全ての機器をサイレントモードにするようお願いします」と、手持ちの機器の音が鳴らないようにすることを聞き手に求めている。よって、機器をサイレントモードにすることを、silence「～を静かにさせる」を用いてsilence electronic devicesと表している(D)が正解。
(B) gather「集まる」。
(C) refreshments「軽食、飲食物」。

---

on behalf of ～　～を代表して	perform　(舞台で)演じる、上演する	coalition　連合　honor　光栄、名誉

host　～を主催する　　congratulations to ～　～への祝辞　　rehearse　リハーサルする　　master　～を習得する　　role　役

silent mode　サイレントモード　★携帯電話などで機器の音が出ないようにした状態　　interruption　邪魔

be in for ～　～に参加することになっている　　in the making　発達中の、作られつつある

Questions 92 through 94 refer to the following speech.

M

❶On behalf of the Woodlands Historical Foundation, I want to welcome you all to our fund-raiser. As you know, ❷we're raising money to restore our archives building. In addition to holding priceless materials, it is one of the city's most beautiful structures. ❸We had a string quartet flying in from Chicago to perform for us tonight, but I just heard that there is fog at the airport. ❹So, we'll begin by presenting our proposal for the restoration. ❺Please enjoy some refreshments, which were graciously donated by the owners of Olson's Restaurant.

設問92-94は次のスピーチに関するものです。

ウッドランズ歴史財団を代表して、皆さまを私どもの資金集めイベントに歓迎したいと思います。ご存じの通り、当財団は公文書館の復元のために資金を集めているところです。大変貴重な資料を所蔵していることに加え、同館は市内で最も壮麗な建造物の一つです。今夜こちらで演奏してもらうために弦楽四重奏団にシカゴから飛行機で来ていただく予定でしたが、たった今、空港に霧が出ていると聞きました。そのため、当財団の復元計画の発表から始めようと思います。どうぞ軽食をお楽しみください。こちらはOlson'sレストランのオーナーの方々よりご親切にもご寄付いただきました。

---

92 Where does the speaker work?

(A) At an architectural firm
(B) At a historical foundation
(C) At a construction company
(D) At a concert hall

話し手はどこで働いていますか。

(A) 建築事務所
(B) 歴史財団
(C) 建設会社
(D) コンサートホール

正解 **B** 話し手は❶「ウッドランズ歴史財団を代表して、皆さんを私たちの資金集めイベントに歓迎したい」とあいさつし、続けて❷で、公文書館の復元のために資金を集めているとイベントの目的を伝えている。よって、(B)が正解。
(A) (C) restoreやbuildingなどの語から連想され得るが、話し手の会社が建物の復元作業を行うとは述べていない。
(D) 弦楽四重奏団や演奏への言及があるのは、イベントの出し物について述べるため。

---

93 Why does the speaker say, "I just heard that there is fog at the airport"?

(A) To suggest using alternate transportation
(B) To request help from the audience
(C) To explain a schedule change
(D) To complain about poor communication

話し手はなぜ "I just heard that there is fog at the airport" と言っていますか。

(A) 代替交通手段の利用を提案するため
(B) 聴衆からの支援を求めるため
(C) 予定変更の理由を説明するため
(D) 不十分なコミュニケーションについて不平を言うため

正解 **C** 話し手は、❸で、シカゴから飛行機で来場予定の弦楽四重奏団に言及した直後、butを続けて下線部の発言で、空港に霧が出ているという情報を知ったところだと伝えている。その後、❹で、そのため復元計画の発表から始めようと思うと述べてプログラムの変更を伝えている。よって、話し手は、予定変更の理由の説明として、下線部の発言で飛行機の遅延等により弦楽四重奏団の来場が間に合わないことを示唆していると分かる。
(A) 話し手はプログラムの変更について述べているのであり、別の移動手段の提案はしていない。alternate「代わりの、別の」、transportation「交通手段」。
(B) 資金集めイベントにおけるスピーチだが、この発言の前後の話題は支援を求める内容ではない。audience「聴衆」。

---

94 Who does the speaker thank at the end of the speech?

(A) An archivist
(B) An event planner
(C) Some public officials
(D) Some restaurant owners

話し手はスピーチの最後で誰に感謝していますか。

(A) 公文書館員
(B) イベントプランナー
(C) 公務員
(D) レストランのオーナー

正解 **D** 話し手は、❺で、軽食を楽しむよう聞き手を促し、その軽食はOlson'sレストランのオーナーたちから寄付されたものだと説明している。この❺のgraciously donated「親切にも寄付してもらった」という表現から、話し手は寄付者であるレストランのオーナーに謝意を伝えていると判断できるので、(D)が正解。
(A) archivist「公文書や公的記録の調査・収集・保管を行う専門家」。
(B) イベントの予定変更という内容から連想され得る点に注意。

---

historical 歴史の　foundation 財団　fund-raiser 資金集めのイベント　raise 〜(資金など)を集める
restore 〜を復元する　archives building 公文書館　in addition to 〜 〜に加えて　hold 〜を保有する
priceless 値が付けられないほどの、大変貴重な　structure 建造物　string quartet 弦楽四重奏団　fly in 飛行機で来る
fog 霧　begin by *doing* 〜することから始める　proposal 計画、案　restoration 復元　graciously 親切に、寛大に

Questions 95 through 97 refer to the following talk and map.

🇨🇦 M

Thanks for joining our city tour. My name is Hector Flores, and I take great pride in all that Clearview has to offer. ❶Over the coming hour, we'll be discussing the city's founding and historical development. Please feel free to ask me questions as we go. By the way, ❷your tickets will get you a discount to be used at any of the eateries at Seafront Park. ❸That's where we'll be ending our tour. Don't worry—you'll have plenty of time to enjoy your meal before you're due to get back on your cruise ship at eight P.M.

設問95-97は次の話と地図に関するものです。

当市内ツアーにご参加くださり、ありがとうございます。私はHector Floresと申しまして、クリアビュー市の持つさまざまな見どころを大変自慢に思っています。これから1時間にわたり、私たちは市の設立と歴史的発展を考察していきます。話の途中で、ご遠慮なくご質問ください。ところで、皆さんのチケットで、Seafront公園のどの飲食店でも使える割引をお受けになれます。そこは、私たちのツアーが終了することになっている場所です。ご心配なく――午後8時のクルーズ船へのお戻り予定までにお食事を楽しんでいただく十分な時間がございますので。

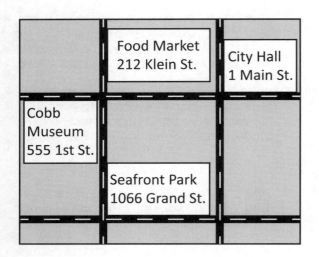

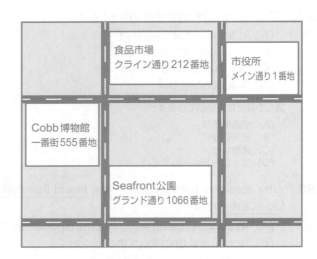

95 What aspect of the city will the listeners learn about on the tour?

    (A) Its industries
    (B) Its history
    (C) Its art
    (D) Its parks

聞き手はツアーで、市のどんな側面について学びますか。

    (A) 同市の産業
    (B) 同市の歴史
    (C) 同市の芸術
    (D) 同市の公園

正解 **B** 話し手は、ツアーへの参加について聞き手に礼を述べた後、クリアビュー市の持つさまざまな見どころを大変自慢に思っていると述べ、❶「これから1時間にわたり、私たちは市の設立と歴史的発展を考察していく」と知らせている。よって、聞き手はツアーで、クリアビュー市の歴史的側面について理解を深めることになると分かるので、(B)が正解。
(A) (C) 産業的・芸術的な側面への言及はない。
(D) 割引を受けられる飲食店がある場所、およびツアーの最終地点としてSeafront公園への言及はあるが、ツアーで市の公園について学ぶというわけではない。

---

96 According to the speaker, what is included in the tickets?

    (A) Meal discounts
    (B) Free parking
    (C) Complimentary photographs
    (D) Museum admission

話し手によると、何がチケットに含まれていますか。

    (A) 食事の割引
    (B) 無料の駐車
    (C) 無料の写真
    (D) 博物館の入場料

正解 **A** 話し手は❷「皆さんのチケットで、Seafront公園のどの飲食店でも使える割引を受けられる」と述べて、ツアーのチケットに飲食代金の割引が含まれることを聞き手に伝えている。よって、(A)が正解。
(B) (C) 無料の駐車や写真については述べられていない。
(C) complimentary「無料の」。
(D) 博物館は地図に記載されているが、話には出てきていない。admission「入場料」。

---

97 Look at the graphic. Where will the tour end?

    (A) At 212 Klein St.
    (B) At 1 Main St.
    (C) At 1066 Grand St.
    (D) At 555 1st St.

図を見てください。ツアーはどこで終了しますか。

    (A) クライン通り212番地
    (B) メイン通り1番地
    (C) グランド通り1066番地
    (D) 一番街555番地

正解 **C** 話し手は❷で、ツアー参加者はSeafront公園の飲食店で割引を受けられることを伝え、その直後に❸「そこは、私たちのツアーが終了することになっている場所だ」と述べている。❸のThatはその直前で言及しているSeafront Parkを指す。地図を見ると、Seafront Parkの所在地は1066 Grand St.とあるので、(C)が正解。
(A) (B) (D) 地図からそれぞれ食品市場、市役所、Cobb博物館の所在地と分かるが、これらの場所への言及はない。

---

take pride in ～　～を自慢に思う　　have ～ to offer　提供すべき～を持っている、素晴らしい～がある　　coming　今度の、次の　discuss　～を考察する　　founding　設立　　development　発達、発展　　feel free to *do*　遠慮なく～する　eatery　飲食店、軽食堂　　plenty of ～　たくさんの～　　be due to *do*　～する予定である　　cruise ship　クルーズ船

Questions 98 through 100 refer to the following telephone message and production schedule.

🇺🇸 W

Hi, Adisa. It's Rebecca Kwon. ❶I'm calling because we've just completed development of a new fragrance line for J. M. Scents Incorporated, and now I need models of the bottles they'll be packaged in. ❷Could you make 3-D prints of the perfume bottles, based on my digital renderings? ❸The problem is that we have a very tight timeline. ❹The client review is at the end of the week, so the bottles need to be ready by the day the clients start their review. ❺I'll be happy to pay extra if you can make this project a priority.

Project Step	Beginning Date
Model development	July 27
Client review	August 3
Prototype revisions	August 8
Production	August 16

設問 98-100 は次の電話のメッセージと生産予定表に関するものです。

こんにちは、Adisa。Rebecca Kwonです。当社ではちょうどJ.M.香水社用の香水の新シリーズの開発を終えたところなのでお電話しているのですが、今、それらを詰める瓶の見本が必要です。私のデジタル完成予想図に基づいて、その香水用の瓶を3Dプリントしていただけますか。問題は、スケジュールが非常にタイトなことです。顧客による審査は今週末なので、瓶は顧客が審査を開始する日までに用意できている必要があります。このプロジェクトを優先していただけるなら、喜んで追加料金をお支払いします。

プロジェクトの段階	開始日
見本の開発	7月27日
顧客による審査	8月3日
試作品の修正	8月8日
生産	8月16日

98 Where does the speaker work?

(A) At a glass factory
(B) At an interior design firm
(C) At a perfume developer
(D) At a cosmetics store

話し手はどこで働いていますか。

(A) ガラス工場
(B) インテリアデザイン会社
(C) 香水開発会社
(D) 化粧品店

| 正解 C | 話し手は❶で、J.M.香水社用の香水の新シリーズの開発を終えたのでそれらを詰める瓶の |

見本が必要だと話している。続けて❷では、デジタル完成予想図に基づいて香水用の瓶を3Dプリントするよう依頼している。これらのことから、話し手は香水を開発する仕事をしていると判断できるので、(C)が正解。developer「開発業者」。
(A) 瓶の見本に言及しているが、話し手が作るのではなく聞き手に発注している。
(D) fragranceやperfumeなどの語と関連し得るが、化粧品の販売への言及はない。

---

99 Look at the graphic. By which date is the listener asked to complete a project?

(A) July 27
(B) August 3
(C) August 8
(D) August 16

図を見てください。聞き手はどの日にちまでにプロジェクトを完了するよう求められていますか。

(A) 7月27日
(B) 8月3日
(C) 8月8日
(D) 8月16日

| 正解 B | 話し手は❷で、香水用の瓶の見本の用意を聞き手に依頼し、❸でタイトな日程について言 |

及した後、❹「顧客による審査は今週末なので、瓶は顧客が審査を開始する日までに用意できている必要がある」と期日を伝えている。図を見ると、顧客による審査は8月3日に開始予定だと分かるので、(B)が正解。設問文のa projectは、話し手が聞き手に依頼している香水用の瓶の見本製作を示している。
(A) 見本の開発の開始日であり、完了すべき日にちではない。
(C) (D) 試作品の修正や生産については言及されていない。

---

100 What does the speaker say she will pay for?

(A) Additional materials
(B) Legal fees
(C) Expedited service
(D) Staff training

話し手は何に対して支払いをすると言っていますか。

(A) 追加の資材
(B) 法的費用
(C) 迅速な対応
(D) スタッフの研修

| 正解 C | ❷で瓶の見本製作を聞き手に依頼し、❸で問題はスケジュールがタイトなことだと述べた |

話し手は、❹で具体的な期日を伝えた後、❺「このプロジェクトを優先してもらえるなら、喜んで追加料金を支払う」と申し出ている。よって、急を要するプロジェクトに優先的に対応することをexpedited serviceと表現している(C)が正解。expedite「〜(の進行)を早める、〜を迅速に処理する」。
(A) (B) (D) 追加の資材、法的費用、研修への言及はない。

---

fragrance 香水　　line 製品シリーズ、商品ライン　　scent 香水、香り　　model 見本
package 〜 in … 〜を…(容器など)に入れる　　make a 3-D print of 〜 〜を3Dプリントする　　perfume 香水
rendering 完成予想図　　timeline 予定(表)　　review 検討、審査　　priority 優先事項
生産予定表　　step 段階　　prototype 試作品

101 The new microwave for the office kitchen should arrive ------- the week.

(A) on
(B) along
(C) by
(D) within

事務所のキッチン用の新しい電子レンジは、今週中に届くはずです。

(A) 〜の上に
(B) 〜に沿って
(C) 〜までに
(D) 〜のうちに

正解 **D**　選択肢は全て前置詞の働きをする語。文頭から arrive までは、「事務所のキッチン用の新しい電子レンジは到着するはずだ」という意味。空所に (D) within を入れると、within the week が「今週中に」となり、意味が通る。

microwave (=microwave oven)「電子レンジ」。
(A) 特定の日付や曜日などが続く場合は可。
(C) 期限を表すので、具体的な日付などが続く場合は可。

---

102 Mr. Samudio thanked the hotel staff for making ------- stay a comfortable one.

(A) he
(B) his
(C) him
(D) himself

Samudio さんは、滞在を快適なものにしてくれたことをホテルのスタッフに感謝しました。

(A) 彼は
(B) 彼の
(C) 彼を
(D) 彼自身

正解 **B**　選択肢は全て人称代名詞。thank 〜 for doing は「…してくれたことを〜に感謝する」という意味なので、making 以下は、ホテルのスタッフがしてくれたことを表す。make A B は「A を B にする」という意味で、A に ------- stay、B に a comfortable one が当てはまると考えられる。よって、名詞 stay を修飾する所有格の (B) his「彼の」が適切。one は stay を表

し、making 以下は「彼の滞在を快適なものにしたこと」という意味になる。
(A) 主格。
(C) 目的格。
(D) 再帰代名詞。

---

103 The sales associates have been pleased with the new dress code ------- it was implemented last September.

(A) here
(B) first
(C) since
(D) best

営業部員たちは、この前の 9 月に施行されて以来、新しい服装規定に満足しています。

(A) ここで
(B) 最初の
(C) 〜以来
(D) 最もよい

正解 **C**　空所の前後が共に〈主語＋動詞〉の形を含む節。文頭から dress code までの節は継続を表す現在完了形で、「営業部員たちはその新しい服装規定に（ずっと）満足している」という意味。it was 以下の節は、「それはこの前の 9 月に施行された」という意味。これらの節をつなぐために、空所には接続詞が入ると考えられる。接続詞の (C) since「〜以来」が適切。it

は the new dress code を指す。sales associate「営業部員、販売員」、be pleased with 〜「〜が気に入る、〜に満足している」、dress code「服装規定」、implement「〜を実施する」。
(A) 副詞。
(B) (D) 形容詞または副詞。

104 At the beginning of the class, your instructor will inform you ------- additional materials are needed.

(A) yet
(B) if
(C) however
(D) although

授業の最初に、講師が追加の教材が必要かどうかをお知らせします。

(A) まだ
(B) 〜かどうか
(C) しかし
(D) 〜だが

正解 **B** この文の主語はyour instructor、述語動詞はwill inform。〈inform 〜＋名詞節〉で「〜に…を知らせる」という意味。名詞節を導く接続詞の(B) if「〜かどうか」を入れると、空所以下が「追加の教材が必要かどうか」という意味になって、

文が成立する。additional「追加の」、material (＝learning material)「教材」。
(A) (C) 副詞または接続詞。名詞節を導かない。
(D) 接続詞。名詞節を導かない。

105 Poole and Whitney Supply sells premier products for do-it-yourself home improvement -------.

(A) projects
(B) projection
(C) projecting
(D) projectors

Poole and Whitney用品社は、DIYで行う家のリフォーム工事用の最高級製品を販売しています。

(A) 工事
(B) 投影
(C) 計画すること
(D) 映写機

正解 **A** 選択肢は全て名詞の働きを持つ語。この文の主語はPoole and Whitney Supply。premier以下は述語動詞sellsの目的語で、「DIYで行う家のリフォーム-------用の最高級製品」という意味。(A) projects「プロジェクト、工事」を入

れると、この会社がDIYで家のリフォーム工事をするのに必要な物品を販売している、ということになって意味が通る。premier「最高級の」、do-it-yourself「DIYの、日曜大工の」、home improvement「家のリフォーム」。

106 Mouse pads ------- our redesigned company logo will be distributed after the workshop.

(A) must display
(B) to be displayed
(C) displaying
(D) being displayed

新しいデザインの当社ロゴが入っているマウスパッドが、講習会の後で配布される予定です。

(A) 〜を表示しなければならない
(B) 表示されることになる
(C) 〜を表示している
(D) 表示されている

正解 **C** 動詞display「〜を表示する」の適切な形を選ぶ。この文の述語動詞はwill be distributed「配布される予定だ」であり、その主語に当たるのが文頭のMouse pads「マウスパッド」で、空所からlogoまでがMouse padsを修飾していると考えられる。現在分詞の(C) displaying「〜を表示している」を入れると、displaying our redesigned company logoがMouse padsを修飾する形容詞句になり、会社の新しいロゴ入りのマウ

スパッドが講習会の参加者に配布される、となって意味が通る。redesign「〜をデザインし直す」、logo「ロゴマーク」、distribute「〜を配布する」、workshop「講習会」。
(A) 述語動詞はwill be distributedなので述語動詞になり得る語句は不適切。
(B) (D) displayは受動態にした場合、後ろに目的語を続けない。

TEST 2 PART 5

107 Employees who work part-time are not ------- for the company's profit-sharing plan.

 (A) famous
 (B) admired
 (C) reasonable
 (D) eligible

パートタイムで働く従業員には、その会社の利益分配制度に加入する資格がありません。

 (A) 有名な
 (B) 称賛される
 (C) 道理にかなった
 (D) 資格がある

正解 **D** 　文頭からpart-timeまでが主語で、「パートタイムで働く従業員たち」の意味。the company's以下は前置詞forの目的語で、「その会社の利益分配制度」の意味。空所に(D) eligibleを入れると、be eligible for 〜「〜の資格がある」の

形になり、パートタイムの従業員にはその会社の利益分配制度に加入する資格がない、となって意味が通る。work part-time「パートタイムで働く」、profit-sharing plan「利益分配制度」。
(A) be famous for 〜で「〜で有名である」という意味。

---

108 Brady Music Academy pairs students with qualified instructors ------- are professional wind and brass instrument players.

 (A) who
 (B) when
 (C) where
 (D) whose

Brady音楽学校では、生徒をプロの木管・金管楽器奏者である有資格の講師と組ませます。

 (A) 〜である(人)
 (B) 〜するとき
 (C) 〜する所で
 (D) その〜

正解 **A** 　選択肢は全て関係詞。主語はBrady Music Academy、述語動詞はpairs。pair A with Bで「AをBと組ませる」という意味であり、Aにstudents、Bにqualified instructorsが当てはまるので、文頭からinstructorsまでは「Brady音楽学校は、生徒たちを有資格の講師と組ませる」という意味になる。空所には動詞の働きをするareが続いており、are以下は「プロの木管・金管楽器奏者である」という意味だが、主語がないので、空所にはこの部分の主語に相当して前の部分と

つながる語が必要。主格の関係代名詞(A) whoを入れると、who以下の関係代名詞節がqualified instructorsを修飾する働きをして、意味が通る。academy「(専門)学校」、qualified「資格のある」、wind instrument「吹奏楽器(ここではwoodwind instrument「木管楽器」を指すと考えられる)」、brass instrument「金管楽器」。
(B) (C) 関係副詞。主語の働きをしない。
(D) 所有格の関係代名詞。単独で主語の働きをしない。

---

109 Residents of Millier Street ------- city council members to approve the installation of a traffic light.

 (A) encouraged
 (B) suggested
 (C) argued
 (D) reported

ミリヤー通りの住人たちは、市議会議員に信号機の設置を認可するよう働き掛けました。

 (A) 〜に促した
 (B) 〜を提案した
 (C) 〜を論じた
 (D) 〜を報告した

正解 **A** 　選択肢は全て動詞の過去形。Residents of Millier Streetが主語、city council membersが空所に入る動詞の目的語となる。その後にto不定詞が続く形になっているので、空所には、目的語の後にto不定詞を続けて意味を成す動詞が入る。encourage 〜 to doで「〜に…するよう促す」という意

味なので、(A) encouragedを入れると、市議会議員に信号機設置の認可を促したとなって意味が通る。council「議会、評議会」、approve「〜を認可する、〜を承認する」、installation「設置」。
(B) (C) (D) 〈動詞＋人＋to do〉という形にならない。

110 At the meeting tomorrow, Jing Huang, vice president of sales, will discuss the company's ------- to achieve its sales goals.

- (A) effortless
- (B) efforts
- (C) effortful
- (D) effortlessly

明日の会議で、営業担当本部長のJing Huangは売り上げ目標を達成するための当社の取り組みについて論じる予定です。

- (A) 努力を要しない
- (B) 取り組み
- (C) 努力を要する
- (D) 楽々と

正解 **B** 選択肢は名詞effort「努力、取り組み」の変化形と派生語。空所の直前に所有格のcompany'sがあり、the company's -------が他動詞discuss「〜について話し合う、〜を話題として取り扱う」の目的語になると考えられるので、空所には名詞が入る。名詞の(B) efforts「取り組み」が適切。vice

president of sales「営業担当本部長」、achieve「〜を達成する」、sales goal「売り上げ目標」。
(A) (C) 形容詞。
(D) 副詞。

---

111 Chef Ferguson ------- mixed the spices during her cooking demonstration.

- (A) extremely
- (B) expertly
- (C) tightly
- (D) finely

Ferguson料理長は、調理実演で香辛料を巧みに混ぜ合わせました。

- (A) 極度に
- (B) 巧みに
- (C) きつく
- (D) 細かく

正解 **B** 選択肢は全て副詞。空所に入る副詞は直後の述語動詞mixedを修飾すると考えられる。(B) expertly「巧みに、専門家の手腕で」を入れると、プロの料理人が調理実演で巧みな技術を見せたということになって、意味が通る。

demonstration「実演、実地講習会」。
(D) finelyは「上品に、繊細に」といった意味もあるが、動詞mixedを修飾する語として合わない。

---

112 To receive a parking pass, you must submit a ------- request to your supervisor.

- (A) formalize
- (B) formally
- (C) formality
- (D) formal

駐車許可証を受け取るには、正式な依頼書をご自身の上司に提出しなければなりません。

- (A) 〜を正式なものとする
- (B) 正式に
- (C) 形式的であること
- (D) 正式な

正解 **D** 選択肢は形容詞formal「正式な」と派生語。主語はyou、述語動詞はmust submitで a ------- requestがその目的語になると考えられる。名詞request「依頼(書)」を修飾する形容詞の(D) formal「正式な」が適切。parking pass「駐車許可証」、supervisor「上司」。

(A) 動詞の原形または現在形。
(B) 副詞。名詞を修飾しない。
(C) 名詞。形容詞的に使われることもあるが、意味が通る文にならない。

TEST 2 PART 5

113 The customer survey results show that there are ------- issues that need to be addressed.

(A) faithful
(B) numerous
(C) classical
(D) rapid

顧客調査の結果は、対応を必要とする非常に多くの問題があることを示しています。

(A) 忠実な
(B) 非常に多くの
(C) 古典的な
(D) 急速な

正解 **B** 選択肢は全て形容詞の働きをする語。主語はThe customer survey resultsで、述語動詞はshow。showに続くthatが導く節はshowの目的語であり、「対応される必要がある-------問題があること」という意味。空所の語は続く名詞issuesを修飾している。(B) numerous「非常に多くの」を入れると、顧客調査の結果は、対応を必要とする非常に多くの問題があることを示す、ということになって意味が通る。customer survey「顧客調査、顧客アンケート」、issue「問題(点)」、address「〜に対応する、〜に取り組む」。

---

114 Ms. Liu requested that her mail be ------- to the New York office during the month of June.

(A) forward
(B) forwards
(C) forwarded
(D) forwarding

Liuさんは、6月中は彼女宛ての郵便物がニューヨークのオフィスに転送されるように要請しました。

(A) 〜を転送する
(B) 〜を転送する
(C) 転送されて
(D) 〜を転送している

正解 **C** 動詞forward「〜を転送する」の適切な形を選ぶ。request that 〜 (should) doで、「〜が…するように要請する」という意味。that節内の主語はher mail「彼女宛ての郵便物」なので、「郵便物が転送される」と受動態にする必要がある。よって、過去分詞の(C) forwardedが適切。

(A) 原形または現在形。
(B) 三人称単数現在形。
(D) 現在分詞または動名詞。be動詞に続けられるが、能動態になるので意味が通らない。

---

115 Supeck Legal is closed while the sprinkler system is being replaced ------- the building.

(A) into
(B) to
(C) throughout
(D) among

Supeck法律事務所は、建物全体のスプリンクラーシステムの交換中は休業になります。

(A) 〜の中へ
(B) 〜へ
(C) 〜の全体にわたって
(D) 〜の内で

正解 **C** 選択肢は全て前置詞の働きをする語。文頭からclosedまでが主節。while以下が従属節であり、「建物-------スプリンクラーシステムが交換されている間」という意味。(C) throughout「〜の全体にわたって、〜の隅から隅まで」を入れると、建物全体のスプリンクラーシステムの交換工事が行われる間は休業する、ということになって意味が通る。legal「法律の」、sprinkler system「スプリンクラーシステム、自動消火装置」、replace「〜を交換する」。
(A)「〜の中へ」という動作を示すため不適切。in「〜の中で」なら可。
(D) amongの後には複数形の名詞か集合名詞が続く。

116 Gabary Ltd. decided to expand its marketing staff, so salaries for newly hired employees are ------- high.

(A) reasonably
(B) reasonable
(C) reasons
(D) reasoned

Gabary社はマーケティングの人員を増強することを決定したので、新規採用の従業員の給料は当然ながら高くなっています。

(A) もっともなことに
(B) もっともな
(C) 理由
(D) 筋の通った

正解 **A** salaries以下は「新規採用の従業員の給料は-------高い」という意味で、空所に何も入れなくても文として成り立つので、空所には修飾語が入る。直後の形容詞highを修飾する、副詞の(A) reasonably「道理にかなって、もっともなことに」が適切。expand「～を拡張する、～を増強する」、hire「～を雇う、～を採用する」。

(B) 形容詞。be動詞に続いて補語の役割を果たすことはあるが、空所の後ろにも形容詞があるため不適切。
(C) 名詞の複数形、または動詞「～を推論する」の三人称単数現在形。
(D) 形容詞、もしくは動詞の過去形または過去分詞。

---

117 Ms. Baek needs to sign the standard ------- to start working as an operations consultant.

(A) reference
(B) advice
(C) format
(D) agreement

Baekさんはオペレーション・コンサルタントとして働き始めるために、標準契約書に署名する必要があります。

(A) 紹介状
(B) 忠告
(C) 書式
(D) 契約書

正解 **D** 選択肢は全て名詞の働きを持つ語。文頭からsignまでは「Baekさんは署名する必要がある」という意味で、the standard -------が動詞signの目的語になると考えられる。to以下は、「オペレーション・コンサルタントとして働き始めるために」という意味。(D) agreement「契約書、合意」を入れると、その仕事を始めるために契約書に署名しなければならないとなって、意味が通る。standard「標準的な、基本の」、operations consultant「オペレーション [業務、運営] コンサルタント」。

(A) 働き始める際に署名する書類としてreferenceは不自然。
(C) formatは書類などの判型や体裁を意味するのでsignの目的語として不適切。

---

118 Companies relocating ------- headquarters to Burton County must submit a proposed timeline for the move.

(A) them
(B) their
(C) themselves
(D) theirs

バートン郡に本社を移転しようとしている企業は、その移転のスケジュール案を提出しなければなりません。

(A) それらを
(B) それらの
(C) それら自身
(D) それらのもの

正解 **B** 選択肢は全て人称代名詞。文頭からCountyまでがこの文の主語で、relocating ------- headquarters to Burton County が名詞Companiesを後ろから修飾している。------- headquarters が現在分詞relocatingの目的語と考えられるので、名詞headquarters「本社」にかかる所有格の(B) their「それらの」が適切。relocate「～を移転させる」、county「郡」、proposed「提案されている」、timeline「スケジュール表」。

(A) 目的格。
(C) 再帰代名詞。
(D) 所有代名詞。

119 Although a date has not been -------, the Culvert Silver Line is expected to resume operations next year.

(A) positioned
(B) perfected
(C) specified
(D) amplified

日付は明示されていませんが、Culvert Silver線は、来年、運行を再開する見込みです。

(A) 置かれて
(B) 完成されて
(C) 明示されて
(D) 拡大されて

正解 **C** 選択肢は全て過去分詞。空所はhas not beenに続くので、現在完了形の受動態になる。カンマの後がこの文の主節で、「Culvert Silver線は、来年、運行を再開する見込みだ」という意味。空所に(C) specified「明示されて、指定されて」を入れると、文頭からカンマまでが「日付は明示されていな いが」となって、意味が通る。line「鉄道の路線」、be expected to *do*「〜する見込みである」、resume「〜を再開する」、operation「運行、営業」。
(A) 物の位置を表す語なので、日付の設定には用いられない。

---

120 Operating at a ------- of 100 sheets per minute, the Nobia XLR is one of the fastest photocopiers on the market.

(A) period
(B) rate
(C) distance
(D) page

Nobia XLRは、1分間に100枚の速度で作動する、市場で最も高速のコピー機の一つです。

(A) 期間
(B) 速度
(C) 距離
(D) ページ

正解 **B** 選択肢は全て名詞の働きをする語。カンマの後は、「Nobia XLRは市場で最も高速のコピー機の一つだ」という意味。文頭からカンマまでは現在分詞Operatingに導かれる分詞構文で、(B) rate「速度、進度」を入れると、「(Nobia XLRは)1分間に100枚の速度で作動して」となって、意味が通る。operate「(機械などが)作動する」、photocopier「コピー機」、on the market「市場に出ている、販売されている」。

---

121 Dr. Cheon is ------- reluctant to accept new patients at this time given his current caseload.

(A) understandably
(B) understandable
(C) understanding
(D) understood

現在の患者受け入れ件数を考慮すると、Cheon医師は、現時点では新たな患者の引き受けに当然ながら消極的です。

(A) 理解できるほど
(B) 理解できる
(C) 理解
(D) 理解された

正解 **A** 選択肢は動詞understand「〜を理解する」の変化形や派生語。given his current caseloadは「現在の患者受け入れ件数を考慮すると」という意味。空所に何も入れなくても文として成り立つので、空所には修飾語が入る。空所の直後の形容詞reluctant「乗り気でない」を修飾する副詞の(A) understandably「理解できるほど、当然ながら」が適切。Dr. Cheon is understandably reluctantで、「Cheon医師は当然な がら消極的だ」という意味になる。be reluctant to *do*「〜することに気が進まない」、accept「〜を受け入れる」、given「〜を考慮すると」、caseload「(病院・裁判所などの)受け入れ[取り扱い]件数」。
(B) 形容詞、(C) 現在分詞または動名詞、もしくは名詞、(D) 過去形または過去分詞。いずれの選択肢もbe動詞に続く可能性はあるが、後ろに形容詞を続けて意味を成さない。

122 ------- customer will receive a free gift with any purchase at Trayton Tools on its opening day.

  (A) Certain
  (B) All
  (C) Few
  (D) Each

Trayton工具店の開店初日には、全てのお客さまが商品のご購入で無料のプレゼントをお受け取りいただけます。

  (A) ある種の
  (B) 全ての
  (C) ほんの少数の
  (D) それぞれの

正解 D 選択肢は全て形容詞の働きを持つ語。直後にある名詞のcustomer「顧客」を適切に修飾するものを選ぶ。customerが単数形なので、単数名詞を修飾できる(D) Each「それぞれの」が適切。with any purchaseは「何らかの購入で」という意味。tool「工具」、opening day「開店初日」。

(A) 可算名詞の単数形を修飾する場合は、a certain 〜のようになる。
(B) 可算名詞の場合は複数形を修飾するので、All customersなら可。
(C) 単数形の名詞は修飾しない。

---

123 The Elevpro jacket features an adjustable hood for extra ------- against cold weather.

  (A) protect
  (B) protection
  (C) protector
  (D) protected

Elevproジャケットは、特別の防寒のための調節可能なフードを特徴としています。

  (A) 〜を守る
  (B) 防護
  (C) 防護装置
  (D) 守られて

正解 B 選択肢は動詞protect「〜を守る」と変化形や派生語。主語はThe Elevpro jacket、述語動詞はfeaturesでan adjustable hoodがその目的語。for以下は「寒い天候に対する特別の-------のための」という意味であり、直前の名詞句an adjustable hood「調節可能なフード」を修飾する。前置詞forの目的語となり、形容詞extra「追加の、特別の」に修飾される名詞の(B) protection「防護」が適切。特別に防寒性を高めるための調節可能なフードという特徴を説明する内容となる。feature「〜を特徴とする」。

(A) 原形または現在形。
(C) 名詞だが、意味が通らない。
(D) 過去形または過去分詞。

---

124 The reforestation plan is proceeding smoothly, although the organizers ------- some minor issues in the early stages.

  (A) concluded
  (B) accomplished
  (C) earned
  (D) encountered

主催者たちは初期段階において幾つかの小さな問題に遭遇しましたが、その森林再生計画は順調に進んでいます。

  (A) 〜を終えた
  (B) 〜を達成した
  (C) 〜を得た
  (D) 〜に遭遇した

正解 D 選択肢は全て動詞の過去形。文頭からカンマまでが主節で、「森林再生計画は順調に進んでいる」という意味。従属節は「主催者たちは初期段階において幾つかの小さな問題-------」という意味で反意を表す接続詞although「〜ではあるが」に導かれているので、初期に都合の悪いことが起きたと考えられる。(D) encountered「〜に遭遇した」を入れると、意味が通る。reforestation「森林の再生」、proceed「進む」、smoothly「円滑に、順調に」、organizer「主催者、実行委員」、minor「小さな、重大ではない」、issue「問題(点)」。

125 The institute's directors have decided to reinvest the budget surplus ------- spending the extra money.

(A) instead of
(B) paid for
(C) apart from
(D) offers to

協会の理事たちは、余分な金を使うのではなく、その予算剰余を再投資に回すことを決定しました。

(A) ～でなく
(B) ～に支払われた
(C) ～を除いて
(D) ～へ申し出る

> **正解 A** 文頭からsurplusまでは「協会の理事たちはその予算剰余を再投資することを決定した」という意味。ここまでで文として成り立つので、空所以下は修飾語句となる。空所に続くspending以下は「その余分な金を使うこと」という名詞句なので、前置詞の働きを持つ(A) instead of「～でなく、～の代わりに」を入れると意味も通る。the extra moneyはthe budget surplusの言い換えと考えられる。institute「協会、専門学校」、
>
> director「理事、管理者」、reinvest「～を再投資する」、budget「予算」、surplus「余剰金、余り」、extra「余分の」。
> (B) 動詞の過去形[過去分詞]＋前置詞。過去分詞で名詞を形容詞的に修飾すると考えても意味が通らない。
> (C) 前置詞の働きを持つ語句だが、意味が通らない。
> (D) 動詞＋前置詞、または名詞＋前置詞。

---

126 The clients could not agree on contract wording, and unfortunately, ------- could the lawyers.

(A) perhaps
(B) meanwhile
(C) neither
(D) rather

依頼人たちは契約書の文言について合意することができず、そして残念なことに、弁護士たちも同じでした。

(A) ひょっとすると
(B) その一方で
(C) ～もまた(…)ない
(D) むしろ

> **正解 C** 文頭からwordingまでは「依頼人たちは契約書の文言について合意することができなかった」という意味。この否定の節に続けて、「～もまた(…)ない」の意味になる(C) neitherを入れると、依頼人たちが合意できなかった上に、弁護士たちも合意できなかったことになり、and unfortunately「そし
>
> て残念なことに」とも意味的につながる。neither could the lawyersの部分は倒置の形になっている。client「依頼人、顧客」、agree on ～「～について合意する」、contract「契約書」、wording「文言、言い回し」。

---

127 References must be ------- by a human resources specialist before a job candidate arrives for an interview.

(A) verifying
(B) verifies
(C) verified
(D) verification

照会先は、求職者が面接に到着する前に人事部の専門家によって確認されなければなりません。

(A) ～を確認している
(B) ～を確認する
(C) 確認されて
(D) 確認

> **正解 C** 選択肢は動詞verify「～が正しいことを確認する」の変化形や派生語。空所の前にはbeがあり、後にはby a human resources specialist「人事部の専門家によって」と続いている。過去分詞の(C) verifiedを入れて受動態にすると、文頭からspecialistまでが「照会先は、人事部の専門家によって確認されなければならない」となって、意味が通る。reference「照会先、身元保証人」、human resources「人事部」、candidate「応
>
> 募者、候補者」。
> (A) 現在分詞または動名詞。be動詞に続いて進行形を作るが、空所に続く要素と合わず、また意味も通らない。
> (B) 三人称単数現在形。
> (D) 名詞。be動詞に続いて補語の役割を果たすが、ここでは意味が通らない。

128 Mr. Lee ended the department meeting ------- in order to greet a prominent client.

(A) hardly
(B) widely
(C) immensely
(D) abruptly

Leeさんは、重要な顧客を出迎えるために部門会議を唐突に終了させました。

(A) ほとんど〜ない
(B) 広く
(C) 広大に
(D) 唐突に

正解 **D** 選択肢は全て副詞。in order to以下は、「重要な顧客を出迎えるために」という目的を表す。(D) abruptly「突然、唐突に」を入れると、Leeさんがその目的のためにいきなり会議を打ち切ったことになり、意味が通る。end「〜を終わらせる」、department「部、課」、greet「〜にあいさつをする、〜を出迎える」、prominent「重要な、著名な」。

---

129 The accounting software has been developed in an ------- fashion over the past two years.

(A) increment
(B) incrementally
(C) increments
(D) incremental

その会計ソフトはこの2年間にわたって少しずつ開発されてきました。

(A) 増大
(B) 少しずつ増大して
(C) 増大
(D) 少しずつ増大する

正解 **D** 選択肢は名詞increment「増大、増加」と変化形や派生語。空所の直前に不定冠詞anがあり、直後に名詞fashion「やり方」があるので、名詞を修飾する形容詞の(D) incremental「少しずつ増大する」が適切。in an incremental fashionで、副詞のincrementally「少しずつ増大して」と同様の意味になる。accounting「会計」、develop「〜を開発する、〜を発展させる」。
(A) 名詞。
(B) 副詞。
(C) 名詞。

---

130 The document outlines possible ------- of building without a permit in the municipality.

(A) adjustments
(B) consequences
(C) alignments
(D) designs

その文書は、その自治体において無許可で建築を行った場合に起こり得ることを概説しています。

(A) 調整
(B) 結果
(C) 整列
(D) 設計

正解 **B** 選択肢は全て名詞。主語はThe document、述語動詞はoutlinesでpossible -------がその目的語と考えられる。文頭から空所までは「その文書は起こり得る-------を概説している」という意味。空所に続くof以下は「その自治体において許可なしに建築することの」という意味で、空所の名詞を後ろから修飾している。(B) consequences「(必然的に生じる)結果」を入れると、その文書は無許可で建築をしたらどんなことが起こり得るかを述べている、ということになり意味が通る。outline「〜を概説する」、permit「許可証」、municipality「地方自治体」。

Questions 131-134 refer to the following instructions.

---

❶ Before replacing a cracked screen on a customer's mobile phone, always examine the phone thoroughly to identify additional issues, cosmetic or otherwise. This ------- will ensure that we will
　　　　　　　　　　　　　　　　　　　　　　　　　　131.
not be held responsible for a feature that was already flawed. If you detect evidence of corrosion or moisture, make a note of it. ------- . Also, make sure to check the key components.
　　　　　　　　　　　　　　　　　　132.
------- include the headphone jack, the microphone, the flashlight, the camera, and the volume
133.
controls. A checklist is available to guide you ------- the process.
　　　　　　　　　　　　　　　　　　　134.

設問 131-134 は次の指示に関するものです。

お客さまの携帯電話のひび割れた画面を交換する前に、必ず、表面上であれそれ以外であれ、さらなる問題を特定するようその携帯電話を徹底的に検査してください。この検査は、すでに損傷を受けていた部分に関して当社が責任を問われることがないようにするためのものです。腐食や湿り気の形跡を発見した場合は、それを記録してください。*これは、水による損傷の痕跡である可能性が高いです。また、主要部品も必ずチェックしてください。これらには、ヘッドホン差し込み口、マイク、ライト、カメラ、音量調節ボタンが含まれます。この手順全体を案内するために、チェックリストが用意されています。

*設問 132 の挿入文の訳

---

❶ cracked　割れた　　　examine　～を検査する　　　thoroughly　徹底的に　　　identify　～を突き止める、～を特定する
additional　追加の、他の　　　issue　問題　　　cosmetic　見かけ上の、表面上の
～ or otherwise　～かそうでないもの、～にせよそうでないにせよ　　　ensure that ～　～ということを確実にする
be held responsible for ～　～の責任を問われる　　　feature　機能、特徴的な部分　　　flaw　～に傷を付ける、～にひびを入らせる
detect　～を発見する　　　evidence　証拠、形跡　　　corrosion　腐食　　　moisture　水分、湿り気
make a note of ～　～をメモする、～の記録を取る　　　key　主要な　　　component　部品、パーツ　　　jack　プラグの差し込み口
flashlight　懐中電灯、携帯電話のライト　　　guide ～ through …　～に…を最初から最後まで案内する

131
(A) device
(B) individual
(C) inspection
(D) skill

(A) 機器
(B) 個人
(C) 検査
(D) 技能

 C 選択肢は全て名詞の働きを持つ語。空所を含む文は、「この-------は、すでに損傷を受けていた部分に関して当社が責任を問われることがないようにするためのものだ」という意味。直前の文では、ひび割れた携帯電話の画面を交換する前に、他の問題がないかどうか携帯電話を徹底的に調べるように指示されている。空所に (C) inspection「検査」を入れると、This inspection「この検査」が直前の文で述べられている徹底的な検査を表していることになり、文脈に合う。
(A) (B) (D) いずれも文脈に合わない。

132
(A) We will contact the customer soon.
(B) This is likely a sign of water damage.
(C) Hold the button down for five seconds.
(D) The two pieces may not be missing.

(A) 当社は速やかに、その顧客と連絡を取るつもりです。
(B) これは、水による損傷の痕跡である可能性が高いです。
(C) ボタンを5秒間、押し続けてください。
(D) その2つの部品は、なくなっていないかもしれません。

 B 空所の直前の文に、「腐食や湿り気の形跡を発見した場合は、それを記録してください」という指示がある。(B)を入れると、Thisが前文のevidence of corrosion or moisture「腐食や湿り気の形跡」を指し、それが何かを説明する文となるので適切。a sign of 〜「〜の痕跡」、water damage「水による損傷」。
(A) 検査手順の概要を説明する流れの中では、特定の顧客と連絡を取るという内容は、唐突で文脈に合わない。
(C) 具体的な手順の一つを説明する内容だが、the buttonが指すものが不明で、続く文ともつながらない。
(D) The two piecesが指すものが不明。

133
(A) Others
(B) Whichever
(C) Many
(D) These

(A) 他のもの
(B) どちらでも
(C) 多くのもの
(D) これら

 D 空所を含む文は、「-------は、ヘッドホン差し込み口、マイク、ライト、カメラ、音量調節ボタンを含む」という意味で、空所に入る語がこの文の主語になる。直前の文でチェックするようにと述べられているthe key components「主要部品」を受ける、(D) These「これら」が適切。
(A) (B) (C) いずれも文脈に合わない。

134
(A) onto
(B) under
(C) beyond
(D) through

(A) 〜の上へ
(B) 〜の下で
(C) 〜を超えて
(D) 〜を通して

 D 選択肢は全て前置詞の働きを持つ語。空所を含む文の前までに、ひび割れた画面の交換前に必ず、その携帯電話を徹底的に検査すること、ヘッドホン差し込み口やマイクなどの主要部品をチェックすることなどが指示されている。(D) through「〜を通して、〜の最初から最後まで」を入れると、空所を含む文が「あなたをその手順を通して案内する（手順全体を案内する）ために、チェックリストが用意されている」という意味になり、適切。

Questions 135-138 refer to the following press release.

---

❶ SEOUL (19 August)—Korean carmaker Hwan Automotive has announced the release of its first all-electric vehicle in North America. The Nalgae electric vehicle ------- available in Hwan
135.
Automotive showrooms in the United States and Canada beginning in May of next year. The Nalgae has been on the market in Asia for more than two years. ------- will continue to be
136.
manufactured in Seoul while a new assembly plant is built in Calgary. A dedicated battery manufacturing complex is also slated for construction near the plant. ------- . Residents are
137.
looking forward to this development.

❷ "This is our biggest ------- ever outside of Asia," stated Hwan Automotive CEO Do-Yun Park.
138.
"We are very excited about introducing the Nalgae to the North American market."

設問135-138は次のプレスリリースに関するものです。

ソウル（8月19日）—— 韓国の自動車メーカーであるHwan自動車社は、同社初の北米における完全電動式自動車の発売を発表した。そのNalgae電気自動車は、アメリカとカナダにあるHwan自動車社のショールームで、来年5月から購入可能になる。Nalgaeはアジア市場に出て2年を超える。同車は引き続きソウルで製造される予定だが、その一方でカルガリーに新たな組立工場が建設される。その工場の近くには、専用のバッテリー製造コンビナートの建設も予定されている。*総計すると、その拡張によって5,500人分の新たな職が創出されると見込まれている。住民は、この開発を心待ちにしている。

「これは、当社のアジア外での過去最大の投資です」と、Hwan自動車社CEOのDo-Yun Parkは述べた。「当社は、北米市場でNalgaeを発売することを非常に楽しみにしています」。

*設問137の挿入文の訳

---

❶ automotive　自動車の　　release　発売
all-electric vehicle　完全電動式自動車　★ガソリンでも走ることができるハイブリッド車などと区別したい場合の言い方
available　購入可能な　　be on the market　市場にある、販売されている　　manufacture　～を製造する
assembly plant　組立工場　　dedicated　専用の　　complex　複合施設、コンビナート　　be slated for ～　～が予定されている
look forward to ～　～を心待ちにする　　development　開発　❷ state　～と述べる　　introduce　～を導入する、～を発売する

135 (A) will be
(B) can be
(C) was going to be
(D) would have been

(A) 〜になる
(B) 〜である可能性がある
(C) 〜である予定だった
(D) 〜だっただろう

正解 **A**	動詞 be の適切な形を選ぶ。空所を含む文は、「その Nalgae 電気自動車は、アメリカとカナダにある Hwan 自動車社のショールームで、来年5月から購入可能-------」という意味。来年5月からのことなので、未来を表す(A) will be が適切。	(B)「購入できる可能性がある」といった意味になる。これから大々的に販売していくことを説明する公式発表において「購入できる可能性がある」と不確定な表現をするのは不自然。 (C) 過去における予定、(D) 過去に対する推量を表す。いずれも、来年5月のことを表すのに不適切。

---

136 (A) It
(B) Both
(C) Either
(D) Those

(A) それ
(B) 両方
(C) どちらか
(D) それら

正解 **A**	空所を含む文は、「-------は引き続きソウルで製造される予定だが、その一方でカルガリーに新たな組立工場が建設される」という意味。空所には、直前の文の The	Nalgae を受ける代名詞の(A) It「それ」が適切。 (D) 製造される車両は複数だが、前文の The Nalgae は単数形で車種を表しており、Those「それら」で受けることはできない。

---

137 (A) A prototype vehicle was on exhibit at the Beijing car show last year.
(B) Hwan Automotive has won awards for its innovative technology.
(C) Premium options are available at additional cost.
(D) Altogether, the expansion is expected to create 5,500 new jobs.

(A) 昨年、北京の自動車展示会で試作車が展示された。
(B) Hwan 自動車社は、革新的技術によって賞を獲得した。
(C) 追加料金で、高級なオプションが利用できる。
(D) 総計すると、その拡張によって5,500人分の新たな職が創出されると見込まれている。

正解 **D**	空所直前の2文で、Nalgae 電気自動車のために新たな組立工場と専用のバッテリー製造コンビナートがカルガリーに建設される旨が述べられており、直後の文では、住民がこの開発を心待ちにしていると述べられている。それらの工場を合わせると新たな雇用が多く生み出されるという内容の(D)を入れると、前後が自然につながる。altogether「全部で、総計で」、	expansion「拡張」。 (A) prototype「プロトタイプ、試作品」、exhibit「展示」。 (B) innovative「革新的な」。 (C) premium「高級な、上質の」、at additional cost「追加料金で」。

---

138 (A) promotion
(B) investment
(C) celebration
(D) performance

(A) 販売促進
(B) 投資
(C) 祝賀
(D) 性能

正解 **B**	選択肢は全て名詞。❶で、Hwan 自動車社が完全電動式自動車を新たに北米で販売すること、カルガリーに組立工場と専用のバッテリー製造コンビナートを建設予定である旨が述べられている。空所を含む文は、「これは、当社のアジ	ア外での過去最大の-------だ」という意味。この文の This は北米市場で Nalgae 電気自動車を製造販売するために工場を建設することを表すので、(B) investment「投資」を入れると意味が通る。 (A) (C) (D) いずれも文脈に合わない。

Questions 139-142 refer to the following e-mail.

To: Lucinda Richards <lrichards@mailcrate.co.uk>
From: Film Insiders <digital@filminsiders.com>
Subject: Virtual screening
Date: 10 December

❶ This message is a reminder that you have claimed a free ticket to an exclusive virtual screening of *So Then They Walked*. The film becomes available to ------- on our streaming platform at
139.
6 P.M. GMT on Thursday, 12 December. You ------- four hours to watch the film. Please make sure
140.
the mobile phone number linked to your account is correct so that we can send you an access code. ------- .
141.

❷ We are pleased that you are interested in joining us ------- this event. We are excited to share
142.
this movie with you and hope you enjoy it as much as we do!

設問139-142は次のEメールに関するものです。

受信者：Lucinda Richards <lrichards@mailcrate.co.uk>
送信者：Film Insiders社 <digital@filminsiders.com>
件名：バーチャル上映会
日付：12月10日

このメッセージは、あなたが『そして彼らは歩んだ』の限定バーチャル上映会の無料チケットを獲得されていることをあらためてお知らせするものです。この映画は当社のストリーミング用プラットフォームで、グリニッジ標準時12月12日木曜日の午後6時に、視聴者の方々にご覧いただけるようになります。この映画の鑑賞には4時間かかります。こちらからアクセスコードをお送りできるように、あなたのアカウントに紐付けられた携帯電話番号が正しいことをご確認ください。＊上映が始まる前に、そのコードを入力していただく必要があります。

このイベントへの参加にご興味をお持ちくださっていることをうれしく思います。私たちはこの映画をあなたと分かち合うことを楽しみにしております。そして、あなたが私たちと同じくらいこの映画を楽しんでくださることを願っています！

＊設問141の挿入文の訳

---

virtual　仮想の、バーチャルの　　screening　上映(会)　❶ reminder　確認、思い出させるもの
claim　〜(賞・称号など)を獲得する　　exclusive　限定された、独占的な　　available to 〜　〜に利用可能な
streaming　ストリーミング再生　★音声や動画をインターネット上で配信する際に、読み込みながら再生する方法
platform　プラットフォーム　★システムの基盤となる運用環境　　GMT　グリニッジ標準時　★Greenwich Mean Timeの略
make sure (that) 〜　〜であることを確認する　　link　〜を紐付ける、〜を結び付ける　　access code　アクセスコード、認証番号
❷ share 〜 with …　〜を…と分かち合う

139
(A) shows
(B) actors
(C) benefits
(D) viewers

(A) 映画
(B) 俳優
(C) 利益
(D) 視聴者

 正解 D 選択肢は全て名詞の複数形。❶ 1～2 行目から、映画の限定上映会がインターネット上で行われることになっていて、このEメールはその無料チケットを獲得した人への連絡であると分かる。空所を含む文は、「この映画は当社のストリーミング用プラットフォームで、グリニッジ標準時 12 月 12 日木曜日の午後 6 時に、------- に対して利用可能になる」という意味。

空所には映画が利用可能になる対象が入るので、(D) viewers「視聴者」が適切。
(B) ❶ 1～2 行目より、このEメールは映画の上映会に申し込んだ人に送られていると考えられるが、この映画の上映会が俳優のみを対象として実施されるというのは不自然。

140
(A) had
(B) will have
(C) have had
(D) will be having

(A) ～かかった
(B) ～かかるだろう
(C) ～かかった
(D) ～かかっているだろう

 正解 B 動詞 have の適切な形を選ぶ。〈have＋時間＋to *do*〉で「…するのに～かかる［要する］」という意味になる。映画の上映はこれから行われるので、未来を表す (B) will have が適切。空所を含む文が「その映画を鑑賞するのに 4 時間かかるだろう」という意味になる。

(A) 過去形、(C) 現在完了形。いずれもまだ始まっていないことを表すには不適切。
(D) 未来進行形。この have は動作でなく状態を表しているので、未来のある時点で進行中の動作を表す未来進行形は不適切。

141
(A) You can pick up your files any time before Thursday.
(B) Call our customer service department to expedite your order.
(C) You need to enter the code before the screening begins.
(D) Films are a source of entertainment as well as information.

(A) 木曜日より前ならいつでも、あなたのファイルを受け取っていただけます。
(B) あなたの注文の処理を速めるためには、当社の顧客サービス部に電話してください。
(C) 上映が始まる前に、そのコードを入力していただく必要があります。
(D) 映画は、情報だけでなく娯楽の源でもあります。

正解 C 空所直前の文で、「こちらからアクセスコードを送れるように、あなたのアカウントに紐付けられた携帯電話番号が正しいことを確認してください」と述べられている。(C)を入れると、the code が前文の an access code を指し、映画上映前に携帯電話に送信されたアクセスコードを入力する必要があるという説明になるので、流れとして自然。
(A) your files が映画のデータを指すとしても、木曜日の午後 6 時にストリーミングが開始される映画の説明として不適切。pick up ～「～を受け取る、～を入手する」、any time「いつでも」。
(B) expedite「～の処理を速める」。

142
(A) for
(B) amid
(C) upon
(D) despite

(A) ～に関して
(B) ～の中に
(C) ～の上に
(D) ～にもかかわらず

 正解 A 選択肢は全て前置詞の働きを持つ語。join ～ for … で「…について～に加わる」、すなわち「～と一緒に…

に参加する」という意味になる。よって、(A) for を入れると「私たちと一緒にこのイベントに参加する」となって意味が通る。

Questions 143-146 refer to the following letter.

Dear Scarborough residents,

❶ We want to remind you that the city of Scarborough aims to become an Avian Night Neighborhood. This is a special ------- given to communities that are working to eliminate
143.
unnecessary bright lighting.

❷ You may be wondering why this initiative is ------- . Many birds migrate through this area at
144.
night, and bright lighting can interfere with their navigation.

❸ We can all help by turning off nonessential lights from midnight to 6:00 A.M. ------- . Many shops
145.
have bright floodlights illuminating their storefronts even when they are closed. If you must have a light on at night, you should direct it downward and away from trees where birds are likely nesting. ------- , use motion-sensor lights that are on only when absolutely needed.
146.

Thank you!

Diane Slusky
Communications Department
City of Scarborough

設問 143-146 は次の手紙に関するものです。

スカーバラ市住民の皆さま

スカーバラ市が「鳥たちの夜のための地域」となることを目指していることについて、あらためてお知らせしたいと思います。これは、不必要なまぶしい照明を排除するために努力している自治体に与えられる特別な栄誉です。

この新しい取り組みがなぜ重要なのか、不思議にお思いかもしれません。多くの鳥たちが夜、この地域を通って移動しますが、まぶしい照明は彼らの飛行を妨げる可能性があるのです。

私たちは皆、深夜０時から午前６時まで、不必要な明かりを消すことによって手助けができます。[*]この慣行は店舗にも適用されます。多くの店には、閉店中でも店頭を照らすまぶしい投光照明があります。夜間に明かりをつけておかなければならない場合は、それを下に向けて、鳥が巣を作っていそうな木々から離すようにするべきです。それに加えて、本当に必要な時にだけ点灯する、人感センサーライトを使用しましょう。

よろしくお願いします！

Diane Slusky
通信課
スカーバラ市

[*]設問 145 の挿入文の訳

---

❶ aim to *do*　〜することを目指す　　avian　鳥(類)の　　neighborhood　(特定の特徴を持つ)地域　　eliminate　〜を取り除く
unnecessary　不必要な　❷ initiative　新構想、新しい試み　　migrate　移動する、(鳥が)渡る　　interfere with 〜　〜を妨げる
navigation　飛行、航行　❸ nonessential　不必要な　　floodlight　投光照明　★屋外で夜間などに用いられる広域用の照明
illuminate　〜を照らす　　storefront　店頭　　direct　〜を向ける　　downward　下方へ　　nest　巣作りする、巣ごもりする
motion-sensor light　人感センサーライト　　absolutely　完全に、本当に

143
(A) distinct
(B) distinctive
(C) distinctively
(D) distinction

(A) はっきりした
(B) 特徴的な
(C) 特徴的に
(D) 栄誉

 正解 **D**　選択肢は形容詞distinct「はっきりした、明瞭な」と派生語。空所の前には冠詞aと形容詞special「特別な」があり、後ろには過去分詞のgivenが続いているので、空所の語はそれらに修飾される名詞と考えられる。(D) distinction「特異

性、栄誉」が適切。
(A) 形容詞。
(B) 形容詞。
(C) 副詞。

144
(A) important
(B) familiar
(C) challenging
(D) experimental

(A) 重要な
(B) よく知られている
(C) 挑戦的な
(D) 実験的な

正解 **A**　選択肢は全て形容詞。空所を含む文は、「あなたはこの新しい取り組みがなぜ-------のか、不思議に思っているかもしれない」という意味。直後の文で、多くの鳥が夜間にこの地域を飛行するが、まぶしい照明がその妨げになる可能性

がある旨が述べられている。(A) important「重要な」を入れると、不必要な夜間の明かりをなくすことが鳥の生態を守るために重要という意味になり、文脈に合う。
(B) (C) (D) いずれも文脈に合わない。

145
(A) A trail map is recommended.
(B) We can supply them if needed.
(C) This practice applies to businesses too.
(D) It depends on the particular species.

(A) トレイルマップが推奨されます。
(B) 必要なら私たちがそれらを供給できます。
(C) この慣行は店舗にも適用されます。
(D) それは特定の種によります。

正解 **C**　空所直前の文で、住民は、深夜0時から午前6時まで不必要な明かりを消すことで鳥の生態を守ることに協力できる旨が述べられている。空所に (C) を入れると、This practice「この慣行」が深夜0時から午前6時まで不必要な明かりを消すことを指し、店舗なども同様の行いを実施してほしいということになる。さらに空所の後では、閉店中も投光照明がついている店舗が多いことと、夜間も明かりをつけておきたい場合の次善の策（投光照明は下向きにする、木の方に照明を向けない）が述べられているので、自然な流れと言える。practice「慣行」、

apply to ～「～に適用される」、business「企業、店」。
(A) trail map「トレイルマップ（特定の地域を動き回るために作成された地図）」。
(B) themが前文のnonessential lightsを指すとすると、不必要な明かりを供給するという内容はつじつまが合わない。if needed「必要なら」。
(D) depend on ～「～に依存する、～次第である」、particular「特定の」、species「（動植物の）種、種類」。

146
(A) Additionally
(B) Consequently
(C) Nevertheless
(D) Interestingly

(A) 加えて
(B) その結果
(C) それにもかかわらず
(D) 興味深いことに

正解 **A**　選択肢は全て副詞。❸では、「鳥たちの夜のための地域」を目指す上でスカーバラ市住民がどのようなことを実施すべきかが述べられており、空所の直前の文では、夜間も明かりをつける場合は、照明を下向きにして木々から離すよう呼

び掛けられている。空所を含む文では、人感センサーライトの使用という別の手段が勧められているので、(A) Additionally「加えて」が適切。
(B) (C) (D) いずれも文脈に合わない。

Questions 147-148 refer to the following information.

Best Crown Hair Salon
11 Beauty Row
Brisbane
(07) 5550 7990

❶ **Name:** Madeline Turner

Appointment: 4 August, 11:00 a.m.

Service: Wash, cut, blow-dry

❷ Please notify us at least 24 hours in advance if you need to cancel, or you will be subject to a $25 fee.

設問147-148は次の通知に関するものです。

Best Crown 美容院
ビューティー通り11番地
ブリスベン
(07) 5550 7990

氏名：Madeline Turner
予約：8月4日、午前11時
サービス：洗髪、カット、ヘアブロー

キャンセルされる必要がある場合は、少なくとも24時間前に当店にお知らせください。そうしていただけない場合、25ドルの料金の対象となります。

147 What is the purpose of the information?

    (A) To remind a customer about an appointment
    (B) To alert patrons to a grand opening
    (C) To notify a stylist of a schedule change
    (D) To advertise the services available at a salon

通知の目的は何ですか。

    (A) 顧客に予約について念押しすること
    (B) 後援者にオープン記念イベントについて気付かせること
    (C) 美容師に予定の変更を知らせること
    (D) 店で利用できるサービスを宣伝すること

正解 A ヘッダー部分より、通知はBest Crown美容院によるものと分かる。❶には、氏名、予約日時、サービス内容といった顧客の予約に関する情報が書かれている。また、❷には、キャンセルの必要があれば、少なくとも24時間前に知らせないと、25ドルの料金がかかることが記されているので、予約について顧客に念押しすることが目的と考えられる。よって、(A)が正解。remind ～ about …「～に…について念押しする」。
(B) grand opening「オープン記念イベント」に関する記載はな い。alert ～ to …「～に…について注意喚起する、～に…について気付かせる」、patron「後援者、常連客」。
(C) ❷に予定変更に関する記載があるが、顧客に向けた内容であり、stylist「美容師」に向けたものではない。notify ～ of …「～に…を知らせる」。
(D) ❶の3行目は、顧客のMadeline Turnerが予約しているサービスが列挙されているのであり、サービスの宣伝が目的ではない。advertise「～を宣伝する」、available「利用可能な」。

---

148 What detail is included?

    (A) A price for a haircut
    (B) A business's location
    (C) A store owner's name
    (D) A customer's phone number

どんな詳細が含まれていますか。

    (A) ヘアカットの値段
    (B) 店の所在地
    (C) 店主の名前
    (D) 顧客の電話番号

正解 B ヘッダー部分のBest Crown Hair Salonという店名の下に、11 Beauty Row Brisbaneと住所が書かれている。よって、(B)が正解。business「店」、location「所在地」。
(A) ❷に、「25ドルの料金」と書かれているのは直前キャンセルの場合に支払う料金であり、ヘアカットの値段ではない。price「価格、値段」。
(C) ヘッダー部分に店名はあるが、store owner「店主」の名前は書かれていない。
(D) ヘッダー部分にある電話番号はBest Crown美容院のもの。

---

row 通り　❶ appointment 予約　blow-dry ヘアブロー　❷ notify ～に知らせる　at least 少なくとも
in advance 事前に、前もって　or そうでないと　be subject to ～ ～の影響を受けやすい、～(罰金など)が科せられる
fee 料金、手数料

Questions 149-151 refer to the following e-mail.

To:	Fabrizio Cardozo <fcardozo@lichtmail.net>
From:	Marsha Beecham <mbeecham@greerhomegoods.com>
Date:	June 30
Subject:	RE: Order number 439-628
Attachment:	📎 Instructions

Dear Mr. Cardozo,

❶ Thank you for contacting us regarding order number 439-628. — [1] —. I see that your order was placed on June 23. — [2] —. The item you ordered was originally scheduled to ship out on June 25 for delivery to you by June 29. However, due to high demand, there has been a delay in fulfilling the order. — [3] —. To apologize for the inconvenience, we would like to offer you a $25 voucher toward a future order. — [4] —. Please see the attachment for instructions on how to apply the voucher.

❷ We thank you for your patience.

Sincerely,

Marsha Beecham, Customer Service Representative
Greer Home Goods

設問149-151は次のEメールに関するものです。

受信者：Fabrizio Cardozo <fcardozo@lichtmail.net>
送信者：Marsha Beecham <mbeecham@greerhomegoods.com>
日付：6月30日
件名：RE：注文番号439-628
添付ファイル：説明書

Cardozo様

ご注文番号439-628に関して当店にご連絡くださりありがとうございます。お客さまのご注文は6月23日に行われたものと理解しております。お客さまが注文された品物は当初、6月25日に発送されて6月29日までにお手元に届く予定でした。しかしながら、需要が高いため、ご注文への対応に遅延が生じております。*新しい到着予定日は7月5日です。ご不便をお掛けしているおわびとして、今後のご注文用に25ドルの引換券を差し上げたく存じます。引換券の適用方法に関する説明は添付ファイルをご覧ください。

お待ちくださり、ありがとうございます。

敬具

顧客サービス担当者　Marsha Beecham
Greer家庭用品店

*設問151の挿入文の訳

149 Why did Ms. Beecham send the e-mail?

  (A) To respond to an inquiry
  (B) To announce a new service
  (C) To complain about a late order
  (D) To ask that a form be completed

BeechamさんはなぜEメールを送りましたか。

  (A) 問い合わせに返答するため
  (B) 新しいサービスを発表するため
  (C) 遅れた注文品について苦情を言うため
  (D) 用紙が全て記入されるよう求めるため

正解 A　Eメールの署名より、送信者であるBeechamさんはGreer家庭用品店の顧客サービス担当者と分かる。件名にRE: Order number 439-628とあり、❶1行目で、「注文番号 439-628 に関して当店にご連絡くださりありがとうございます」と述べている。続く同 1〜4 行目で、6月23日に受注後、6月25日に発送される予定だったが需要が高いために発送が遅れていることを説明している。よって、このEメールは顧客サービス担当者のBeechamさんが顧客の問い合わせに返答するために

送ったものと判断できるので、(A)が正解。respond to 〜「〜に返答する」、inquiry「問い合わせ」。
(B) 新しいサービスについては言及されていない。announce「〜を発表する」。
(C) ❶で注文対応への遅れを説明してわびているのであり、苦情は述べていない。complain about 〜「〜について苦情を言う」。
(D) ask that 〜 (should) do「〜が…するよう求める」、complete「〜に全て記入する」。

150 What is the topic of the attached instructions?

  (A) How to return an order
  (B) How to request a refund
  (C) How to update an account
  (D) How to apply a credit

添付された説明書の主題は何ですか。

  (A) 注文品を返品する方法
  (B) 返金を要請する方法
  (C) アカウントを更新する方法
  (D) 引換ポイントを利用する方法

正解 D　添付ファイルの名前は、Instructions「説明書」。❶4〜5 行目で、不便を掛けているおわびとして今後使える引換券を進呈することを伝え、続く同 5〜6 行目で、Please see the attachment for instructions on how to apply the voucher. と述べている。よって、今後の支払いの際に利用できる引換券であるvoucherの利用方法をcredit「付け、掛け（売り）、クレジット」を用いて表した(D)が正解。ここでのcreditは、店側

が客のアカウントに付けた金額を指す。attached「添付された」。
(A) 注文品の発送の遅れについて述べているのであり、返品への言及はない。
(B) ❶4〜5 行目で言及されているvoucherとは、支払い時に利用できる引換券。今回の注文品のrefund「返金」については述べられていない。request「〜を要請する」。

151 In which of the positions marked [1], [2], [3], and [4] does the following sentence best belong?

"The new expected date of arrival is July 5."

  (A) [1]　 (B) [2]　 (C) [3]　 (D) [4]

[1]、[2]、[3]、[4]と記載された箇所のうち、次の文が入るのに最もふさわしいのはどれですか。

「新しい到着予定日は7月5日です」

正解 C　挿入文では新しい到着予定日が示されているので、元の到着予定日の記述に注目する。❶2〜4 行目で、注文品は当初は6月25日に発送されて6月29日までに顧客の元に届く予定だったが、需要が高いために発送が遅れていると述べ

られている。この直後の(C) [3] に挿入文を入れると、当初の予定日を説明する内容に続けて新しい到着予定日を述べることになり、流れとして適切。おわびとしての引換券について述べた同 4〜6 行目とも自然につながる。arrival「到着」。

---

instructions　説明（書）、指示（書）　❶ regarding　〜に関して　place an order　注文をする
be scheduled to do　〜する予定である　originally　元々は、当初は　ship out　発送される
due to 〜　〜のため、〜のせいで　demand　需要　delay　遅延　fulfill　〜を満たす、〜を果たす
apologize for 〜　〜について謝罪する　inconvenience　不便、不自由　offer 〜 …　〜に…を提供する
voucher　引換券、クーポン　apply　〜を適用する、〜を用いる　❷ patience　辛抱、忍耐力
customer service representative　顧客サービス担当者

Questions 152-153 refer to the following article.

Business Briefs

1. MEXICO CITY (25 June)—When the restaurant Tomoichi Sushi closed last month, Jordan Cohen made a quick decision. He purchased the recently vacated building in the Polanco neighborhood of Mexico City and decided to turn it into a bagel shop.

2. Mr. Cohen was raised in New York City, where he developed a love for bagels, ring-shaped rolls that are boiled before being baked, resulting in a chewy interior. Bagels are one of the city's most treasured culinary traditions.

3. The new shop, Lox On Bagels, opened this week. In addition to bagels and spreads, Lox On Bagels serves an assortment of breakfast sandwiches, specialty coffees, and smoothies.

4. "Bagels were the main staple of my childhood breakfast," Mr. Cohen says. "It's my dream to make them a larger part of Mexican cuisine."

設問152-153は次の記事に関するものです。

ビジネス短信

メキシコシティー（6月25日）── 先月Tomoichiすし店が閉店したとき、Jordan Cohenは迅速な決定を下した。彼はメキシコシティーのポランコ地区にある最近空き物件となったその建物を購入し、それをベーグル店に変えることに決めた。

Cohen氏はニューヨーク市で育ち、そこで彼は、焼く前にゆでることでかみごたえのある中身になるリング状のロールパン、ベーグルが大好きになった。ベーグルは同市の最も大切にされている食文化の一つである。

新しい店、Lox Onベーグル店は今週開店した。ベーグルとスプレッドに加えて、Lox Onベーグル店は各種の朝食向けサンドイッチ、スペシャルティ・コーヒー、スムージーを提供している。

「ベーグルは私の子ども時代の朝食の定番でした」とCohen氏は言う。「それをメキシコ料理におけるもっと大きな要素にすることが私の夢です」。

152 According to the article, what is true about Mr. Cohen?

    (A) He works in the construction industry.
    (B) He owns many businesses.
    (C) He was trained as a sushi chef.
    (D) He grew up in New York City.

記事によると、Cohenさんについて正しいことは何ですか。

    (A) 建設業界で働いている。
    (B) 多くの事業を所有している。
    (C) すし職人として訓練を受けた。
    (D) ニューヨーク市で育った。

正解 D ❷1行目に、Mr. Cohen was raised in New York Cityとある。よって、was raisedをgrew up「育った」と言い換えて表している(D)が正解。
(A) ❶3〜6行目で、最近空いた建物への言及はあるが、Cohenさんがconstruction industry「建設業界」で働いているという記述はない。
(B) Cohenさんが所有する事業として記事にあるのは、ベーグル店の1店舗のみ。
(C) ❶で、閉店したすし店をCohenさんがベーグル店に変えたことが述べられているだけ。train「〜を訓練する」、chef「料理人」。

---

153 What is indicated about Lox On Bagels?

    (A) It will open at the end of July.
    (B) It has received positive reviews.
    (C) It is in a location that once housed another restaurant.
    (D) It will export bagels to the United States.

Lox Onベーグル店について何が示されていますか。

    (A) 7月末に開店する予定である。
    (B) 肯定的なレビューを受けている。
    (C) かつて別のレストランがあった場所にある。
    (D) アメリカにベーグルを輸出する予定である。

正解 C ❶1〜3行目に、「先月Tomoichiすし店が閉店したとき、Jordan Cohenは迅速な決定を下した」とあり、続く同3〜6行目で、Cohenさんがその空き物件となった建物を購入してベーグル店にすることに決めたことが述べられている。このベーグル店とは❸1〜2行目より、今週開店したLox Onベーグル店を指すと分かるので、このベーグル店は先月までTomoichiすし店があった場所にあると判断できる。よって、(C)が正解。location「場所」、house「(場所・建物が)〜にスペースを提供する」。
(A) ❸1〜2行目より、記事の発行日である6月25日の時点ですでに開店していると分かる。
(B) レビューへの言及はない。
(D) ❷で、Cohenさんがニューヨーク市で育ったこと、ベーグルが同市の大切な食文化であることが述べられているが、Lox Onベーグル店がアメリカにベーグルを輸出するとは書かれていない。export「〜を輸出する」。

---

brief　短い報告　❶ make a decision　決定を下す　vacate　〜を立ち退く、〜(家・座席など)を空ける
neighborhood　地区　turn 〜 into …　〜を…に変える　bagel　ベーグル　❷ be raised in 〜　〜で育つ
develop　〜(興味・性質)を持つようになる　ring-shaped　輪状の　roll　ロールパン　boil　〜をゆでる、〜を煮る
result in 〜　〜という結果になる　chewy　かみごたえのある　interior　内部、中身　treasured　大切にされた
culinary　料理の　tradition　伝統、慣例　❸ lox　サケの燻製　★スライスしてベーグルと一緒に食べることが多い
in addition to 〜　〜に加えて　spread　スプレッド　★バターやジャムなど、パンに塗るもの　an assortment of 〜　各種の〜
specialty coffee　スペシャルティ・コーヒー　★生産地や流通経路が管理され、特定できる高品質なコーヒー
smoothie　スムージー　★果物とヨーグルト・ミルク・アイスクリームなどをミキサーで混ぜた冷たい飲み物
❹ staple　主要品、定番　childhood　子ども時代　cuisine　料理

Questions 154-156 refer to the following letter.

Nakaima Industries
104-1262, Makiku Yoshitsubo
Joetsu-shi, Niigata
Japan

21 November

Kenneth Wallcroft
Wallcroft Pen Designs
2284 Dufferin Street
Marfa, Texas 79843
United States of America

Dear Mr. Wallcroft,

❶ Our board of directors asked me to convey their compliments on your beautifully handcrafted fountain pens. Company President Asa Nakaima, who commissioned the pens to honor our board members, said your work surpassed his expectations. Most noteworthy was how you inscribed the initials of a different board member on each pen. Consequently, every writing implement is a personalized work of art to be cherished.

❷ Mr. Nakaima is also grateful that our company's vice president, Chihiro Hirota, came up with the idea to have you create these gifts, which were distributed at the board's most recent meeting.

Best regards,

Gwen Reger

Gwen Reger, Office Manager
Nakaima Industries

設問 154-156 は次の手紙に関するものです。

Nakaima工業社
牧区吉坪 104-1262
上越市、新潟県
日本

11月21日

Kenneth Wallcroft 様
Wallcroftペンデザイン社
ダファリン通り 2284番地
マーファ、テキサス州 79843
アメリカ合衆国

Wallcroft 様

当社の取締役会から、貴社の美しい手細工の万年筆に賛辞を伝えるように申し付かりました。当社の取締役員に敬意を表するためにペンの制作を依頼した社長のAsa Nakaimaは、貴社のお仕事ぶりが期待を上回るものだったと述べました。最も注目に値するのは、それぞれのペンへの各取締役のイニシャルの刻み込み方です。結果として、一点一点の筆記用具が、大切にしたくなる、名入りの芸術作品となっています。

Nakaima氏は、当社副社長のChihiro Hirotaがこれらの贈り物を貴社に作っていただくという案を出したことにも感謝しており、これらの贈り物は前回の取締役会で配られました。

敬具

Gwen Reger（署名）
事務長　Gwen Reger
Nakaima工業社

154 What is the purpose of the letter?

(A) To praise an employee
(B) To thank a client for a gift
(C) To express appreciation for an artistic creation
(D) To place an order for promotional items

手紙の目的は何ですか。

(A) 1人の従業員を称賛すること
(B) 顧客に贈り物についてお礼を言うこと
(C) 芸術的な創作物に対して感謝を表すこと
(D) 販売促進用の品物を注文すること

正解 **C** 手紙は、Nakaima工業社の事務長Regerさんが、Wallcroftペンデザイン社のWallcroftさんに宛てたもの。本文冒頭の❶1〜2行目に、「当社の取締役会から、貴社の美しい手細工の万年筆に賛辞を伝えるように頼まれた」とある。続く同2〜3行目で、Wallcroftペンデザイン社の仕事ぶりが期待以上だったことに言及し、同5〜6行目で、一点一点が大切にしたくなる芸術作品だと述べている。よって、手紙の目的は、Wallcroftペンデザイン社が作った芸術的な万年筆に対して感謝を表すことであり、その万年筆をartistic creation「芸術的な創作物」と表した(C)が正解。express「〜を表す、〜を示す」、appreciation「感謝」。

(A) 称賛しているのはWallcroftペンデザイン社の仕事ぶり。❷には、副社長が案を出したことに感謝しているという一節があるが、1人の従業員を称賛するのが手紙の目的ではない。praise「〜を称賛する」。
(B) 手紙の書き手であるNakaima工業社は、受取手のWallcroftペンデザイン社に贈答品の制作を依頼していた顧客であり、Wallcroftペンデザイン社がNakaima工業社の顧客というわけではない。
(D) place an order「注文をする」、promotional「販売促進用の」。

155 What is mentioned about the pens?

(A) They were manufactured in Japan.
(B) They were presented during an official dinner.
(C) Each contains a different color of ink.
(D) Each includes a unique design feature.

ペンについて何が述べられていますか。

(A) 日本で製造された。
(B) 正式な晩餐会で贈呈された。
(C) それぞれ、異なる色のインクが入っている。
(D) それぞれ、他にはないデザインの特徴を含んでいる。

正解 **D** 贈答品のペンについて、❶4〜5行目から、ペンにはそれぞれ各取締役のイニシャルが刻まれていることが分かり、続く同5〜6行目に、「一点一点の筆記用具が、大切にしたくなる、名入りの芸術作品となっている」と述べられている。よって、それぞれのペンが各取締役のイニシャルが刻み込まれた一点物であることをunique design featureと表した(D)が正

解。feature「特徴」。
(A) ヘッダーより、ペンを制作したWallcroftペンデザイン社はアメリカにあることが分かる。また、製造場所については触れられていない。manufacture「〜を製造する」。
(B) ❷より、ペンは前回の取締役会で配られたことが分かる。
(C) インクの色についての記述はない。contain「〜を含む」。

156 What is suggested about Ms. Hirota?

(A) She gift wrapped the pens.
(B) She recommended Mr. Wallcroft's services.
(C) She is in charge of scheduling board meetings.
(D) She signed a contract with Mr. Wallcroft.

Hirotaさんについて何が分かりますか。

(A) ペンを贈り物用に包装した。
(B) Wallcroftさんの事業を推薦した。
(C) 取締役会のスケジュール設定を担当している。
(D) Wallcroftさんとの契約書に署名した。

正解 **B** Hirotaさんとは、❷1行目より、Nakaima工業社の副社長と分かる。同1〜2行目に、our company's vice president, Chihiro Hirota, came up with the idea to have you create these giftsとあり、このyouは手紙の受取手であるMr. Wallcroftが所属するWallcroftペンデザイン社を指す。この内容を、She recommended Mr. Wallcroft's services

と表した(B)が正解。recommend「〜を推薦する、〜を推奨する」。
(A) gift wrap「〜を贈り物用に包装する」。
(C) ❷に、ペンが前回の取締役会で配られたとあるが、Hirotaさんが取締役会の予定を組んでいるとは書かれていない。in charge of 〜「〜を担当して」。
(D) 契約書への署名については言及がない。contract「契約書」。

---

industry 工業、産業　❶board of directors 取締役会　convey 〜を伝える　compliment 賛辞
handcraft 〜を手作業で作る　fountain pen 万年筆　commission 〜を委託する、〜の制作を依頼する
honor 〜に栄誉を与える、〜を称賛する　surpass 〜を越える　expectation 期待　noteworthy 注目に値する
inscribe 〜を刻み込む　consequently その結果　implement 道具、用具　personalized 個人向けにした、名前入りの
work of art 芸術作品　cherish 〜を大切にする　❷be grateful that 〜　〜ということに感謝している
vice president 副社長　come up with 〜　〜(アイデアなど)を思い付く　distribute 〜を配布する

Questions 157-158 refer to the following text-message chain.

Alan Ropp [1:06 P.M.]
Where are you? Weren't we supposed to meet at 1 o'clock to get decorations for the office party?

Camille Saenz [1:07 P.M.]
I'm outside Glinda's Books, the shop next to Parker Fashions.

Alan Ropp [1:08 P.M.]
Oh, OK. I'm in the art supply store. Should I leave and try to find you?

Camille Saenz [1:09 P.M.]
No, don't worry. I know exactly where the art supply store is. I'm walking over now.

Alan Ropp [1:10 P.M.]
Good. They have a roll of bright yellow paper here that we could use to make a banner. It would look very dramatic!

設問157-158は次のテキストメッセージのやりとりに関するものです。

Alan Ropp（午後1時06分）
どこにいますか。私たちはオフィスパーティー用の飾りを買うために1時に会うことになっていませんでしたか。

Camille Saenz（午後1時07分）
私はParkerファッション店の隣にあるGlinda's書店の外にいます。

Alan Ropp（午後1時08分）
ああ、分かりました。私は美術用品店の中にいます。ここを出てあなたを見つけるようにした方がよいですか。

Camille Saenz（午後1時09分）
いいえ、ご心配なく。私は美術用品店の場所が正確に分かりますので。今歩いて向かっています。

Alan Ropp（午後1時10分）
よかった。ここには垂れ幕を作るのに使えそうな明るい黄色のロール紙があります。とてもドラマチックに見えそうですよ！

157 Where most likely are Mr. Ropp and Ms. Saenz?

    (A) In a theater

    (B) In an art museum

    (C) In a shopping center

    (D) In an office building

RoppさんとSaenzさんはどこにいると考えられますか。

    (A) 劇場

    (B) 美術館

    (C) ショッピングセンター

    (D) オフィスビル

| 正解 **C** | Roppさんの❶の発言から、2人が飾りを買うために1時に会うことになっていたがまだ会えていないことが分かる。Saenzさんは❷で、「私はParkerファッション店の隣にあるGlinda's書店の外にいる」と伝え、Roppさんは❸で、「私は美術用品店の中にいる」と述べている。よって、2人は小売店舗が複数ある場所にいると判断できるので、(C)が正解。 |

(A) ❺に、dramaticという語があるが、明るい黄色のロール紙で垂れ幕を作るとドラマチックに見えそうだという内容で、劇場と関係はない。
(B) (D) ❸・❹で美術用品店、❶でオフィスパーティーへの言及があることに惑わされないよう注意。

---

158 At 1:09 P.M., what does Ms. Saenz most likely mean when she writes, "No, don't worry"?

    (A) She prefers to walk to the office.

    (B) She has already made a brightly colored banner.

    (C) Mr. Ropp will be reimbursed for any decorations he buys.

    (D) Mr. Ropp should stay where he is.

午後1時9分に、"No, don't worry"という発言で、Saenzさんは何を意図していると考えられますか。

    (A) 彼女はオフィスに歩いて行く方を好む。

    (B) 彼女はすでに色鮮やかな垂れ幕を作った。

    (C) Roppさんは購入する飾りの代金の払い戻しを受けるだろう。

    (D) Roppさんは今いる所にとどまるべきである。

| 正解 **D** | ❷でSaenzさんがGlinda's書店の外にいると自分の居場所を教えたのに対し、Roppさんは❸で、自分は美術用品店の中にいると伝え、「ここを出てあなたを見つけるようにした方がよいか」と尋ねている。それに対して、Saenzさんは❹で、No, don't worry.「いいえ、ご心配なく」と応答している。続けて、「私は美術用品店の場所が正確に分かる。今歩いて向かっている」と述べていることから、下線部のSaenzさんの発言は、Roppさんに今いる場所にとどまって自分を待っていてほしいと伝えているものと判断できる。よって、(D)が正解。 |

(A) ❹で、Saenzさんは美術用品店に歩いて向かっていると発言しているのであり、オフィスに向かって歩いているわけではない。prefer to do「～する方を好む」。
(B) ❺でRoppさんが垂れ幕を作るのに使えそうな紙に言及しているので、Saenzさんがすでに垂れ幕を作ったとは考えにくい。brightly colored「鮮やかな色の付いた」。
(C) 購入金額の精算などについては話題にされていない。reimburse「～に払い戻す、～に弁済する」。

---

❶ be supposed to *do* ～することになっている   decorations 装飾物   ❸ art supply store 美術用品店
❹ exactly 正確に、まさに   walk over 歩いて行く   ❺ a roll of ～ 1巻きの～   banner 垂れ幕

Questions 159-160 refer to the following brochure.

Certified Laundry Services

❶ Some health-care facilities believe managing their linen inventory on their premises is practical. However, the costs of handling large volumes of laundry can be high. Allow Certified Laundry Services to supply your sanitized textiles so that you can focus on your core business of patient care. We can schedule weekly or by-request laundry pickup with next-day delivery.

❷ Contact us at 863-555-0119 to arrange a free consultation. We will create a detailed report listing the advantages of using our service, including lowering operating costs. We can compare the actual price-per-pound savings of allowing us to manage your laundry with doing your laundry in-house.

設問159-160は次のパンフレットに関するものです。

Certified洗濯サービス社

一部の医療施設では施設構内でリネン製品の在庫を管理するのが実用的だと考えています。しかし、大量の洗濯物を扱う費用は高額になる可能性があります。皆さまが本業である患者のケアに集中できるよう、Certified洗濯サービス社に消毒済みの布製品の供給をお任せください。当社は、週1回またはご依頼ごとで洗濯物集荷と翌日配達の予定を組むことができます。

無料相談のご手配には、当社まで863-555-0119にご連絡ください。運営費の低減を含め、当社のサービスをお使いいただく利点を列挙した詳細な報告書をお作りします。当社に洗濯の管理をお任せいただく場合と貴施設内で洗濯される場合の、1ポンド当たりの実際の節約額を比較することができます。

159 For whom is the brochure most likely intended?

(A) Hotels
(B) Hospitals
(C) Beauty salons
(D) Manufacturing companies

パンフレットは誰を対象としていると考えられますか。

(A) ホテル
(B) 病院
(C) 美容院
(D) 製造会社

正解 B

冒頭の❶1〜3行目で、一部の医療施設では施設構内でリネン製品を管理することが実用的だと考えていると述べ、大量の洗濯物を扱う費用は高額になり得ると続けている。そして、同3〜4行目で「Certified洗濯サービス社に消毒済みの布製品の供給を任せてください」と売り込み、そのメリットとして「皆さんが本業である患者のケアに集中できる」と述べている。これらから、患者のケアを行う医療施設に向けて、自社の洗濯サービスを宣伝しているパンフレットだと判断できる。よって、(B)が正解。be intended for 〜「〜のために作られている、〜を対象としている」。

(A) (C) リネン製品を扱うという内容から連想され得る点に注意。
(D) manufacturing「製造」。

---

160 What is indicated about the report?

(A) It will include client reviews.
(B) It will present new products.
(C) It will describe the region served.
(D) It will provide a cost-savings analysis.

報告書について何が示されていますか。

(A) 顧客レビューを含む。
(B) 新製品を提示する。
(C) サービスが提供される地域を説明する。
(D) 費用節約の分析を提供する。

正解 D

報告書については、❷1〜2行目にWe will create a detailed reportとある。続く同2〜3行目で、この報告書について「運営費の低減を含め、当社のサービスを使う利点を列挙」と説明されている。さらに続けて同3〜4行目には、この会社を利用する場合と施設内で洗濯する場合の重量当たりの節約額を比較できるとある。よって、報告書ではこの会社のサービスを使う場合の費用を、そうでない場合と比較して見ることができると分かり、これらをcost-savings analysis「費用節約の分析」と表した(D)が正解。

(A) (B) (C) 顧客によるレビュー、新製品、サービス対象地域に関する記述はない。
(C) describe「〜を述べる」、region「地域」、serve「〜に仕える、〜の役に立つ」。

---

brochure パンフレット ❶ health-care 医療の facility 施設、設備 manage 〜を管理する linen リネン製品 inventory 在庫(品) premise 敷地 practical 実用的な handle 〜を扱う volume 量 allow 〜 to do 〜が…することを許可する supply 〜を供給する sanitize 〜を衛生的にする、〜を消毒する textile 織物、繊維製品 so that 〜 〜するために focus on 〜 〜に注意を集中させる core 中心の、中核となる patient 患者 by-request 依頼による pickup 集荷 ❷ arrange 〜を手配する、〜を取り決める consultation 相談 detailed 詳細な including 〜を含めて lower 〜を下げる operating 経営上の compare A with B AをBと比較する actual 実際の pound ポンド ★重量の単位。1ポンド＝約454グラム saving 節約 in-house 組織内で、社内で

Questions 161-163 refer to the following press release.

FOR IMMEDIATE RELEASE

Contact: Hiari Mensah, h.mensah@sandarr.com

Sandarr Announces Exciting New Addition to Its Lineup

❶ LOS ANGELES (May 9)—Anyone who has attended a meeting, presentation, or live music concert has most likely seen a Sandarr product in use. As an award-winning designer and producer of microphones and headsets, Sandarr is known for its quality.

❷ Sandarr is pleased to introduce the XTT, a microphone that offers studio-quality sound yet is affordable for the general consumer. For those who work remotely or operate a home-based business, it is essential to have high-quality sound during audio and video conferences so as to be heard clearly by colleagues or clients. Created exclusively for this type of application, the XTT is perfectly suited to all home office environments.

❸ Based on years of research at Sandarr labs, the XTT has been designed to enhance the audio signal quality. The XTT is easily connected to a laptop or desktop computer. The microphone is <u>mounted</u> on a sturdy stand to prevent wobbling.

For further information and pricing, contact Hiari Mensah at h.mensah@sandarr.com or visit www.sandarr.com.

設問 161-163 は次のプレスリリースに関するものです。

即日発表向け
お問い合わせ：Hiari Mensah、h.mensah@sandarr.com
Sandarr社が心躍る新製品のラインアップへの追加を発表

ロサンゼルス（5月9日）—— 会議、プレゼンテーション、ライブの音楽コンサートに参加したことのある人は誰でも、きっとSandarr社の製品が使用されているのを目にされたことがあるでしょう。受賞歴のある、マイクおよびヘッドホンの設計・製造会社として、Sandarr社はその品質で知られています。

Sandarr社は、スタジオ品質の音を提供しつつも一般消費者にとって手頃な価格のマイク、XTTを発売できることをうれしく思います。遠隔で勤務する人や在宅ビジネスを行う人にとって、オーディオ・ビデオ会議中に高い音質を確保することは同僚や顧客にはっきりと聞き取ってもらうために必要不可欠です。この種の利用に特化して作られているため、XTTはあらゆるホームオフィス環境に完璧に適合します。

Sandarr社の研究室での長年の研究に基づき、XTTはオーディオ信号の品質を高めるよう設計されています。XTTはノートパソコンやデスクトップコンピューターに簡単に接続できます。ぐらつきを防ぐために、マイクは頑丈なスタンドに<u>取り付けられ</u>ています。

さらなる情報や価格設定については、Hiari Mensahにh.mensah@sandarr.comまでご連絡いただくか、www.sandarr.comにアクセスしてください。

161 What kind of company is Sandarr?

(A) A professional recording studio
(B) A designer of business software
(C) An event management company
(D) A manufacturer of audio equipment

Sandarr社はどんな種類の会社ですか。

(A) プロ仕様の録音スタジオ
(B) ビジネスソフトウエアの設計会社
(C) イベント管理会社
(D) オーディオ機器メーカー

正解 D	冒頭の❶1〜2行目で、Sandarr社の製品は会議やプレゼン、音楽コンサートでよく使用されていることを挙げ、続く同2〜4行目にAs an award-winning designer and producer of microphones and headsets, Sandarr is known for its quality.とある。よって、producerをmanufacturer、microphones and headsetsをaudio equipmentと表した(D)が正解。	(A) ❷1〜2行目に、XTTがスタジオ品質の音を提供するとあるが、マイクの性能について述べているだけ。 (B) ❶2〜4行目に、マイクおよびヘッドホンの設計会社とあるが、ビジネスソフトウエアについては書かれていない。 (C) ❶1〜2行目に、会議、プレゼン、音楽コンサートへの言及はあるが、製品の使用環境として述べられているだけ。

162 According to the press release, who are the intended users of the XTT?

(A) Researchers who record outdoors
(B) Singers who perform live on stage
(C) Announcers who work at radio stations
(D) Workers who join meetings from home

プレスリリースによると、誰がXTTの使用者として想定されていますか。

(A) 屋外で録音する研究者
(B) ステージでライブを行う歌手
(C) ラジオ局で働くアナウンサー
(D) 自宅から会議に参加する勤労者

正解 D	XTTについては、❷1〜2行目で、「スタジオ品質の音を提供しつつも一般消費者にとって手頃な価格のマイク」と説明されている。続く同2〜4行目で、遠隔で勤務する人や在宅ビジネスを行う人にとって、オーディオ・ビデオ会議で高い音質を確保することが必要だと述べ、同4〜6行目には、「この種の利用に特化して作られているため、XTTはあらゆるホームオフィス環境に完璧に適合する」とある。これらから、XTTというマイクは仕事で自宅から会議に参加する人に向けた製品だと判断できるので、(D)が正解。intended「意図された、狙った」。	(A) ❸1〜2行目に、XTTはSandarr社の研究室での長年の研究に基づいているとあるのみ。屋外での使用への言及はない。researcher「研究者」。 (B) ❶1〜2行目に、ライブの音楽コンサートへの言及があるのは、Sandarr社の従来製品が使用されている環境としてであり、新製品であるXTTの使用対象としてではない。 (C) マイクやスタジオに関連しているが、ラジオ局やアナウンサーには言及がない。

163 The word "mounted" in paragraph 3, line 3, is closest in meaning to

(A) climbed
(B) installed
(C) reached
(D) tested

第3段落・3行目にある "mounted" に最も意味が近いのは

(A) 登られて
(B) 据え付けられて
(C) 到達されて
(D) 検査されて

正解 B	❸1〜2行目で、XTTがオーディオ信号の品質を高めるように設計されていること、同2〜3行目で、ノートパソコンやデスクトップコンピューターに簡単に接続できることが述べられている。続く同3行目の該当の語を含む文は、「ぐ	らつきを防ぐために、マイクは頑丈なスタンドに-------いる」という意味であり、前文に続いてXTTの特長が書かれていると考えられる。(B) installed「据え付けられて」が正解。

---

press release　プレスリリース　★企業などによるメディア各社に向けた発表　immediate　即座の　addition　追加
❶ in use　使われて　award-winning　受賞した　be known for 〜　〜で知られている
❷ be pleased to *do*　〜することをうれしく思う　affordable　金銭的に手頃な　general　一般的な　consumer　消費者
those who 〜　〜する人々　remotely　遠くで、遠隔で　operate　〜を運営する　home-based　自宅を拠点とした
essential　必要不可欠な　so as to *do*　〜するために　colleague　同僚　exclusively　もっぱら
application　応用、利用　be suited to 〜　〜に適している　❸ based on 〜　〜に基づいて　lab　研究室　★laboratoryの略
be designed to *do*　〜するように設計されている　enhance　〜を高める　laptop　ノートパソコン
mount　〜を取り付ける　sturdy　頑丈な　prevent　〜を防ぐ　wobble　ぐらつく　further　さらなる
pricing　価格設定

Questions 164-167 refer to the following letter.

Lonterna Services
www.lonterna.ca

14 January

Audra Bain
Owner, Volta Ten
130 Quillen Street, Suite 265
Toronto, Ontario M5X 1E3

Dear Ms. Bain,

❶ I am pleased to introduce myself as president of Lonterna Services, a Toronto-based social media marketing firm. For the last two years, we have been identified by *Vanguard Monthly* as a leader in social media publicity. Although Lonterna Services was established just four years ago, we have consistently outperformed regional firms that have been in business for over ten years. I am confident that we can help you achieve your marketing goals.

❷ As you know, timing is crucial in your industry, and success often depends on disseminating product information to the public as quickly as possible. Catalogues and flyers may be inexpensive, but they can take weeks to reach potential customers. With a reliable social media team, you can ensure that news about your product will be seen by a large number of people within hours.

❸ Our clients range from fashion retailers to music distributors, but a handful of our team members have deep knowledge of the beverage industry. Their experience ensures that we can start planning a media campaign for you from day one without needing to learn the basics of your business. Please call or e-mail me and let me tell you about the exciting things we can do for you. My direct line is 416-555-0129, and my e-mail address is loh@lonterna.ca.

Sincerely,

Trent Loh

Trent Loh, President

設問164-167は次の手紙に関するものです。

Lonterna サービス社
www.lonterna.ca

1月14日

Audra Bain様
Volta Ten社オーナー
クィレン通り130番地、265号室
トロント、オンタリオ州 M5X 1E3

Bain様

トロントに拠点を置くソーシャルメディア・マーケティング会社、Lonternaサービス社の社長として自己紹介できることをうれしく思います。この2年間、当社はソーシャルメディア広告のリーダーとして『月刊 最前線』に認められてきました。Lonternaサービス社はほんの4年前に設立されましたが、10年を超えて営業している地域企業を常にしのいでまいりました。貴社がマーケティングの目標を達成するために当社がお手伝いできると、私は確信しています。

ご存じのように、貴社の業界においてはタイミングが極めて重要で、成功はしばしば、製品情報をできるだけ素早く一般の人々に広めることにかかっています。カタログやちらしは安価かもしれませんが、潜在顧客に届くのに数週間かかる場合があります。信頼できるソーシャルメディア・チームが共にあれば、確実に、自社製品についてのお知らせを数時間以内に多数の人々に見てもらうことができます。

当社の顧客はファッション小売店から音楽配信会社にまで及びますが、数名のチームメンバーは飲料業界に関する深い知識があります。彼らの経験により、当社は貴社の事業の基本を学ぶ必要なく初日から貴社向けのメディア・キャンペーンの計画を開始することができます。私にお電話いただくかEメールをお送りください。そして、当社が貴社のためにできる、心躍るようなことについてお話しさせてください。私の直通電話は416-555-0129で、Eメールアドレスはloh@lonterna.caです。

敬具

Trent Loh（署名）

社長　Trent Loh

164 What most likely does Mr. Loh want Ms. Bain to do?

(A) Subscribe to *Vanguard Monthly*
(B) Hire his company as a contractor
(C) Publish an article about his company
(D) Apply for a marketing job at his company

Lohさんは Bain さんに何をしてほしいと思っていると考えられますか。

(A) 『月刊 最前線』を定期購読する
(B) 請負業者として彼の会社を雇う
(C) 彼の会社について記事を出す
(D) 彼の会社のマーケティングの職に応募する

正解 B 署名と❶1〜2行目より、Lohさんとは手紙の差出人でLonternaサービス社の社長と分かり、宛先部分より、BainさんとはVolta Ten社のオーナーと分かる。Lohさんは、❶2〜5行目で自社の躍進に触れ、同5〜6行目で「貴社がマーケティングの目標を達成するために当社が手伝える」と述べている。❷では、製品情報を広める手法について述べ、❸では、すぐにVolta Ten社向けのキャンペーンの計画を始められると述べて自分に連絡するよう連絡先を書いている。これらから、Lohさんは

Bainさんに、マーケティング請負業者として自社を売り込んでいると判断できるので、(B)が正解。contractor「請負業者」。
(A) ❶2〜3行目に『月刊 最前線』への言及があるのはLohさんの会社が評価されていることを伝えるため。『月刊 最前線』はLohさんの会社による刊行物ではない。
(D) Lohさんの会社におけるマーケティングの仕事について述べているが、Bainさんに職への応募を勧めてはいない。apply for 〜「〜に応募する」。

---

165 How long has Lonterna Services been in business?

(A) For one year
(B) For two years
(C) For four years
(D) For ten years

Lonternaサービス社はどのくらいの間、営業していますか。

(A) 1年間
(B) 2年間
(C) 4年間
(D) 10年間

正解 C ❶3〜4行目に、Lonterna Services was established just four years agoとあり、この会社の設立は4年前と分かる。よって、(C)が正解。
(B) ❶2〜3行目より、Lonternaサービス社が『月刊 最前線』に

業界のリーダーだと認められてきた期間。
(D) ❶3〜5行目に、Lonternaサービス社は10年を超えて営業している地域企業を常にしのいできたとあるだけ。

166 According to the letter, why is social media marketing so effective?

    (A) It reaches the largest number of potential customers.

    (B) It delivers information faster than other methods.

    (C) It can be easily managed by traditional marketing agencies.

    (D) It is less expensive than other methods.

手紙によると、ソーシャルメディア・マーケティングはなぜそれほど効果的なのですか。

    (A) 最大数の潜在顧客に届く。

    (B) 他の手法よりも速く情報を伝達する。

    (C) 従来のマーケティング代理店によって容易に運営できる。

    (D) 他の手法よりも安価である。

| 正解 **B** | ❷1行目でtiming is crucialと述べ、続けて、できるだけ素早く製品情報を広めることの重要性を説いている。同2～3行目では、カタログやちらしだと伝達に時間がかかることを述べ、同4～5行目では、ソーシャルメディア・チームなら数時間以内に宣伝できると述べている。これらから、ソーシャルメディアでの広告が効果的なのは、製品情報の伝達速度が速いためと分かるので、(B)が正解。effective「効果的な」。 | (A) ❷2～3行目で潜在顧客、同4～5行目で多数の人々にそれぞれ言及しているが、最大数の潜在顧客に届けられるという記述はない。
(C) traditional「従来の」。
(D) ❷2～3行目で、カタログやちらしの方が安価であると示唆されている。 |

167 What kind of business most likely is Volta Ten?

    (A) A fashion retailer

    (B) A music distributor

    (C) A magazine publisher

    (D) A beverage producer

Volta Ten社はどんな種類の会社だと考えられますか。

    (A) ファッション小売店

    (B) 音楽配信会社

    (C) 雑誌出版社

    (D) 飲料メーカー

| 正解 **D** | Lonternaサービス社のスタッフについて、❸1～2行目で、「数名のチームメンバーは飲料業界に関する深い知識がある」と述べ、同2～4行目で、そのメンバーの経験に | よってVolta Ten社の事業の基本を学ぶ必要なくすぐに同社向けのキャンペーンを計画できると続けている。よって、(D)が正解。
(A) (B) ❸1～2行目に、顧客の一例として挙げているのみ。 |

suite （ホテルやマンションなどの）一続きの部屋、（共同住宅で1世帯が住む）部屋　❶ firm　会社
identify ～ as …　～を…と認める　　vanguard　前衛、先導　　publicity　宣伝、広告　　establish　～を設立する
consistently　絶えず、常に　　outperform　～をしのぐ　　in business　営業して、事業を行って
be confident that ～　～であると確信している　　achieve　～を達成する　　❷ crucial　極めて重要な
depend on ～　～次第である、～に依存する　　disseminate　～を広める　　the public　一般の人々　　flyer　ちらし
potential　潜在的な、可能性のある　　reliable　信頼できる　　ensure that ～　～であることを確実にする
❸ range from A to B　AからBに及ぶ　　retailer　小売店　　distributor　販売業者、配信会社
a handful of ～　一握りの～、少数の～　　beverage　飲料　　direct line　直通電話

Questions 168-171 refer to the following text-message chain.

❶ **Marcus Angelo (6:19 P.M.)**
Hi, Geraldo and Claudette. Could one of you bring the box of fabric samples to my apartment on your way home tonight? I forgot it.

❷ **Geraldo Soria (6:20 P.M.)**
I will. I live around the corner from you. The samples for the HRE Sportswear line?

❸ **Marcus Angelo (6:21 P.M.)**
Yes. I think I left the box in my office. I'd like to go directly to the client's location tomorrow morning without having to go to the office. It is out of my way.

❹ **Geraldo Soria (6:24 P.M.)**
I am in your office now. I don't see a box.

❺ **Claudette Lymer (6:27 P.M.)**
It is in the conference room. I took the samples to show during my video call with the cloth mill's management team.

❻ **Marcus Angelo (6:28 P.M.)**
Make sure the label reads "HRE Sportswear."

❼ **Geraldo Soria (6:30 P.M.)**
Got it! <u>You should see me in about 30 minutes</u>.

設問168-171は次のテキストメッセージのやりとりに関するものです。

Marcus Angelo（午後6時19分）
Geraldoさん、Claudetteさん、こんばんは。お2人のうちどちらかが、今夜帰宅途中に生地サンプルの箱を私のマンションに持ってきていただくことはできますか。忘れてしまったのです。

Geraldo Soria（午後6時20分）
私が持っていきますよ。あなたの家のすぐ近くに住んでいますから。HREスポーツウエアシリーズのサンプルですか？

Marcus Angelo（午後6時21分）
そうです。私の執務室にその箱を置き忘れてしまったのだと思います。明朝、オフィスに行かずに、直接お客さまの所に行きたいと思っているのです。通り道から外れているので。

Geraldo Soria（午後6時24分）
私は今あなたの執務室にいます。箱が見当たりませんが。

Claudette Lymer（午後6時27分）
それは会議室にありますよ。織物工場の管理チームとのテレビ電話の際に、見せるために私がそのサンプルを持っていきました。

Marcus Angelo（午後6時28分）
ラベルに「HREスポーツウエア」と書いてあることを確認してください。

Geraldo Soria（午後6時30分）
見つけました！<u>30分ほどでお会いできるはずです</u>。

---

❶ fabric　布地、生地　　apartment　共同住宅の住戸　　❷ around the corner　角を曲がった所に、すぐ近くに
line　製品シリーズ　　❸ directly　直接に　　❺ video call　テレビ電話、ビデオ通話　　mill　工場、製作所
management　管理　　❻ make sure (that)～　～ということを確認する　　read　（印刷物などが）～と書いてある

168 In what type of business do the writers most likely work?

(A) Packaging
(B) Videoconferencing equipment sales
(C) Clothing
(D) Sporting event planning

書き手たちはどのような業種で仕事をしていると考えられますか。

(A) 包装
(B) テレビ会議用機器販売
(C) 衣料品
(D) スポーツイベント企画

正解 **C** Angeloさんが❶で、生地サンプルの箱を自宅に持ってきてもらえないか尋ねると、Soriaさんは❷で、「HREスポーツウエアシリーズのサンプルか」と確認している。また、Lymerさんは❺で、織物工場の管理チームにサンプルを見せたと発言している。これらから、書き手たちは衣料品を扱う

仕事をしていると考えられるので、(C)が正解。
(A) 箱やラベルへの言及があるのみ。
(B) ❺で、テレビ電話に言及があるのみ。equipment「機器」。
(D) ❷・❻で、スポーツウエアに言及があるのみ。

---

169 What can be concluded about Mr. Angelo?

(A) He is on vacation.
(B) He is in a meeting.
(C) He has left the office for the day.
(D) He traveled out of town for business.

Angeloさんについて何が判断できますか。

(A) 休暇中である。
(B) 会議中である。
(C) その日はオフィスを退出した。
(D) 出張で町から離れた。

正解 **C** Angeloさんが❶で、生地サンプルの箱を自宅に持ってきてもらえないかと尋ね、それを忘れてしまったと発言している。❸でも、「執務室にその箱を置き忘れてしまったのだと思う」と述べているので、Angeloさんはその日はすでにオフィスを退出したと判断できる。よって、(C)が正解。

(B) ❺で、Lymerさんが箱を会議室に持っていき、テレビ電話でサンプルを見せたと述べているだけ。
(D) ❶で、Angeloさんは自宅にサンプルを持ってきてくれるよう同僚に依頼しているので、町から離れたとは考えられない。

---

170 Why did Mr. Soria have trouble finding the box?

(A) Because Mr. Angelo took it home
(B) Because Ms. Lymer had moved it to a new location
(C) Because the clients have it
(D) Because it was sent to the cloth mill managers

Soriaさんはなぜ箱を見つけるのに苦労しましたか。

(A) Angeloさんが家に持ち帰ったから
(B) Lymerさんが新しい場所に移していたから
(C) 顧客が持っているから
(D) 織物工場長に送られたから

正解 **B** Soriaさんが❹で、Angeloさんの執務室に箱が見当たらないと述べたのに対し、Lymerさんが❺で、「それは会議室にある」と箱がある場所を伝え、テレビ電話で見せるために持ち出したと述べている。よって、(B)が正解。have trouble *doing*「～するのに苦労する」。location「場所」。

(A) ❸で、Angeloさんは箱を執務室に置き忘れたと発言している。
(C) ❸より、箱は明朝Angeloさんが顧客の所に持参する予定だと分かる。
(D) ❺で、Lymerさんがサンプルを織物工場の管理チームにテレビ電話で見せたと述べているだけ。

---

171 At 6:30 P.M., what does Mr. Soria most likely mean when he writes, "You should see me in about 30 minutes"?

(A) He will return to the office to see Ms. Lymer.
(B) He will arrive at the client meeting after Ms. Lymer.
(C) He plans to place a video call to Mr. Angelo.
(D) He expects to arrive at Mr. Angelo's apartment soon.

午後6時30分に、"You should see me in about 30 minutes"という発言で、Soriaさんは何を意図していると考えられますか。

(A) Lymerさんに会いにオフィスに戻る予定である。
(B) Lymerさんより後に顧客との会合に到着する予定である。
(C) Angeloさんにテレビ電話をするつもりである。
(D) 間もなくAngeloさんのマンションに到着する見込みである。

正解 **D** 生地サンプルの箱をAngeloさんの自宅まで持ってくるよう頼まれ、❷で自分が持っていくと伝えたSoriaさんは、❼で、その箱を見つけ、下線部で「あなたは30分ほどで私に会えるはずだ」と発言している。このYouはAngelo

さんを指し、Soriaさんは間もなくAngeloさんの自宅に着くことを伝えていると判断できるので、(D)が正解。expect to *do*「～する見込みである」。

Questions 172-175 refer to the following e-mail.

To:	Esme MacGregor <emacgregor@hamiltonrealestate.com>
From:	Stockton Office Solutions <sales@stocktonofficesolutions.com>
Date:	March 27
Subject:	Exciting news

Dear Member of the Stockton Office Solutions Family:

① Do the responsibilities of your employees require them to sit for long hours at a desk? Do they sometimes feel neck strain, and are their muscles tired and sore at the end of the day? Research shows that being too sedentary can potentially increase the risk of developing health problems. There's one very simple remedy, and that's more movement. — [1] —.

② Now there is a great solution: the Stockton Stand-and-Sit Desk. The easily adjustable height of our desk allows workers to alternate between standing and sitting throughout the day without interrupting daily tasks. — [2] —. Now they can move more while never losing productivity. In addition, the Stand-and-Sit Desk also helps improve energy and concentration, which can further enhance productivity. — [3] —.

③ To upgrade your office work spaces, visit our store today to see three different models of Stand-and-Sit Desks. — [4] —. Because your firm is a regular customer, we are pleased to offer you 25 percent off your purchase of these desks when you order a minimum of five. Visit our online store today at stocktonofficesolutions.com for all your office furniture needs!

設問172-175は次のEメールに関するものです。

受信者：Esme MacGregor <emacgregor@hamiltonrealestate.com>
送信者：Stockton オフィス・ソリューションズ社 <sales@stocktonofficesolutions.com>
日付：3月27日
件名：心躍るようなお知らせ

Stockton オフィス・ソリューションズ社ファミリーの皆さま

貴社の従業員は職務のために長時間机に向かって座っていなければなりませんか？ 従業員の皆さんは時々首のこわばりを感じたり、一日の終わりに筋肉が疲れたり痛んだりしますか？ 研究によると、あまりにも座りっぱなしでいることは健康上の問題を引き起こすリスクを高める可能性があります。とても簡単な改善法が一つあり、それはもっとたくさん動くことです。*しかし、一日中コンピューターの前にいると、活発に体を動かすのは容易ではありません。

今や、素晴らしい解決策があります。それはStockton立ち・座り兼用デスクです。デスクの高さを簡単に調節できるおかげで、従業員の方々は日々の仕事を中断することなく、一日中立ったり座ったりを繰り返すことができます。これで彼らは生産性を決して失うことなく、これまで以上に動くことができます。さらに、立ち・座り兼用デスクは活力や集中力を向上する助けにもなり、そのおかげで生産性をいっそう高めることができます。

貴社オフィスの作業空間を改良するために、本日、当店を訪れて立ち・座り兼用デスクの3つの異なるモデルをご覧ください。貴社は常連のお客さまですので、5つ以上のご注文で、これらのデスクの購入額から25パーセントの割引を謹んでご提供いたします。あらゆるオフィス家具がご入用の際は、今すぐ当社オンラインストア、stocktonofficesolutions.comにアクセスしてください！

＊設問175の挿入文の訳

---

solution 解決策　　family ★ここでは企業の会員組織のメンバーや得意客を指していると考えられる
① responsibility 責任、責務　　require ~ to do ～に…することを必要とする　　strain （筋肉などを）痛めること、張り
sore 痛い　　sedentary 座っている、座りっぱなしの　　potentially 可能性として　　develop ～（問題など）を生じさせる
remedy 救済策、改善法　　**②** adjustable 調節可能な　　height 高さ　　allow ~ to do ～が…することを可能にする
alternate between A and B AとBを交互に繰り返す　　throughout ～の間中　　interrupt ～を中断する
productivity 生産性　　in addition さらに　　help do ～するのを手伝う　　improve ～を向上させる
concentration 集中力　　further さらに、いっそう　　enhance ～を高める　　**③** regular customer 常連客
minimum 最低限、最小限

172 What is the purpose of the e-mail?

(A) To promote a new product
(B) To offer an employee discount
(C) To request customer feedback
(D) To introduce a new furniture department

Eメールの目的は何ですか。

(A) 新製品の販売促進をすること
(B) 従業員割引を提供すること
(C) 顧客の意見提供を依頼すること
(D) 新しい家具部門を紹介すること

正解 A	Eメールの送信者はStocktonオフィス・ソリューションズ社で、件名にExciting newsとある。❶では、長時間仕事で座りっぱなしでいることは健康上の問題を引き起こす危険性があり、その改善法はもっとたくさん動くことだと述べている。続く❷1行目で、「今や、素晴らしい解決策がある。それはStockton立ち・座り兼用デスクだ」と切り出し、その後、仕事中に体を動かせるという特長を挙げている。❸1〜2行目で、店で立ち・座り兼用デスクを見てみるよう促し、続く同2〜3行目	で、常連客への割引の案内をしている。以上より、Eメールの目的はこの新製品の販売促進をすることだと考えられるので、(A)が正解。promote「〜の販売を促進する」。 (B) ❸2〜3行目で言及されている割引は常連客に対してであり、従業員に対してではない。offer「〜を提供する」。 (C) 意見提供を依頼してはいない。 (D) 立ち・座り兼用デスクというオフィス家具について述べているが、新しい家具部門に関する記述はない。department「部門」。

---

173 What is NOT mentioned as a benefit of the Stand-and-Sit desk?

(A) Improved health
(B) Improved group work
(C) Better concentration
(D) Increased productivity

立ち・座り兼用デスクの利点として述べられていないものは何ですか。

(A) 健康状態の改善
(B) グループ作業の改善
(C) より良い集中力
(D) 生産性の向上

正解 B	(A)については、❶3〜4行目に、座りっぱなしでいることは健康上の問題を引き起こす可能性があるがその改善法はもっとたくさん動くことだとあり、❷1〜3行目で、解決策として立ったり座ったりを容易にする立ち・座り兼用デスクが紹介されている。また、(C)と(D)につい	ては、❷4〜5行目に、「さらに、立ち・座り兼用デスクは活力や集中力を向上する助けにもなり、そのおかげで生産性をいっそう高めることができる」とある。グループ作業の改善に関する言及はないので、(B)が正解。

---

174 What is suggested about Stockton Office Solutions?

(A) It has just opened a new store.
(B) It is currently recruiting sales staff.
(C) It provides free design consultations.
(D) It offers discounts to repeat customers.

Stocktonオフィス・ソリューションズ社について何が分かりますか。

(A) 新しい店舗を開いたばかりである。
(B) 現在、営業スタッフを募集している。
(C) 無料の設計相談を提供している。
(D) 常連客に割引を提供している。

正解 D	このEメールはStocktonオフィス・ソリューションズ社が顧客に向けて送信しているものであり、❸2〜3行目に、Because your firm is a regular customer, we are pleased to offer you 25 percent off your purchase of these desks when you order a minimum of five.とあるので、常連客に割引を提供していると分かる。よって、(D)が正解。	regular customerを(D)ではrepeat customerと表している。 (A) ❸で、店を訪れるよう勧めているが、新しい店舗に関する記述はない。 (B) 求人についての記述はない。recruit「〜を新規に募集する」。 (C) consultation「相談」については言及がない。

---

175 In which of the positions marked [1], [2], [3], and [4] does the following sentence best belong?

"However, being physically active is not easy when you're in front of a computer all day."

(A) [1]   (B) [2]   (C) [3]   (D) [4]

[1]、[2]、[3]、[4]と記載された箇所のうち、次の文が入るのに最もふさわしいのはどれですか。

「しかし、一日中コンピューターの前にいると、活発に体を動かすのは容易ではありません」

正解 A	挿入文は、コンピューターに向かっている際に活発に体を動かすのは難しいということを述べたもの。反意を表すHoweverで始まっているので、体を動かすことを勧める内容に続くと考えられる。❶1〜2行目で、従業員が長時間座って仕事をし、一日の終わりに筋肉が疲れたり痛んだりするか問い掛けている。続く同3〜4行目では、座りっぱなしでいるこ	とが健康上の問題につながり得るという研究について述べ、同4行目で、「とても簡単な改善法が一つあり、それはもっとたくさん動くことだ」と述べている。この直後の(A)[1]に挿入文を入れると、体を動かすことは重要だが、一日中コンピューターの前にいると、活発に体を動かすのは簡単ではない、という自然な流れになる。physically「身体的に、肉体的に」。

Questions 176-180 refer to the following Web page and e-mail.

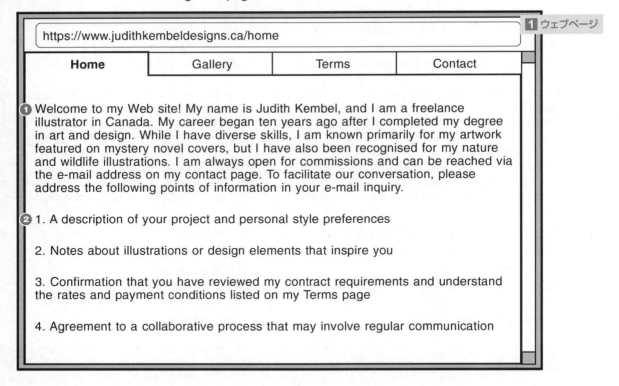

https://www.judithkembeldesigns.ca/home

| **Home** | Gallery | Terms | Contact |

Welcome to my Web site! My name is Judith Kembel, and I am a freelance illustrator in Canada. My career began ten years ago after I completed my degree in art and design. While I have diverse skills, I am known primarily for my artwork featured on mystery novel covers, but I have also been recognised for my nature and wildlife illustrations. I am always open for commissions and can be reached via the e-mail address on my contact page. To facilitate our conversation, please address the following points of information in your e-mail inquiry.

1. A description of your project and personal style preferences

2. Notes about illustrations or design elements that inspire you

3. Confirmation that you have reviewed my contract requirements and understand the rates and payment conditions listed on my Terms page

4. Agreement to a collaborative process that may involve regular communication

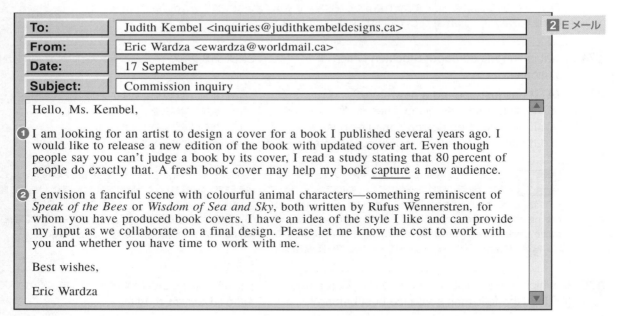

To:	Judith Kembel <inquiries@judithkembeldesigns.ca>
From:	Eric Wardza <ewardza@worldmail.ca>
Date:	17 September
Subject:	Commission inquiry

Hello, Ms. Kembel,

I am looking for an artist to design a cover for a book I published several years ago. I would like to release a new edition of the book with updated cover art. Even though people say you can't judge a book by its cover, I read a study stating that 80 percent of people do exactly that. A fresh book cover may help my book capture a new audience.

I envision a fanciful scene with colourful animal characters—something reminiscent of *Speak of the Bees* or *Wisdom of Sea and Sky*, both written by Rufus Wennerstren, for whom you have produced book covers. I have an idea of the style I like and can provide my input as we collaborate on a final design. Please let me know the cost to work with you and whether you have time to work with me.

Best wishes,

Eric Wardza

設問 176-180 は次のウェブページと E メールに関するものです。

https://www.judithkembeldesigns.ca/home

<u>ホーム</u>　　ギャラリー　　条件　　お問い合わせ

私のウェブサイトへようこそ！私の名前は Judith Kembel で、カナダ在住のフリーランスのイラストレーターです。アートとデザインの学位を取得した後、私のキャリアは 10 年前にスタートしました。私はいろいろな技能を持っており、主としてミステリー小説の表紙を飾る絵で知られていますが、自然と野生生物のイラストでも評価されてきました。私は常に仕事のご依頼を受け付けており、お問い合わせページの E メールアドレス経由で連絡をお取りいただけます。やりとりを円滑にするために、E メールのお問い合わせには以下の項目の情報をご記述ください。

1. あなたの企画と個人的な好みのスタイルについての説明

2. あなたをわくわくさせるイラストやデザイン要素についての覚書

3. あなたが私の契約要件を精査済みで、条件のページに記載された料金と支払条件を理解しているという確認

4. 定期的なやりとりを含む可能性のある共同プロセスへの同意

受信者：Judith Kembel <inquiries@judithkembeldesigns.ca>
送信者：Eric Wardza <ewardza@worldmail.ca>
日付：9 月 17 日
件名：お仕事依頼のお問い合わせ

Kembel 様

私は、数年前に出版した本の表紙をデザインしてくださるアーティストを探しております。新しい装丁でその本の新版を発売したいのです。表紙で本を判断することはできないと人は言いますが、私は 80 パーセントの人々がまさにそうしていることを示す研究論文を読みました。本の新しい表紙は、私の本が新たな読者を獲得する助けとなるかもしれません。

私は、色鮮やかな動物のキャラクターたちがいる空想的な光景を思い描いています —— どちらも Rufus Wennerstren 著であなたが表紙を担当された、『ミツバチについて話す』や『海と空の知恵』を思い起こさせるようなものです。私は自分の好むスタイルについて考えを持っており、最終デザインを共同制作する際に意見を提供することができます。あなたと協業させていただく際の費用と、私と一緒にお仕事をする時間がおありかどうかをお知らせください。

よろしくお願いします。

Eric Wardza

176 What does Ms. Kembel mention about herself?

    (A) She uses the latest design software.
    (B) She specializes in a particular type of book.
    (C) She teaches design classes occasionally.
    (D) She secures most assignments through an agent.

Kembelさんは自分自身について何と述べていますか。

    (A) 最新のデザインソフトウエアを使っている。
    (B) ある特定の種類の本を得意としている。
    (C) 時折、デザインの授業を教えている。
    (D) ほとんどの仕事を代理人を通して獲得している。

正解 B　**1**ウェブページの❶1行目より、Kembelさんとはウェブページを運営している人物。自分がイラストレーターだと述べた後、同3〜4行目で、「私はいろいろな技能を持っており、主としてミステリー小説の表紙を飾る絵で知られている」と説明している。よって、この内容をspecialize in 〜「〜を専門にする、〜を得意とする」と a particular type of book「特定の種類の本」を用いて表した(B)が正解。

(A) (C) **1**の❶2〜3行目に、アートとデザインの学位を取得したとあるが、最新のデザインソフトウエアの使用や、デザインの授業を教えているといった記述はない。(A) latest「最新の」。(C) occasionally「時折」。
(D) **1**の❶5〜6行目より、Eメールで直接仕事の連絡ができると分かる。agent「代理人」については言及がない。secure「〜を獲得する、〜を確保する」、assignment「仕事、業務」。

---

177 What is true about Mr. Wardza's book?

    (A) It is the first part of a series.
    (B) It has received positive reviews.
    (C) It has been published previously.
    (D) It is intended for children.

Wardzaさんの本について正しいことは何ですか。

    (A) シリーズものの第一部である。
    (B) 肯定的なレビューを受けている。
    (C) 以前に出版された。
    (D) 子ども向けである。

正解 C　Wardzaさんとは、**2**Eメールの送信者。同❶1行目に、「私は、数年前に出版した本の表紙をデザインしてくれるアーティストを探している」とあり、同1〜2行目に、装丁を刷新して新版を発売したいと述べている。これらから、Wardzaさんの本は以前に出版されているものだと分かるので、

(C)が正解。
(A) (B) (D) シリーズもの、レビュー、本の対象者に関する記述はない。(D) be intended for 〜「〜のために作られている、〜を対象としている」。

---

178 Why does Mr. Wardza mention a statistic?

    (A) To estimate his book's revenue potential
    (B) To offer a reason for wanting to hire Ms. Kembel
    (C) To show why he prefers one publisher over another
    (D) To propose a new study topic

Wardzaさんはなぜ統計値に言及していますか。

    (A) 彼の本の収益見込みを見積もるため
    (B) Kembelさんを雇用したい理由を説明するため
    (C) ある出版社を別の出版社よりも好む理由を示すため
    (D) 新しい研究論文の主題を提案するため

正解 B　Wardzaさんとは**2**Eメールの送信者で、このEメールはKembelさんに宛てたもの。件名にCommission inquiryとあり、同❶1〜2行目で、本の表紙をデザインするアーティストを探していると述べ、同❷4〜5行目で、費用や時間の都合を知らせてほしいと依頼しているので、イラストレーターであるKembelさんに仕事の打診をしていると分かる。統計値については、同❶2〜4行目で、「表紙で本を判断することはできないと人は言うが、私は80パーセントの人々がまさにそうしていることを示す研究論文を読んだ」と述べ、実際には8割の人が表紙

で本を判断していると表紙の重要性を示唆している。よって、統計値に言及しているのは装丁を刷新したいからであり、その仕事をKembelさんに依頼するためだと考えられるので、(B)が正解。statistic「統計値、統計資料」。
(A) (C) revenue「収入、収益」やpublisher「出版社」については言及がない。
(D) **2**の❶2〜4行目に研究論文への言及はあるが、研究論文の主題は提案していない。

179 In the e-mail, the word "capture" in paragraph 1, line 4, is closest in meaning to

(A) gain
(B) propose
(C) summarize
(D) represent

Eメールの第1段落・4行目にある "capture" に最も意味が近いのは

(A) ～を得る
(B) ～を提案する
(C) ～を要約する
(D) ～を表す

正解 A ②Eメールを確認する。❶ 1～4行目で、Wardzaさんは本の表紙を刷新するためにアーティストを探していることと、人が本を判断する際には表紙が重要な要素になるという情報を述べている。続く同4行目の該当の語を含む文は、「本の新しい表紙は、私の本が新たな読者-------助けとなるかも しれない」という意味。つまりこの文では、刷新された表紙が新たな読者を得る助けになるだろうと、前文に続き仕事を依頼する理由を述べていると考えられる。よって、(A) gain「～を得る」が正解。

---

180 What point of information does Mr. Wardza fail to include in his message?

(A) Point 1
(B) Point 2
(C) Point 3
(D) Point 4

どの項目の情報をWardzaさんはメッセージに含めていませんか。

(A) 項目1
(B) 項目2
(C) 項目3
(D) 項目4

正解 C Kembelさんに仕事を依頼する際にEメールに入れるべき情報が❶ウェブページの❷に4点記されている。Wardzaさんが書いた②Eメールを確認すると、(A)項目1の企画と好みのスタイルの説明には、❶ 1～2行目にある本の新版の新しい装丁という企画説明と❷ 3～4行目で述べている自分の好むスタイルについて考えがあって意見提供できることが当てはまる。(B)項目2のわくわくさせるイラストやデザイン要素については、❷ 1～3行目で、Kembelさんの以前の作品を挙げて、「色鮮やかな動物のキャラクターたちがいる空想的な光景を思い描いている」と述べている点が当てはまる。(D)項目4の共同で行うプロセスへの同意には、❷ 3～4行目で、「最終デザインを共同制作する際に意見を提供することができる」と述べていることが当てはまる。しかし、Kembelさんの契約要件を精査し、条件のページに載せた料金と支払条件を理解していることを示すという(C)項目3については、❷ 4～5行目でPlease let me know the costと尋ねていることもあり、必要とされる情報を含んでいるとは言えないので、(C)が正解。fail to do「～しない、～し損なう」。

---

1 ウェブページ terms 条件、約定　❶ degree 学位、学位取得課程　diverse 多様な　primarily 主に　artwork （本などの）挿絵・図版　feature ～を取り上げる、～を特徴とする　recognise ～を認める、～を高く評価する ★米国表記は recognize　wildlife 野生生物　commission （製作などの）依頼、注文　via ～経由で、～によって　facilitate ～を容易にする、～を円滑にする　address ～に対処する、～を述べる　❷ description 説明　style スタイル、表現法　preference 好み　notes 覚書、メモ　element 要素　confirmation 確認、承認　review ～を精査する　contract 契約　requirement 要件　rate 料金　condition 条件　agreement 同意　collaborative 共同の　involve ～を含む

2 Eメール ❶ edition 版　judge ～を判断する　state that ～ ～と述べる、～と示す　capture ～を獲得する　audience 視聴者、読者　❷ envision ～を心に描く　fanciful 空想的な　(be) reminiscent of ～ ～を思い出させる、～を連想させる　wisdom 知恵　input （意見・アイデアなどの）提供　collaborate on ～ ～を共同で行う

Questions 181-185 refer to the following article and e-mail.

Popular Show to Resume Filming

❶ LONDON (8 July)—Fans of the hit TV series *Best Son* will be treated to a third season—but they will have to wait longer than anticipated to view it.

❷ The drama that centers on the life of Guo Tzeng, the fictitious founder of the Tzeng family business dynasty, debuted two years ago but has gained a sizeable following only in the past year. This delayed jump in viewership prompted top executives at the Roscou streaming platform to approve funding for an additional season, which had been in question.

❸ Because of the six-month gap between filming the previous season and Roscou's late order for the next season, the show has run into scheduling problems with some cast members.

❹ "We discussed trying to rewrite multiple scripts around the characters that would be missing," said Justin Zhou, the award-winning director of *Best Son*. "However, we ultimately decided that doing so would not be true to the story we want to tell."

❺ Many viewers were expecting episodes for season three to become available for viewing in April, the same month previous seasons began. But that timeline is no longer feasible, according to Mr. Zhou. "We will announce a release date soon, but the new episodes probably won't be available until summer at the earliest," he said.

To:	molly.landry@ims.co.uk
From:	lexicotton@ferntreeproductions.co.uk
Date:	17 July
Subject:	Xiao-Ming Hu's availability

Dear Ms. Landry:

❶ I am very relieved that we were able to schedule filming of the third season of *Best Son* for this September and October and that Xiao-Ming Hu will be available then to reprise his role of Guo Tzeng.

❷ I am writing to enquire whether Mr. Hu is available to film the outdoor winter scenes in late December in Churchill, Manitoba. Please let me know as soon as possible, as filming those scenes any sooner might require us to find another location. The shooting of the winter scenes will take about two weeks and will be the last ones scheduled.

Sincerely,

Lexi Cotton
Production Manager, Fern Tree Productions

184

設問 181-185 は次の記事とEメールに関するものです。

人気番組、撮影再開へ

ロンドン（7月8日）——テレビのヒットシリーズ『最高の息子』のファンは第3シーズンを楽しむことになる。しかしそれを見るには予想以上に長く待たなければならないだろう。

架空のTzeng財閥の創業者Guo Tzengの生涯を中心としたそのドラマは2年前に初放映されたが、相当数のファンを獲得したのはこの1年のことである。この遅れてやってきた視聴数の急上昇は、Roscou動画配信サービスの最高経営幹部に、疑問視されていた追加シーズンへの資金提供を認めさせることになった。

前シーズンの撮影とRoscou社の遅い次シーズン制作指示との間に6カ月の空白があったために、番組は一部の出演者とのスケジュール調整の問題にぶつかっている。

「私たちは、欠けそうな登場人物にまつわる複数の脚本を書き直してみることについて議論しました」と受賞歴のある『最高の息子』の監督Justin Zhouは述べた。「しかし、私たちは最終的に、そうすることは伝えたい物語に忠実ではないと判断しました」。

多くの視聴者は、シーズン3のエピソードがこれまでのシーズン開始と同じ4月に見られるようになることを期待していた。しかし、Zhou氏によると、そのスケジュールはもはや実現不可能だ。「私たちは間もなく公開日を発表しますが、新しいエピソードはおそらく、早くとも夏までは見られないでしょう」と彼は述べた。

受信者：molly.landry@ims.co.uk
送信者：lexicotton@ferntreeproductions.co.uk
日付：7月17日
件名：Xiao-Ming Huの都合

Landry様

この9月と10月に『最高の息子』の第3シーズンの撮影予定を組むことができたこと、そしてその際、Xiao-Ming HuがGuo Tzengの役をもう一度演じる都合がつくということに、とても安堵しています。

Hu氏が12月下旬にマニトバ州チャーチルでの冬の屋外シーンの撮影に対応できるかどうかお尋ねするためにご連絡しています。できるだけ早くお知らせください。なぜなら、もしそれらのシーンをいくらかでも早く撮影することになれば、別の場所を見つける必要があるかもしれないからです。冬のシーンの撮影はおよそ2週間かかり、予定されている最後のものとなるでしょう。

敬具

Lexi Cotton
Fern Tree制作会社　制作部長

181 What is the purpose of the article?

    (A) To provide an update about a television show

    (B) To introduce a new streaming platform

    (C) To profile the founder of a family business

    (D) To review a popular film series

記事の目的は何ですか。

    (A) テレビ番組について最新情報を提供すること

    (B) 新しい動画配信サービスを紹介すること

    (C) 同族企業の創業者を紹介すること

    (D) 人気のある映画シリーズを批評すること

正解 A ❶記事を確認する。冒頭の❶では、テレビのヒットシリーズ『最高の息子』が第3シーズンに入るがファンは待たされるだろう、と書かれている。❷では、ドラマの視聴数の急上昇がRoscou社に次シーズン制作の資金提供を促したこと、❸・❹では、出演者のスケジュール調整やそれによる脚本の書き直しの検討などについて触れている。そして❺では、シーズン3の公開日の見通しが語られている。以上より、記事はあるテレビドラマについて最新情報を提供するのが目的と分かるので、(A)が正解。

(B) ❶の❷ 5〜9行目で、Roscou社の動画配信サービスへの言及はあるが、動画配信サービスの紹介が記事の目的ではない。
(C) ❶の❷ 1〜5行目で、『最高の息子』が架空のTzeng財閥の創業者Guo Tzengの生涯を中心としたドラマだと述べられているだけで、同族企業の創業者を紹介することが記事の目的ではない。profile「〜の紹介を書く」。
(D) ❶の❶より、『最高の息子』はテレビドラマと分かる。また、作品の批評はされていない。review「〜を批評する」。

---

182 What most likely is Ms. Landry's profession?

    (A) Scriptwriter

    (B) Talent agent

    (C) Set designer

    (D) Camera operator

Landryさんの職業は何だと考えられますか。

    (A) 脚本家

    (B) タレントの代理人

    (C) 舞台装置デザイナー

    (D) カメラ操作技師

正解 B Landryさんとは、❷Eメールの受信者。送信者はFern Tree制作会社の制作部長のCottonさん。件名にXiao-Ming Hu's availabilityとあり、同❶で、Huさんが『最高の息子』の第3シーズンでGuo Tzengの役をもう一度演じる都合がつくことに安堵している、と述べている。また、同❷ 1〜3行目で、Huさんが12月下旬にマニトバ州チャーチルでの撮影に対応できるか知らせてほしいと述べている。これらの内容のEメールを受け取るLandryさんは、俳優Huさんの出演契約やスケ

ジュールの管理をしている代理人だと考えられるので、(B)が正解。profession「職業」。
(A) ❶の❹ 1〜4行目で、脚本の書き直しについて言及されているが、Landryさんとは直接関係しない。
(C) (D) ❷の❷ 2〜3行目で、撮影場所に言及されているが、Landryさんが舞台装置デザイナーやカメラ操作技師であることを示唆する記述はない。

---

183 When does Ms. Cotton expect filming to be completed?

    (A) In April

    (B) In June

    (C) In August

    (D) In December

Cottonさんはいつ撮影が完了すると見込んでいますか。

    (A) 4月

    (B) 6月

    (C) 8月

    (D) 12月

正解 D Cottonさんとは、❷Eメールの送信者。同❷ 1〜2行目で、Huさんが12月下旬の冬の屋外シーンの撮影に対応できるか尋ね、同3〜4行目で、このシーンの撮影について、「予定されている最後のもの(シーン)」と述べているので、

Cottonさんは12月に撮影が完了すると考えていると判断できる。よって、(D)が正解。
(A) (B) (C) いずれの月も、Cottonさんの書いたEメールで言及されていない。

184 What is most likely true about Fern Tree Productions?

(A) It is owned by Mr. Zhou.
(B) It specializes in documentaries.
(C) It received funding from Roscou.
(D) It has reduced its operating budget.

Fern Tree制作会社について正しいと考えられることは何ですか。

(A) Zhouさんによって所有されている。
(B) ドキュメンタリーを専門としている。
(C) Roscou社から資金提供を受けた。
(D) 自社の運営予算を削減した。

正解 C	
2Eメールの内容から、署名にあるFern Tree制作会社は『最高の息子』の制作会社と考えられ、同❶1～2行目に、「この9月と10月に『最高の息子』の第3シーズンの撮影予定を組むことができた」とある。1記事の❷5～9行目では、『最高の息子』の視聴数が急上昇し、Roscou社の最高経営幹部が追加シーズンへの資金提供を認めたといういきさつが記されている。これらから、Fern Tree制作会社が第3シーズンの制作に入るにあたり、Roscou社から資金提供を受けたと考えられるので、(C)が正解。	(A) 1の❹1～4行目より、Zhouさんは『最高の息子』の監督と分かる。この人物がFern Tree制作会社を所有しているという記述はない。 (B) 1の❷1～5行目より、『最高の息子』は架空の財閥創業者の生涯についてのドラマと分かるので、それを制作するFern Tree制作会社がドキュメンタリーを専門にしているとは言えない。specialize in ～「～を専門にする、～に特化する」。 (D) operating budget「運営予算」の削減については言及がない。

---

185 What can be concluded about Mr. Hu?

(A) He enjoys winter sports.
(B) He owns a home in Churchill.
(C) He is unavailable in September.
(D) He plays a leading role in *Best Son*.

Huさんについて何が判断できますか。

(A) 冬のスポーツを楽しむ。
(B) チャーチルに家を所有している。
(C) 9月には都合がつかない。
(D) 『最高の息子』で主役を演じている。

正解 D	
2Eメールの件名にXiao-Ming Hu's availabilityとHuさんの名前があり、同❶2～3行目に、HuさんがGuo Tzengの役をもう一度演じる都合がつくことに安堵したとある。Huさんが再演するというGuo Tzengについては、『最高の息子』について説明している1記事の❷1～3行目に、「架空のTzeng財閥の創業者Guo Tzengの生涯を中心としたドラマ」とあり、Guo Tzengは『最高の息子』での主役だと分かる。よって、	(D)が正解。leading「主役の」。 (A) 2の❷で、冬のシーンの撮影について述べられているが、冬のスポーツに関する記述はない。 (B) 2の❷1～2行目で、マニトバ州チャーチルは冬の屋外シーンの撮影場所として言及されているだけ。 (C) 2の❶より、Huさんは9月の撮影には対応できることが分かる。unavailable「都合がつかない」。

1記事	resume ～を再開する filming 撮影 ❶ treat ～ to … ～を…でもてなす、～に…(贈り物など)を与える
	anticipate ～を予期する ❷ center on ～ ～を中心とする fictitious 架空の founder 創立者
	dynasty 支配者一族、名家 debut 初登場する、初放映される gain ～を得る
	sizeable (数量が)かなり大きな、相当な following 追随者、熱心な支持者 delayed 遅れた
	viewership 視聴率、視聴数 prompt ～ to do ～に…するよう促す top executive 最高経営幹部
	streaming ストリーミング配信 ★音声や動画をインターネット上で配信する際に、読み込みながら再生する方法
	platform プラットフォーム ★システムの基盤となる運用環境 approve ～を承認する funding 資金提供
	in question 論議されている、問題の ❸ gap とぎれ、空白 run into ～ ～に出くわす、～に陥る
	❹ rewrite ～を書き直す script 脚本 missing 見当たらない、欠けている ultimately 最終的に、結局
	true 忠実な ❺ no longer もはや～ではない feasible 実現可能な at the earliest 早くとも
2Eメール	availability 対応できること、都合がつくこと ❶ be relieved that ～ ～ということにほっとしている
	reprise ～(上演・歌など)を繰り返す ❷ enquire ～を尋ねる ★英国で好まれる。米国ではinquireが好まれる
	shooting 撮影

Questions 186-190 refer to the following agenda, notice, and text-message chain.

1 議題

Dovmart Executive Meeting Agenda

Location: Room 404, Billings Building

Date: April 30

Time: 10:00 A.M.

Agenda Item

❶ Dovmart is concerned about delays in getting goods, including grocery products, into the hands of our customers. Store managers are frustrated, and customers are complaining. To resolve this issue, we will discuss proposals for solutions from our operations team.

❷ Proposal 1: Extend store hours while considering costs and staffing needs (Donald Toye).

Proposal 2: Train employees to become delivery drivers (Jimeana Moreano).

Proposal 3: Open new warehouse locations (Jacob Gaburo).

Proposal 4: Establish relationships with new suppliers (Satoshi Yamada).

---

2 お知らせ

Attention, Dovmart Employees

May 10

❶ We are offering a twelve-week program to train Dovmart supply-chain employees to become certified long-haul truck drivers by September 1. Participants will learn how to operate company-owned tractor-trailer trucks. They will also prepare for the written and practical portions of the commercial driver's license test.

❷ What are the advantages of becoming a long-distance trucker?

• Learn a skill that is in high demand.

• Enjoy flexible scheduling.

• Earn a substantially higher salary.

❸ Long-distance truck drivers will drive to and from Dovmart warehouses and retail locations. Drivers choose between regional and cross-country routes. To learn more, log on to the Dovmart internal Web site and follow the program link. Enroll before May 15 to receive a bonus.

---

3 テキストメッセージのやりとり

❶ **Joe Radovich [12:13 P.M.]**
Hello, Amelie. I'm almost finished with the training program. I can't wait to get my commercial driver's license.

❷ **Amelie Ziff [12:15 P.M.]**
I'm sure you will be terrific in your new position, but I will miss having you on my team. You were one of the top supply-chain associates at our store here in Madison.

❸ **Joe Radovich [12:16 P.M.]**
I will miss my job, too, but the program sounded too interesting to pass up. I even received a bonus when I joined! My last day in Madison will be August 30.

設問186-190は次の議題、お知らせ、テキストメッセージのやりとりに関するものです。

Dovmart社役員会 議題

場所：Billingsビル 404号室
日付：4月30日
時刻：午前10時

協議事項

Dovmart社は食料雑貨をはじめとする商品を顧客の手元に届ける際の遅延を懸念している。店長はいら立ち、顧客からは苦情が出ている。この問題を解決するために、運営チームからの解決策の提案を議論する。

提案1：経費とスタッフ配置の必要性を考慮しながら営業時間を延長する（Donald Toye）。
提案2：配送運転手になるように従業員に研修を行う（Jimeana Moreano）。
提案3：新たな倉庫拠点を開設する（Jacob Gaburo）。
提案4：新しい供給業者との関係を築く（Satoshi Yamada）。

Dovmart社従業員の皆さんへのお知らせ

5月10日

当社は、Dovmart社サプライチェーンの従業員に対して9月1日までに有資格の長距離輸送トラックの運転手になるように研修を行う、12週間のプログラムを提供します。参加者は会社所有のトレーラートラックの運転の仕方を学びます。また商業用運転免許試験の筆記分野と実技分野に向けた準備をすることになります。

長距離トラック運転手になることの利点とは？
• 需要の高い技術を習得すること。
• 柔軟なスケジュール設定ができること。
• 今までよりかなり高い給料を獲得すること。

長距離トラック運転手はDovmart社倉庫と小売店舗を行き来します。運転手は地域もしくは国内横断のどちらかから配達区域を選択します。詳細は、Dovmart社の社内ウェブサイトにログオンしてプログラムのリンクをたどってください。特別手当を受け取るには5月15日より前に登録してください。

Joe Radovich（午後12時13分）
こんにちは、Amelie。研修プログラムはもうすぐ終わります。商業用運転免許証を手に入れるのが待ち切れません。

Amelie Ziff（午後12時15分）
きっとあなたは新しい職種で活躍すると思いますが、チームにあなたがいないのを私は残念に思うことでしょう。あなたはこのマディソンの店でトップのサプライチェーン従業員の一人でしたから。

Joe Radovich（午後12時16分）
私もこの仕事を恋しく思うでしょうが、このプログラムは逃すにはあまりにも興味深く思えたのです。参加した際に特別手当まで受け取ったんですよ！ マディソンでの私の最終日は8月30日の予定です。

186 According to the agenda, what aspect of Dovmart products concerns customers?

(A) Their prices
(B) Their quality
(C) Their ingredients
(D) Their availability

議題によると、Dovmart社の商品のどんな側面が顧客を心配させていますか。

(A) 価格
(B) 品質
(C) 材料
(D) 安定供給性

正解 **D** ■1議題を確認する。❶1～2行目に、「Dovmart社は食料雑貨をはじめとする商品を顧客の手元に届ける際の遅延を懸念している」とあり、続く同2行目で、顧客が苦情を述べていることが記されている。よって、Dovmart社の商品の

安定的な供給について顧客を心配させていると分かるので、(D)が正解。aspect「側面」、concern「～を心配させる、～を不安にさせる」。

---

187 Whose proposal did company executives share with employees on May 10?

(A) Mr. Toye's
(B) Ms. Moreano's
(C) Mr. Gaburo's
(D) Mr. Yamada's

5月10日に、会社役員たちは誰の提案を従業員に共有しましたか。

(A) Toyeさん
(B) Moreanoさん
(C) Gaburoさん
(D) Yamadaさん

正解 **B** 5月10日という日付は■2お知らせの冒頭にあり、その見出しにはAttention, Dovmart Employeesとあるので、このお知らせはDovmart社の従業員に宛てたものと分かる。同❶1～2行目に、Dovmart社サプライチェーンの従業員に対して有資格の長距離輸送トラックの運転手になるように研修するプログラムを提供することが書かれている。これは、Dovmart Executive Meeting Agendaと題された■1議題の❷にある、「提案2：配送運転手になるように従業員に研修を行う」に

該当し、この提案はMoreanoさんによって出されていることが分かる。よって、同社役員会はMoreanoさんの提案を採用し、5月10日のお知らせで従業員に共有したと判断できるので、(B)が正解。
(A) ■1の❷1行目より、営業時間を延長する案の提案者。
(C) ■1の❷3行目より、倉庫拠点を新設する案の提案者。
(D) ■1の❷4行目より、新しい供給業者と関係を築く案の提案者。

---

188 What does the notice indicate about employees who complete the program?

(A) They will have opportunities to work overtime.
(B) They will need to take courses every year.
(C) They will earn more money.
(D) They will work overseas.

お知らせはプログラムを完了する従業員について何を示していますか。

(A) 残業する機会がある。
(B) 毎年講座を受ける必要がある。
(C) より多くのお金を稼ぐ。
(D) 海外で働く。

正解 **C** ■2お知らせを確認する。❶1～2行目より、プログラムとは、従業員を有資格の長距離輸送トラックの運転手になるように研修するためのもの。❷では、長距離トラックの運転手になることの利点が述べられており、箇条書き3点目にEarn a substantially higher salary. とある。よって、それをearn more moneyと言い換えた(C)が正解。
(A) 残業については言及がない。opportunity「機会」、work

overtime「残業する」。
(B) プログラムを完了した後、毎年講座を受ける必要があるとは書かれていない。
(D) ■2の❸2行目に、運転手は地域もしくは国内横断のどちらかから配達区域を選択するとあるので、海外ではなく国内で働くと考えられる。

189 What does the notice instruct interested employees to do?

(A) Sign up for a test
(B) Consult a schedule
(C) Visit the company's Web site
(D) Submit preferences for routes

お知らせは興味を持った従業員に何をするよう指示していますか。

(A) 試験に申し込む
(B) 予定表を調べる
(C) 会社のウェブサイトにアクセスする
(D) 配達区域の選択を提出する

正解 C **2**お知らせを確認する。**1**に長距離輸送トラックの運転手になるためのプログラムの提供、**2**に運転手になることの利点、**3** 1～2行目に運転手の主な業務内容が書かれている。続く同2～3行目には To learn more, log on to the Dovmart internal Web site and follow the program link. とあり、興味を持った従業員がさらに情報を得るためには、社内ウェブサイトにアクセスするように指示している。よって、(C)が正解。instruct ~ to do「～に…するように指示する」。
(A) **2**の**1** 3～4行目に、プログラム参加者は商業用運転免許の

試験に向けた準備をすると書かれているが、興味を持った従業員に対して試験に申し込むよう指示してはいない。sign up for ~「～に申し込む、～に登録する」。
(B) 予定については**2**の**1** 1～2行目に、9月1日までに12週間のプログラムを従業員に提供するとあるのみ。consult「～を調べる」。
(D) **2**の**3** 2行目に、地域もしくは国内横断のどちらかから配達区域を選択するとあるが、これは免許を得たトラック運転手が行うこととして述べられている。preference「好み、選択」。

---

190 What is most likely true about Mr. Radovich?

(A) He already has a commercial driver's license.
(B) He enrolled in a training program before May 15.
(C) He will begin a new job in Madison soon.
(D) He hired Ms. Ziff as a supply-chain associate.

Radovichさんについて正しいと考えられることは何ですか。

(A) すでに商業用運転免許証を持っている。
(B) 5月15日より前に研修プログラムに登録した。
(C) もうすぐマディソンで新しい仕事を始める。
(D) サプライチェーンの従業員としてZiffさんを雇った。

正解 B Radovichさんとは、**3**テキストメッセージのやりとりに名前のある人物。同**1**で、研修プログラムがほぼ終わり、商業用運転免許証の取得が待ち切れないと述べており、同**3** 4～5行目で、I even received a bonus when I joined! と発言している。このbonusについては、**2**お知らせの**3** 3～4行目に、Enroll before May 15 to receive a bonus. と書かれている。これらから、特別手当を受け取ったRadovichさんは5月15日より前に研修プログラムに登録したと判断できるので、

(B)が正解。enroll in ~「～に登録する、～に申し込む」。
(A) **3**の**1**より、Radovichさんはまだ商業用運転免許証を手に入れていないと分かる。
(C) **3**の**2**・**3**より、Radovichさんはこれまでマディソンで仕事をしていたが、そこを離れることになると分かる。
(D) **3**の**2**より、Radovichさんはサプライチェーンの従業員としてZiffさんのチームにいたと分かる。

---

1 議題	agenda 議題 executive 役員、重役　　**1** be concerned about ~ ～について心配している get ~ into … ～を…に入れる　　frustrated 失望した、いら立った　　complain 不満を言う resolve ～を解決する　　issue 問題　　proposal 提案　　operation 運営 **2** extend ～を延長する　　staffing 職員を配置すること　　train ~ to do ～を…するように訓練する warehouse 倉庫、商品保管所　　establish ～を築き上げる　　relationship 関係
2 お知らせ	**1** supply-chain 供給経路の、サプライチェーンの　　certified 免許のある、有資格の long-haul 長距離輸送の　　company-owned 会社所有の　　tractor-trailer トレーラートラック prepare for ~ ～に向けて準備する　　practical 実務の　　portion 部分　　commercial 商業の **2** advantage 利点　　in demand 需要があって　　earn ～を稼ぐ　　substantially かなり、相当 **3** retail 小売業(の)　　choose between A and B AかBか選択する　　regional 地域の cross-country 国内横断の　　log on to ~ ～にログオンする、～にログインする internal 内部の、社内の　　enroll 登録する、申し込む　　bonus 特別手当
3 テキストメッセージのやりとり	**1** be finished with ~ ～を終えている　　**2** terrific 素晴らしい miss doing ～できないのを寂しく思う　　associate 仕事仲間、提携者 **3** pass up ~ ～(機会など)を逃す

Questions 191-195 refer to the following report, e-mail, and advertisement.

Brea Autolot
58 Dahill Street
Hamilton, Virginia 20158

Sales for Model TX-400, Quarter 1

Exterior Color (by popularity)	Percentage of Total Sales
White	32%
Black	26%
Gray	15%
Blue	10%
Silver	9%
Other (Red, Green, Beige)	8%

Projections for quarter 2: Similar patterns. Blue is the only color Brea Autolot expects to increase in sales in the second quarter. Beginning in quarter 2, model TX-400 will also be available in bronze.

To:	Rhea Adams <radams@breaautolot.com>
From:	Anna Watkins <awatkins@mailcrate.com>
Date:	September 9
Subject:	Car purchase

Dear Ms. Adams,

Thank you for taking the time to show me so many sport utility vehicles at Brea Autolot this week. I appreciated working with you, so I wanted you to know why I decided to go elsewhere for the car I purchased. Your dealership had an abundance of model TX-400s but none with all the extra features that I was looking for. Makefield Auto had the model TX-400 in the silver color I wanted with those features.

In addition, my father is a member of the Makefield Auto rewards program, and he referred me to that dealership. He was able to transfer all of his 10,000 rewards points to me, enabling me to reduce substantially the purchase price of my model TX-400. You are an excellent salesperson; it is just that I found a better deal with another dealership.

Sincerely,

Anna Watkins

MAKEFIELD AUTO

Model TX-400—The Top-Rated Sport Utility Vehicle (SUV) of the Year

This year's eight-passenger model includes more passenger space and a more comfortable ride with lots of second-row legroom and an expanded third row.

- Rear-seat media system for the first time includes touch screens for second-row passengers.
- The built-in exterior cameras offer nine available views.
- The safety system alerts you when it detects a pedestrian directly in front of your vehicle.
- The model TX-400 gets the best gas mileage of any car in its size category.

Join the Makefield Auto rewards program when you buy a vehicle. Every time you visit our dealership for a service or to purchase a car, you will be rewarded with points that can be redeemed on a purchase or service. As a bonus, you will earn 100 rewards points each time you refer someone to our dealership.

設問191-195は次の報告書、Eメール、広告に関するものです。

Brea Autolot店
ダーヒル通り58番地
ハミルトン、バージニア州 20158

TX-400モデルの売り上げ、第1四半期

外装の色（人気順）	総売り上げにおける割合
白色	32%
黒色	26%
灰色	15%
青色	10%
銀色	9%
その他（赤色、緑色、ベージュ色）	8%

第2四半期の見通し：同様のパターン。青色が、Brea Autolot店が第2四半期に売り上げ増を見込む唯一の色である。第2四半期から、TX-400モデルは青銅色でも販売される。

受信者：Rhea Adams <radams@breaautolot.com>
送信者：Anna Watkins <awatkins@mailcrate.com>
日付：9月9日
件名：車の購入

Adams様

今週Brea Autolot店で、非常にたくさんのSUV車を私に見せるためのお時間を取ってくださり、ありがとうございました。ご一緒できてありがたかったので、なぜ他の場所に行って車を購入することにしたのかをお知らせしたく思いました。そちらの販売代理店にはTX-400モデルが多数ありましたが、私が求めていた追加機能全てが付いたものは一つもありませんでした。Makefield Auto店にはそれらの機能が付いた私の希望する銀色のTX-400モデルがありました。

さらに、私の父はMakefield Auto店リワードプログラムの会員で、私をあちらの販売代理店に紹介してくれました。彼は持っていた10,000ポイントを全て私に譲ることができ、そのおかげで私はTX-400モデルの購入価格をかなり下げることができました。あなたは素晴らしい販売員です。ただ私が別の販売代理店でもっとお得な取引を見つけたというだけです。

敬具

Anna Watkins

MAKEFIELD AUTO店

TX-400モデル ── 本年度人気ナンバーワンのスポーツ用多目的車（SUV）

今年の8人乗りモデルは、2列目のゆったりとした足元スペースと広くなった3列目で、より広々とした乗客用空間とより快適な乗り心地を備えています。

・後部座席のメディアシステムは、2列目の乗客用のタッチスクリーン仕様を初めて採用しています。
・内蔵の外部カメラは、9方向の視界を提供します。
・車両の真正面に歩行者を検知すると、安全装置が警告します。
・TX-400モデルは、同サイズの全車種の中で燃費が最も優れています。

車をご購入の際にはMakefield Auto店のリワードプログラムにご加入ください。サービスを受けるため、あるいは車を購入するために当販売代理店へお越しいただくごとに、ご購入やサービスに交換できるポイントが付与されます。どなたかを当販売代理店にご紹介いただくたびに、ボーナスとして100ポイントを獲得することができます。

191 What does the report suggest Brea Autolot will do in quarter 2?

(A) Open a second location
(B) Sell more blue model TX-400s
(C) Improve staff training
(D) Stop selling the bronze model TX-400

報告書は Brea Autolot 店が第 2 四半期に何をすると示唆していますか。

(A) 2号店を開く
(B) より多くの青色の TX-400 モデルを販売する
(C) 従業員研修を改善する
(D) 青銅色の TX-400 モデルの販売を中止する

正解 B ❶報告書を確認する。ヘッダーに Brea Autolot 店と記されており、❷に「第 2 四半期の見通し」とある。同 1〜3 行目に、Blue is the only color Brea Autolot expects to increase in sales in the second quarter. とあるので、同店が第 2 四半期に青色をより多く売り上げることを示唆していると言える。よって、(B) が正解。
(A) (C) 2号店の開店や研修の改善といった記述はない。
(D) ❶の❷ 3〜4 行目より、第 2 四半期に青銅色の TX-400 モデルの販売を中止するのではなく開始すると分かる。

---

192 What can be concluded about the color of the TX-400 that Ms. Watkins purchased?

(A) It is expected to be Makefield Auto's best-selling color TX-400 in quarter 2.
(B) That color is no longer available from the manufacturer.
(C) In quarter 1, 9 percent of Brea Autolot's sales of TX-400s were that color.
(D) The manufacturer usually sells 10,000 units in that color.

Watkins さんが購入した TX-400 の色について何が判断できますか。

(A) 第 2 四半期に Makefield Auto 店の TX-400 の最も多く売れる色になる見込みである。
(B) その色はもはやメーカーから手に入らない。
(C) 第 1 四半期において、Brea Autolot 店の TX-400 の売り上げの 9 パーセントがその色だった。
(D) メーカーは通常、その色を 10,000 台販売する。

正解 C Watkins さんとは、❷E メールの送信者。同❶ 1〜3 行目より、Watkins さんは車を購入したことが分かり、同 4〜5 行目に、Makefield Auto had the model TX-400 in the silver color I wanted とあるので、Watkins さんが購入した TX-400 は銀色だと分かる。Brea Autolot 店による❶報告書の❶の表は、第 1 四半期の TX-400 モデルの外装色別の売り上げの割合を示しており、銀色の売り上げは 9 パーセントとある。よって、(C) が正解。
(A) ❶報告書は Brea Autolot 店の売り上げに関するもの。❸広告は Makefield Auto 店のものだが、最も多く売れる色に関する記述はない。
(B) (D) manufacturer「メーカー、製造業者」に関する記述はない。

---

193 What is a reason Ms. Watkins gives for purchasing a car from Makefield Auto?

(A) The extra features
(B) The excellent sales help
(C) The wide variety of colors
(D) The home-delivery service

Watkins さんが挙げている、Makefield Auto 店から車を購入する一つの理由は何ですか。

(A) 追加機能
(B) 優秀な販売援助
(C) さまざまな種類の色
(D) 自宅配送サービス

正解 A Watkins さんが送信した❷E メールの❶ 3〜4 行目で、「そちらの販売代理店（Brea Autolot 店）には、TX-400 モデルが多数あったが、私が求めていた追加機能全てが付いたものは一つもなかった」と述べ、続く同 4〜5 行目で、「Makefield Auto 店にはそれらの機能が付いた私の希望する銀色の TX-400 モデルがあった」と述べている。よって、(A) が正解。
(B) ❷の❶ 1〜3 行目で、Brea Autolot 店の Adams さんの販売援助に謝意を示しており、同❷ 3〜4 行目で Adams さんを称賛しているが、Makefield Auto 店の販売援助については言及がない。
(C) ❷の❶ 4〜5 行目で、Makefield Auto 店に希望する銀色の車があったことは述べているが、さまざまな種類の色があったとは述べていない。

194 What can be concluded about Ms. Watkins' father?

(A) He received 100 bonus points.
(B) He recently bought a car from Brea Autolot.
(C) He owns a green model TX-400.
(D) He transferred his vehicle ownership to Ms. Watkins.

Watkinsさんの父親について何が判断できますか。

(A) 100ボーナスポイントを受け取った。
(B) 最近Brea Autolot店から車を購入した。
(C) 緑色のTX-400モデルを所有している。
(D) 彼の車の所有権をWatkinsさんに譲った。

正解 A Watkinsさんの父親については、**2** Eメールの**2** 1〜2行目で、「私の父はMakefield Auto店リワードプログラムの会員で、私をその販売代理店に紹介した」と述べられている。Makefield Auto店による**3**広告の**3**に、リワードプログラムについて書かれており、同4〜5行目に「誰かを当販売代理店に紹介するたびに、ボーナスとして100ポイントを獲得できる」とある。これらから、WatkinsさんをMakefield Auto店に紹介したWatkinsさんの父親は、100ボーナスポイントを受け取った と判断できるので、(A)が正解。
(B) **2**の**2** 1〜2行目から、父親はMakefield Auto店リワードプログラムの会員であると分かるだけで、Brea Autolot店との関わりは述べられていない。
(C) 父親の所有する車に関する記述はない。
(D) **2**の**2** 2〜3行目より父親がWatkinsさんに10,000ポイントを譲ったことは分かるが、車のownership「所有権」についての記述はない。

---

195 According to the advertisement, what is new in this year's model TX-400?

(A) The superior fuel efficiency
(B) The built-in exterior cameras
(C) The touch screens for passengers
(D) The pedestrian-alert safety system

広告によると、今年のTX-400モデルにおいて新しいものは何ですか。

(A) 優れた燃費
(B) 内蔵の外部カメラ
(C) 乗客用のタッチスクリーン
(D) 歩行者警告安全装置

正解 C **3**広告を確認する。見出しから、TX-400 モデルについて書かれたものと分かる。**1**で今年の8人乗りモデルの長所が述べられ、特長が列挙された**2**では、1つ目に、Rear-seat media system for the first time includes touch screens for second-row passengers.とある。乗客用のタッ チスクリーンが初めて導入されたことが分かるので、(C)が正解。
(A) (B) (D) **3**の**2**に、同モデルの特長として燃費の良さ、内蔵の外部カメラ、歩行者警告安全装置への言及があるが、新しい特長だという記述はない。(A) superior「優秀な」。

---

1 報告書　quarter　四半期　**1** exterior　外部の、外装の　by popularity　人気順に　**2** projection　見通し、予測
2 Eメール　**1** take the time to *do*　時間を取って〜する　appreciate　〜をありがたく思う、〜について感謝する
elsewhere　他の場所で　dealership　販売代理店　an abundance of 〜　大量の〜　feature　特徴、機能
2 rewards program　リワードプログラム、報奨制度　★継続利用した顧客に特典を提供する施策
refer 〜 to …　〜を…に紹介する　transfer 〜 to …　〜を…に移動させる、〜(権利など)を…に譲渡する
enable 〜 to *do*　〜が…することを可能にする　reduce　〜を減らす　substantially　実質的に、かなり
it is just that 〜　単に〜ということだ　deal　取引
3 広告　top-rated　一流の、人気ナンバーワンの　**1** ride　乗り心地　row　列　legroom　足元のスペース
expanded　拡大された　**2** rear-seat　後部座席の　built-in　内蔵の　detect　〜を検知する
pedestrian　歩行者　directly　ちょうど、まさに　gas mileage　燃費　**3** reward　〜に報酬を与える
redeem　〜(商品券・クーポンなど)を引き換える

Questions 196-200 refer to the following e-mails and Web page.

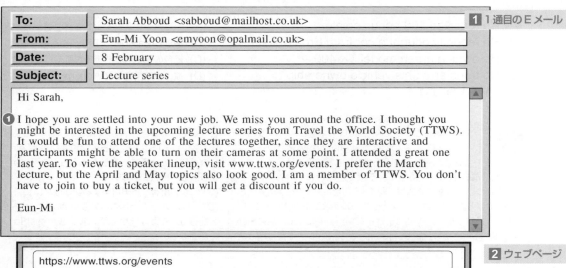

To:	Sarah Abboud <sabboud@mailhost.co.uk>
From:	Eun-Mi Yoon <emyoon@opalmail.co.uk>
Date:	8 February
Subject:	Lecture series

Hi Sarah,

I hope you are settled into your new job. We miss you around the office. I thought you might be interested in the upcoming lecture series from Travel the World Society (TTWS). It would be fun to attend one of the lectures together, since they are interactive and participants might be able to turn on their cameras at some point. I attended a great one last year. To view the speaker lineup, visit www.ttws.org/events. I prefer the March lecture, but the April and May topics also look good. I am a member of TTWS. You don't have to join to buy a ticket, but you will get a discount if you do.

Eun-Mi

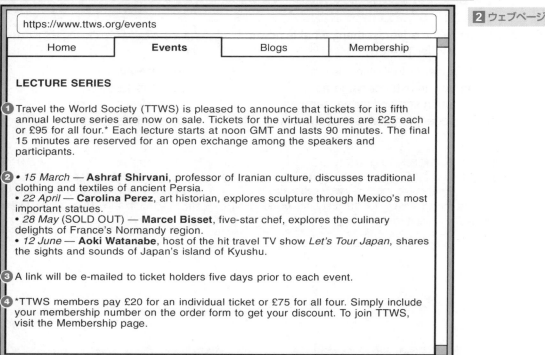

https://www.ttws.org/events

| Home | **Events** | Blogs | Membership |

LECTURE SERIES

Travel the World Society (TTWS) is pleased to announce that tickets for its fifth annual lecture series are now on sale. Tickets for the virtual lectures are £25 each or £95 for all four.* Each lecture starts at noon GMT and lasts 90 minutes. The final 15 minutes are reserved for an open exchange among the speakers and participants.

• *15 March* — **Ashraf Shirvani**, professor of Iranian culture, discusses traditional clothing and textiles of ancient Persia.
• *22 April* — **Carolina Perez**, art historian, explores sculpture through Mexico's most important statues.
• *28 May* (SOLD OUT) — **Marcel Bisset**, five-star chef, explores the culinary delights of France's Normandy region.
• *12 June* — **Aoki Watanabe**, host of the hit travel TV show *Let's Tour Japan*, shares the sights and sounds of Japan's island of Kyushu.

A link will be e-mailed to ticket holders five days prior to each event.

*TTWS members pay £20 for an individual ticket or £75 for all four. Simply include your membership number on the order form to get your discount. To join TTWS, visit the Membership page.

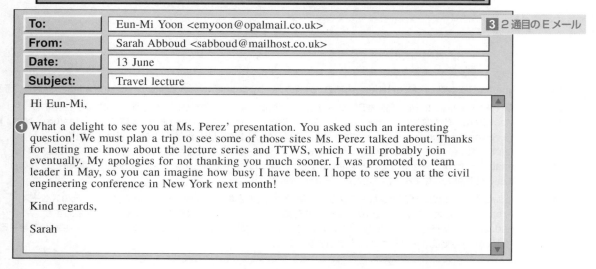

To:	Eun-Mi Yoon <emyoon@opalmail.co.uk>
From:	Sarah Abboud <sabboud@mailhost.co.uk>
Date:	13 June
Subject:	Travel lecture

Hi Eun-Mi,

What a delight to see you at Ms. Perez' presentation. You asked such an interesting question! We must plan a trip to see some of those sites Ms. Perez talked about. Thanks for letting me know about the lecture series and TTWS, which I will probably join eventually. My apologies for not thanking you much sooner. I was promoted to team leader in May, so you can imagine how busy I have been. I hope to see you at the civil engineering conference in New York next month!

Kind regards,

Sarah

設問196-200は次の2通のEメールとウェブページに関するものです。

受信者：Sarah Abboud <sabboud@mailhost.co.uk>
送信者：Eun-Mi Yoon <emyoon@opalmail.co.uk>
日付：2月8日
件名：講義シリーズ

Sarahさん

新しいお仕事に落ち着いていらっしゃることと思います。私たちはオフィスにあなたがいないので寂しいです。あなたが世界旅行協会（TTWS）の今度の講義シリーズに興味をお持ちになるかもしれないと思いました。講義の一つに一緒に出席すれば楽しいでしょう。それは対話式で、出席者はどこかの時点でカメラをオンにできるかもしれませんから。私は昨年、素晴らしい講義に出席しました。講師の顔ぶれを見るには、www.ttws.org/eventsにアクセスしてください。私は3月の講義が気に入っていますが、4月と5月のテーマも良さそうです。私はTTWSの会員です。チケットを買うのに入会する必要はありませんが、もしそうすれば、割引を受けることができます。

Eun-Mi

---

https://www.ttws.org/events

ホーム　　イベント　　ブログ　　会員資格

講義シリーズ

世界旅行協会（TTWS）は、5回目となる毎年恒例の講義シリーズのチケットが現在販売中であることを謹んでお知らせします。オンライン講義のチケットは、各25ポンド、もしくは4つ全部で95ポンドです＊。各講義はグリニッジ標準時の正午に始まり、90分間続きます。最後の15分間は講師と参加者の間での自由なやりとりのために取ってあります。

- 3月15日——Ashraf Shirvani（イラン文化学教授）が古代ペルシャの伝統的な衣類と織物について論じます。
- 4月22日——Carolina Perez（美術史家）がメキシコの最も重要な像を通して彫刻について探求します。
- 5月28日（売り切れ）——Marcel Bisset（五つ星料理人）がフランスのノルマンディー地方の料理の楽しみを探求します。
- 6月12日——Aoki Watanabe（人気の旅行テレビ番組『日本を旅しよう』司会者）が日本の九州の景色と音を伝えます。

各イベントの5日前に、リンクがチケット保有者にEメールで送られます。

＊TTWS会員は、個別のチケットに20ポンド、もしくは4つ全部で75ポンドのお支払いとなります。割引を受けるには、注文フォームに会員番号を含めるだけで結構です。TTWSに入会するには、会員資格のページにアクセスしてください。

受信者：Eun-Mi Yoon <emyoon@opalmail.co.uk>
送信者：Sarah Abboud <sabboud@mailhost.co.uk>
日付：6月13日
件名：旅行の講義

Eun-Miさん

Perezさんの発表であなたに会えてとてもうれしかったです。あなたはとても興味深い質問をしていましたね！ 私たちはPerezさんが話していた遺跡の幾つかを見るために旅行の計画を立てなければいけませんね。講義シリーズとTTWSについて教えてくれてありがとうございます。おそらく私もゆくゆくは入会するでしょう。もっとずっと早くにお礼を言わずにすみません。私は5月にチームリーダーに昇進したので、いかに忙しかったか分かっていただけるでしょう。来月、ニューヨークでの土木工学会議でお会いしたいと思います！

敬具

Sarah

196 What does the first e-mail suggest about Ms. Yoon?

(A) She formerly worked with Ms. Abboud.
(B) She recently changed jobs.
(C) She is going to Japan in June.
(D) She has never attended a TTWS event.

1通目のEメールはYoonさんについて何を示唆していますか。

(A) 以前Abboudさんと一緒に働いた。
(B) 最近転職した。
(C) 6月に日本に行く予定である。
(D) TTWSのイベントに出席したことが一度もない。

正解 A ■1通目のEメールを確認する。ヘッダーより、Yoonさんとはこのメールの送信者で、受信者はAbboudさん。❶ 1行目に、I hope you are settled into your new job. We miss you around the office.とあることから、Abboudさんが新しい仕事に就いたこと、Yoonさんのオフィスからabboudさんがいなくなったことが分かる。よって、Yoon さんは以前Abboudさんと一緒に働いていたと判断できるので、(A)が正解。formerly「以前は」。
(B) ■の❶1行目より、YoonさんではなくAbboudさんが転職したと分かる。
(D) ■の❶ 4～5行目より、Yoonさんは昨年TTWSの講義シリーズに出席したと分かる。

197 What does the Web page indicate about the lecture series?

(A) It is presented online only.
(B) It took place for the first time last year.
(C) Its speakers lead guided tours.
(D) Its most popular speaker is Mr. Watanabe.

ウェブページは講義シリーズについて何を示していますか。

(A) オンラインでのみ行われる。
(B) 昨年初めて行われた。
(C) 講師はガイド付きツアーを先導する。
(D) 最も人気のある講師はWatanabeさんである。

正解 A ②ウェブページを確認する。❶ 2～3行目に、Tickets for the virtual lectures are £25 each or £95 for all four.とある。virtualは「仮想現実の、インターネット上の」という語なので、講義シリーズはオンラインで行われることが分かる。また、❸に、チケット保有者にはリンクがEメールで送られるとあることからも、講義にはリンク先にアクセスして出席すると考えられる。一方、対面式の講義に関する記述はない。よって、(A)が正解。
(B) ②の❶ 1～2行目で、「5回目となる毎年恒例の講義シリーズ」と述べられているので4年前から行われていると分かる。take place「行われる」。
(C) ②の❷より、講義ではさまざまな国を扱っていることが分かるが、講師がguided tour「ガイド付きのツアー」を先導するという記述はない。lead「～を先導する、～を主導する」。
(D) ②の❷で、Watanabeさんは人気旅行番組の司会者と紹介されているだけで、講師の中で最も人気があるとは述べられていない。なお、「売り切れ」と記載されているMarcel Bissetさんの講義が人気があると考えられる。

198 What is true about Ms. Abboud?

(A) She will lead a workshop at an engineering conference.
(B) She is a top executive at her company.
(C) She paid £25 for a lecture ticket.
(D) She arrived fifteen minutes late to an event.

Abboudさんについて正しいことは何ですか。

(A) 工学会議の講習会で指導をする予定である。
(B) 彼女の会社の最高経営責任者である。
(C) 講義のチケットに25ポンド支払った。
(D) イベントに15分遅れで到着した。

正解 C Abboudさんとは、■1通目のEメールの受信者で、■3 2通目のEメールの送信者。■でTTWSのオンライン講義への参加を勧められたAbboudさんは、■3の❶ 1～2行目より、Perezさんの講義に出席したと分かる。また、同2～4行目で、ゆくゆくはTTWSに入会するだろうと述べているので、今回出席した際にはまだTTWSの会員でなかったと分かる。一般(非会員)のチケット代については②ウェブページの❶ 2～3行目に、Tickets for the virtual lectures are £25 each or £95 for all four.とある。同❷の3点目の講義のチケットは売り切れ ているので、4つの講義分の支払いをしたとは考えにくい。よってAbboudさんは、Perezさんの講義のチケットに25ポンド支払ったと判断できるので、(C)が正解。
(A) ■3の❶ 5～6行目に、ニューヨークでの土木工学会議に出席する予定とあるが、workshop「講習会」で指導をするという記述はない。
(B) ■3の❶ 4～5行目に、チームリーダーに昇進したとある。top executive「最高経営責任者」。
(D) 遅れて到着したという記述はない。

199 What is the topic of the lecture attended by Ms. Yoon and Ms. Abboud?

(A) Clothes and textiles
(B) Sculpture and statues
(C) French food
(D) Japanese islands

Yoon さんと Abboud さんが出席した講義のテーマは何ですか。

(A) 衣類と織物
(B) 彫刻と像
(C) フランス料理
(D) 日本の島

正解 B Abboud さんが Yoon さんに送った **3** 2 通目の E メールの **①** 1～2 行目から、2 人は Perez さんの講義に出席したことが分かる。講義の講師とテーマについては **2** ウェブページの **②** に列挙されており、2 点目に、Carolina Perez, art historian, explores sculpture through Mexico's most important statues. とある。Perez さんの講義のテーマは彫刻と像と分かるので、(B) が正解。

(A) **2** の **②** より、Ashraf Shirvani による講義のテーマ。
(C) **2** の **②** より、Marcel Bisset による講義のテーマ。
(D) **2** の **②** より、Aoki Watanabe による講義のテーマ。

---

200 In the second e-mail, what does Ms. Abboud suggest that she and Ms. Yoon do?

(A) Discuss a question from the TTWS blog
(B) Book rooms in the same hotel
(C) Join a professional organization
(D) Visit some sites that they learned about

2 通目の E メールで、Abboud さんは自分と Yoon さんが何をすることを提案していますか。

(A) TTWS のブログからの疑問について話し合う
(B) 同じホテルで部屋を予約する
(C) 専門職の組織に入る
(D) 自分たちが学んだ幾つかの遺跡を訪問する

正解 D Abboud さんが Yoon さんに送った **3** 2 通目の E メールを確認する。**①** 2 行目に、We must plan a trip to see some of those sites Ms. Perez talked about. とあり、Abboud さんは 2 人が Perez さんの講義で学んだ遺跡の幾つかを訪問することを提案しているので、(D) が正解。

(A) **2** の上部に「ブログ」のタブはあるが、**3** で、TTWS のブログに関する言及はない。
(B) (C) **3** の **①** 2 行目で旅行の提案をし、同 5～6 行目で、ニューヨークの土木工学会議について書いているが、ホテルの部屋の予約や、共に専門職の組織に入るといった提案はしていない。

---

1 E メール	**①** be settled into ～　～(場所など)に落ち着く、～(新しいことなど)に慣れる

society　(共通の目的や関心などによる)会、協会　　interactive　双方向の、対話式の

2 ウェブページ	**①** announce that ～　～ということを知らせる　　annual　年に一度の、毎年恒例の

virtual　仮想現実の、インターネット上の　　£ (pound)　ポンド　★英国の通貨単位
GMT　グリニッジ標準時　★Greenwich Mean Time の略　　last　続く　　reserve　～を取っておく
exchange　やりとり、議論　**②** professor　教授　　textile　織物　　ancient　古代の　　historian　歴史家
explore　～を探求する　　sculpture　彫刻　　statue　彫像、塑像　　culinary　料理の
delight　大きな喜びを与えるもの、楽しみ　　region　地域、地方　　host　司会者　　share　～を話す
sight　景色　**③** holder　保有者　　prior to ～　～より前に　**④** individual　個々の　　order form　注文書

3 E メール	**①** site　場所、遺跡　　eventually　結局、最終的に　　apology　謝罪　　promote　～を昇進させる

imagine　～を想像する　　civil engineering　土木工学　★公共事業などにおける工学(技術)を指す